Crónicas
de Anos de Chumbo
2008-2013

Título original:
Crónicas de Anos de Chumbo (2008-2013)

© Eduardo Paz Ferreira e Edições 70, 2013

Capa: FBA

Depósito Legal nº 356699/13

Paginação:
Nuno Pinho

Impressão e acabamento:
PAPELMUNDE, SMG, LDA.
V. N. de Famalicão

para
EDIÇÕES 70, LDA.
Julho de 2013

Direitos reservados para todos os países de língua portuguesa
à excepção do Brasil
por
EDIÇÕES 70, uma chancela de Edições Almedina, S.A.
Avenida Fontes Pereira de Melo, 31 – 3º C - 1050-117 Lisboa / Portugal
e-mail: geral@edicoes70.pt

www.edicoes70.pt

Esta obra está protegida pela lei. Não pode ser reproduzida,
no todo ou em parte, qualquer que seja o modo utilizado,
incluindo fotocópia e xerocópia, sem prévia autorização do Editor.
Qualquer transgressão à lei dos Direitos de Autor será passível
de procedimento judicial.

Eduardo Paz Ferreira

Crónicas
de Anos de Chumbo
2008-2013

ÍNDICE

Sobre a razão de ser deste livro 11

PARTE I
ESPELHO QUEBRADO

Portugal positivo 21
Quem é a Raquel deste governo? 22
Num país onde não defendem os meus direitos eu não quero viver 25
Crise, dizem eles 29
Orçamento para 2013: o espelho quebrado 33
Quarenta e sete por cento de cigarras? 36
O camelo, a agulha e os impostos dos ricos 40
Espere sentado ou você se cansa 44
Nem ideias boas, nem ideias originais 48
Porque flutua o *Titanic*? 52
Cai o rei de espadas. Cai o rei de ouros 56
Justiça fiscal e boa sociedade 59
O fim de um ciclo 67
Defender o ensino superior, honrar a herança republicana 70
Na casa das histórias 76
Endividamento e soberania nacional 85
Crise dos modelos. As novas respostas 97
O inverno do nosso descontentamento? 109
As lojas de compra de ouro 120
E depois da *Troika*? 126
Portugal 2011. Vir o fundo ou ir ao fundo? 135

A fábula da rã e do escorpião 141
Cigarras e formigas 148
Corrupção e boas maneiras 168

PARTE II
A UNIÃO EUROPEIA SERÁ MESMO ESTÚPIDA?

A União Europeia será estúpida? 181
E se forem as agências de rating a salvar o euro? 184
A união económica e monetária: nove ou dez coisas
que sei dela 188
As novas vestes da União Europeia 205
Um aniversário sem honra e sem glória 215
A terra do leite e do mel 219
Um tratado que não serve a União Europeia 277

PARTE III
OLHANDO NOUTRAS DIRECÇÕES,
PENSANDO OUTROS PROBLEMAS

Navegar é preciso 249
Tempo de África? 258
Fiscalidade e desenvolvimento 267
Porque nos devemos preocupar com os imigrantes 278
Modelo económico europeu: *e pur si muove* 286
New deal: nothing will bring back the hour of
the splendor in the grass 296
Lutar por uma sociedade justa e boa 307

PARTE IV
CONVERSANDO SOBRE A UNIÃO EUROPEIA,
A FISCALIDADE E OS ENCONTROS
E DESENCONTROS DA VIDA

«Corremos o risco de que acabe a União Europeia»,
conversando com Nuno Tito Morais 331
Por um estado fiscal sustentável,
conversando com Roberto Ferreira 341
«A minha geração traiu todos os ideais porque se bateu»,
conversando com Anabela Mota Ribeiro 347

Agradecimentos 365

À memória de João Van Dunem

Este livro é dedicado à memória do meu irmão, João Van Dunem. Tive, algumas vezes, o privilégio de discutir com ele as ideias que aqui transmito ou de receber as suas sempre oportunas críticas. O João não conhecia, no entanto, muitos dos textos. Tínhamos combinado que me faria a revisão final do livro. A sua morte, inesperada, violenta, estúpida, não deixou que assim acontecesse, mas nem por isso deixarei de dialogar com ele.

Como disse a Francisca, o João é um Príncipe nas Estrelas. Com ele continuarei a lutar pelo que entendo ser justo e necessário, sabendo que ele estará comigo e com todos nós que tanto o amámos e que ele tanto amou e, generosamente, ajudou a descobrir a nossa própria Estrada de Damasco.

SOBRE A RAZÃO DE SER DESTE LIVRO

Por uma dramática ironia da vida, a selecção dos textos e a redacção desta nota introdutória foram feitas em Colónia, no país que está na origem da expressão *Tempos de Chumbo*, referenciada no título e utilizada no filme de Margaret Von Trotta. Os tempos, ou os anos de chumbo, ficaram como imagem do terrorismo de extrema-esquerda e extrema-direita que eclodiram, com especial incidência na Alemanha e Itália no final dos anos sessenta e inícios dos anos setenta do século passado, com episódios tão dramáticos como o rapto e assassinato de Aldo Moro, ou a explosão do comboio de Bolonha, e foram objecto de uma repressão policial muito violenta, que teve tradução na morte na cadeia de vários dirigentes do Exército Vermelho Alemão.

Rapidamente, no entanto, a expressão passou a ser usada para caracterizar os períodos de ditadura militar em países do Sul da Europa ou, sobretudo, da América Latina, quando uma juventude que despertava para a luta por um mundo melhor foi brutalmente esmagada pelos militares.

Da Alemanha ou, pelo menos do seu governo, se fala também muito neste livro, escrito por alguém que pensa que muitos dos males que a União Europeia vive foram fruto da hesitação ou, como alguns preferem pensar, do frio projecto político da chanceler Merkel, que colocou a Europa aos seus pés, pagando o preço de ofuscar a imagem de uma Alemanha solidária e empenhada na Europa, laboriosamente trabalhada pelos seus antecessores.

Colónia e o seu Carnaval muito mais longo e generalizado que os de Torres Vedras ou outras cidades portuguesas, a «quinta estação», como aqui lhe chamam, deixam-me atónito e abrem brechas nos estereótipos que cultivamos ou nas imagens que nos gostam de transmitir. Por aqui também há cigarras em festa, pelo menos por uma semana. Há uma cidade multicultural em convivência tranquila. Há motoristas de táxi alemães, iguais aos nossos, passando sinais vermelhos e tentando aldrabar-nos, mas essa parece ser uma constante de qualquer país.

E, depois, a pergunta incessantemente colocada: Gosta da Alemanha? E a dúvida terrível que nos assalta: a Alemanha da grande cultura alemã, de Kant, Hegel, de Goethe, de Thomas Man, de Beethoven, de Habermas? A Alemanha de Bismark e do Kaiser, do nacional-socialismo, da raça superior? A Alemanha de Willy Brandt e Helmudt Sdhmidt ou a de Angela Merkel? A da solidariedade para com os anti-fascistas e a democracia portuguesa ou a Alemanha da arrogância e da supremacia moral que impõe um rolo compressor à Europa?

Naturalmente que, com a expressão anos de chumbo, não se pretende questionar a natureza democrática dos governos europeus, mas tão só sublinhar que, mesmo num ambiente de liberdade política, a ausência de alternativas económicas, o desemprego, a incerteza quanto à possibilidade de assegurar a sobrevivência económica, a perda das casas de habitação, o desaparecimento das poupanças, podem levar a uma situação de angústia e impotência semelhante à de anos de opressão e ditadura.

Seguramente que poucos de nós poderíamos pensar que, quase quarenta anos decorridos após o 25 de Abril, mais de vinte e cinco após a adesão às Comunidades Europeias, se pudesse sentir o céu fechar-se, de novo, sobre os cidadãos portugueses, aos quais se solicita níveis de sacrifício e abnegação muito para além do razoável, sustentados na doce convicção de que Portugal não é a Grécia e de que Portugal aguenta mais austeridade. Ai aguenta, aguenta...

A democracia política faz, no entanto, toda a diferença e o nosso empenho tem de ser o de construir, nesse quadro, políticas alternativas, capazes de uma melhor resposta ao sofrimento e de gerar um melhor futuro.

Em 30 de Maio de 2012 respondi, a um jornal que me perguntava que aspectos positivos poderia apontar em Portugal, que os via essencialmente na circunstância de ter começado o debate sobre a política económica e as alternativas.

Este debate prosseguiu de forma irregular, levando de vez em quando os cidadãos para a rua, enquanto que, outras vezes, se ficou pela comunicação social ou, sobretudo, pelas redes sociais, onde se passa de mão em mão, de lado em lado, o recado, para recordar o *trailer* do filme de Fonseca e Costa, do início dos anos setenta do século passado.

Pela minha parte, tenho procurado contribuir para o desenvolvimento do debate, escrevendo, fazendo conferências, organizando discussões plurais, expressando a minha opinião em todos os espaços em que me é permitido.

Entendi que tinha chegado o tempo em que as nossas opiniões não podem ficar confinadas ao nosso círculo de amigos e em que não basta esforçarmo-nos por fazer bem aquilo que é o nosso trabalho quotidiano. O mesmo apelo que me levou a, muito novo ainda, militar na oposição democrática ou a defender a liberdade de imprensa e o pluralismo democrático depois do 25 de Abril, conduziu-me a uma maior intervenção cívica nos últimos anos. Com todo o respeito pelos que decidiram ir mais além optei, no entanto, por não me envolver na política imediata ou partidária.

O meu último combate nessa arena foi nos anos 80 do século passado, com Ramalho Eanes, Salgado Zenha e Medeiros Ferreira, meus queridos mestres e amigos. Com dois deles o meu debate continua e a memória e o exemplo do outro, ainda hoje, são uma referência permanente.

Os textos que agora se reúnem cobrem um arco temporal que vai sensivelmente desde o início da crise económica de 2008 até aos nossos dias. Para além da diversidade dos estilos, há uma comunidade de preocupações e é, também, comum o objectivo de ser claro e compreensível, sem deixar que o derrotismo e a amargura deles tomem conta. A ironia é uma arma muitas vezes mais poderosa do que a raiva, mesmo para quem recorda a expressão do grande Leo Ferré - *le desespoir est une forme superieure de la critique.*

E, todavia, nos dias que correm, o discurso oficial voltou a ser de optimismo. Na cimeira de Davos, como relatou a imprensa, pela primeira vez em vários anos, não se falou de crise. Porquê, então, insistir nas dúvidas que se colocam neste livro?

A bonança que caracteriza os dias que correm (e nada nos garante que sobreviva ainda no quotidiano português quando o livro for editado), marcados por sucessivas declarações de optimismo, pelo regresso dos mercados financeiros a uma certa normalidade e até dos bancos aos lucros elevados, não serão suficientes para que se vire a página?

A resposta não é difícil: os diversos textos constituem um depoimento sobre problemas que se sentiram ao longo destes anos (2008-2012) e, infelizmente, tudo leva a crer que continuarão a ter espaços de tensão não resolvidos, falando-nos, sobretudo, de uma sociedade portuguesa desorientada e indefesa, que perdeu a sua capacidade de decisão autónoma e que conhece transformações que a levam a aproximar-se do modelo inigualitário e pobre que nos legou o regime ditatorial.

As boas notícias para Portugal são bem poucas. O alívio da pressão dos juros dos empréstimos públicos situa-se, ainda assim, em patamares muito elevados. O valor de 120% do PIB atingido pela dívida pública deixa poucas dúvidas quanto à possibilidade de se obter o reequilíbrio das finanças públicas. O esmagamento fiscal revela-se incapaz de reduzir o défice, objectivo que até agora se conseguiu com uma arquitectura financeira do tipo da que conduziu à crise.

Mas, muito mais importante é verificar que na economia real nada de substancial mudou: o desemprego continua a subir, o consumo e o investimento descem, as falências aumentam, as desigualdades sociais crescem. É talvez a altura de recuperar o vinil ou o reciclado CD para ouvir Chico Buarque cantar: «... tem dias que eu fico pensando na vida e sinceramente não vejo saída».

A crise dos últimos anos mostra bem a falibilidade das previsões económicas. A rainha da Inglaterra bem questionou os economistas sobre as razões porque não foram capazes de prever a crise. E foram bem poucos aqueles que lhe tentaram responder. E muitos aqueles que, quais cientistas fechados no seu laboratório, continuaram as suas experiências sem se importarem com o facto de as cobaias, desta vez, serem humanas.

E, por isso, nada se pode afirmar com certeza quanto ao futuro da economia. De tão desacreditadas que estão as projecções económicas, talvez seja melhor voltar à sabedoria futebolística: prognósticos só no final.

O senso comum leva, no entanto, a pensar que, quando nada de essencial se alterou nas sociedades e as próprias reformas da regulação ficaram bem longe do que se poderia esperar, o risco de que novas crises surjam no caminho continua a ser grande. Para já, aquilo que se pode verificar, com mais ou menos precisão, é que a célebre imagem do *this time is diferent* que Carmen Rheinard e Kenneth Rogoff identificaram como o sentimento que acompanhou sempre os períodos pós-crise está, de novo, instalado. Mas, *was this time really different?* Teremos mesmo saído da crise, cortando com os «eight centuries of financial folie» de que nos falam os mesmos autores?

Num mundo que globalmente dá sinais de alívio, continuam, por outro lado, a ser as economias capazes de menor ortodoxia a apresentar melhores indicadores. A Europa parece um continente desinteressado do seu destino e caminhando para a irrelevância, ao mesmo tempo que desiste de promover uma real unificação.

Desaparecida a ilusão de solidariedade de há umas décadas atrás, torna-se claro que quem realmente decide o destino da Europa está satisfeito com a consolidação de um espaço a duas velocidades e determinado em acabar com as veleidades daqueles que pensaram que outra via era possível.

Em Portugal, continuaremos a sofrer as consequências. Alguns entendem que sangue, suor e lágrimas serão o nosso preito de homenagem aos vencedores e a demonstração do nosso real arrependimento.

Este livro é uma clara demonstração de que não penso que estejamos condenados a esse caminho e, já agora, que também não penso que este seja o caminho que interessa à Europa rica. Mas faço obviamente parte do grupo dos suspeitos. Eles é que sabem, mesmo que, como ironiza Laurent Cohen-Tanugi, se e quando a Europa despertar, ninguém der por isso.

O meu filho José, um dos meus mais atentos críticos, com a energia dos seus quinze anos, disse-me que não me preocupasse, que viriam anos dourados. Sei que, com energia e determinação como as dele, assim será. Mas, se apenas esperarmos é melhor ficarmos sentados que a omnipresente voz de Chico Buarque está aí para recordar que nos cansaremos. Mas, com franqueza, cansados já estamos. Tentemos, então, levantar-nos.

Colónia, Fevereiro de 2013

PARTE I
ESPELHO QUEBRADO

O título desta primeira parte é recuperado de um dos artigos aqui publicados e que era consagrado ao orçamento para 2013. Com o decorrer do tempo, foi-se tornando dramaticamente mais claro que a metáfora se aplicava a todo um povo e a toda uma sociedade, por méritos e deméritos, seus, e dos outros também.

Quebrado o espelho é difícil repará-lo, como é sabido. A via tem de ser a do debate livre e plural. O Portugal positivo que alguns buscam qual Santo Graal é o Portugal da discussão e procura livre de soluções, como sustento no texto com que abro este capítulo.

É nesse esforço que procurei participar com toda a energia que fui capaz e em todos os espaços que se me abriram. Aqui recolho alguns dos artigos publicados na imprensa ou em revistas científicas, assim como algumas conferencias proferidas no arco temporal 2008-2013.

PORTUGAL POSITIVO*

Saúdo vivamente a iniciativa do Jornal de Negócios de pedir que, em 800 caracteres, se opine sobre os motivos para ser optimista ou pessimista quanto a Portugal, convidando-nos a uma forma de austeridade já defendida pelo Padre António Vieira.
Os poucos motivos para ser optimista em Portugal vêm da evidente tendência para quebrar o unanimismo oficial e para abandonar um paralisante sentimento de pecado. Dito isso, parece-me desnecessário dizer que negativas são todas as tentativas para evitar que isso aconteça e, como nada do que se passa ou decida em Portugal é relevante, aquilo que é verdadeiramente positivo é a verificação de que a opinião pública e a política europeia começam a mudar e que aquilo que ontem era ousadia insensata de radicais desligados da realidade tende a tornar-se ideia quase consensual. Assim se vá a tempo.

---

* Depoimento publicado no *Jornal de Negócios* de 30 de Maio de 2012.

QUEM É A RAQUEL DESTE GOVERNO?*

O anúncio de que se inicia nesta segunda-feira mais uma inspecção da *Troika* a Portugal levou-me a recordar o nosso grande poeta Camões. Muitos pensarão que pretendo, desse modo, recordar à *Troika* que fomos capazes de dar novos mundos ao nundo e que a nossa pequena dimensão nos não impediu de feitos extraordinários quando mandávamos em nós próprios.

Não deixa de ser adequado fazê-lo, como também não convirá esquecer o inimitável Fernão Mendes Pinto, prova verdadeira do nosso talento no quotidiano e da nossa capacidade de energia individual.

E já agora, não esqueçamos que estes dois portugueses de excepção morreram, tanto um como outro, na esperança do reconhecimento e de apoio do Estado aos seus serviços, antecipando o doloroso destino de tantos dos maiores criadores nacionais.

Mas, algo paradoxalmente, foi o Camões lírico, de que tantos tanto gostamos, que me veio à mente, através de um dos seus mais belos e doridos sonetos. Para que todos tenhamos presente aquilo de que falo, permitam-me que o recorde: «Sete anos de pastor Jacob servia Labão, pai de Raquel, serrana bela; Mas não servia ao pai, servia a ela, E a ela só por prémio pretendia.

---

* Publicado no *Jornal de Negócios*, a 26 de Fevereiro de 2013.

Os dias, na esperança de um só dia, Passava, contentando-se com vê-la».

Sabendo-se o denodo com que o Governo serve a *Troika* é compreensível que pense que a serve em nome de Raquel e que a sua visão o contente, mas seria bom que o governo nos permitisse ver a Raquel, para compreendermos melhor a razão de ser da sua corajosa abnegação.

Abandonados os floreados verbais, esquecidas as promessas sempre revistas e abandonadas, impõe-se perguntar quem é a Raquel que o Governo pretende transmitir aos portugueses?

Trata-se de uma formosa donzela que, feito a tão propagada correcção das inestéticas adiposidades, assume formas especialmente atraentes, adequando-se a uma sociedade de justiça, igualdade e progresso ou – perdoe-se o atrevimento – falamos de uma altiva princesa que não se quer misturar com a plebe e, por isso, considera que não devem ser assegurados a esta meios para aspirar a uma condição melhor, não desejando ser perturbada com notícias de coisas desagradáveis, como desemprego, fome, suicídios?

Nesta crónica de tão marcado romantismo dir-me-ão que o amor é louco ou que quem o feio ama bonito lhe parece – ideias que a cultura popular e o fado tradicional em nós tão bem inculcaram – e, ainda, que gostos não se discutem.

Só que essas interpelações marcam o limite das metáforas. É que a escolha do Governo é uma escolha que nós legitimamos e que ele concretiza em nosso nome. Não está em causa a legitimidade do Governo para governar, uma vez ganhas as eleições, mas seguramente que a clássica questão em torno de saber se não há limites para a divergência entre aquilo que foi prometido para ganhar eleições e aquilo que constitui a acção política sistemática não tem limites.

Seguramente que os portugueses, contrariamente aos húngaros em 2006, não ouviram o discurso com o do então primeiro-ministro Ferenc Gyurcsány, explicando que deliberadamente mentira e enganara o eleitorado. Mas não será compreensível a posição daqueles que pensam que não precisam sequer de o ouvir, para sentirem o mesmo travo amargo?

Adriano Moreira correctamente lembrou, neste mesmo jornal «Parece-me que tem havido uma certa dificuldade, da parte do Governo, em compreender que há uma diferença entre a legitimidade eleitoral, que justifica a tomada de poder, e a legitimidade do exercício [de poder], que começa a ser avaliada no dia seguinte [à tomada de posse]. Esta legitimidade para a execução não é uma coisa para entretenimento das estatísticas de popularidade».

Se as dúvidas sobre a formosura da Raquel já são um facto muito preocupante e se há até quem, maldosamente, pense que às adiposidades perdidas correspondem outras ganhas e bem menos aceitáveis, não é menor o receio de que, obcecado o Governo por tão desvelada paixão, o período de servidão se prolongue pelos sete anos que Camões nos recorda ou, pior ainda, que o Governo, uma vez concluídos os primeiros sete, comece novos sete, dizendo «mais serviria, se não fora para tão logo amor tão curta a vida!»

Mas, mais grave do que tudo é a possibilidade - que nada nos permite afastar - de que, tal como sucedeu ao desventurado Jacob, Labão (*Troika*), «usando de cautela, em lugar de Raquel lhe dava a Lia, vendo o triste pastor que com enganos lhe fora assim negada a sua pastora».

E aí não tenhamos dúvidas. Lia – escolha de Labão – conhecido o impenitente mau gosto deste impiedoso dono de rebanhos, não será a princesa desejada por ninguém para casamento.

Soube-se, nos últimos dias, que Labão está disposto a reapresentar Lía sob novas formas e depois de uma ligeira cosmética. Algum tempo atrás, talvez essa proposta fosse compreendida pelo povo português que, sempre generoso, aceitaria essa proposta mas, hoje, ainda será possível?

NUM PAÍS ONDE NÃO DEFENDEM OS MEUS DIREITOS EU NÃO QUERO VIVER

O título deste artigo é o título de uma excelente peça de Von Kleist encenada, entre nós, por Jorge Silva Melo, figura ímpar da cultura e do teatro portugueses. Escolhi-o pela sua total pertinência em face da situação que atravessamos mas, também, como forma de homenagear os grandes artistas portugueses, cuja criatividade nos elevou a patamares de excelência no teatro, no cinema, na literatura, na poesia, na música ou na pintura e que são agora asfixiados por uma orientação política que desconhece a essencialidade da cultura no progresso da humanidade. Que a cultura faz com que o Mundo pule e avance – na bela expressão de Gedeão – e que as sociedades se pensem e se projectem num futuro comum.

Sem apoio público à cultura e vivendo numa sociedade depauperada, à qual se apela que prescinda de tudo o que torna a vida digna de ser vivida, são de amargura os ventos que atingem muitos dos nossos maiores artistas. Se a ditadura conduziu ao espezinhamento da arte, a democracia e o progresso económico levaram-na a um desenvolvimento ímpar. A democracia, na fórmula, que hoje a vivemos, ameaça remeter, de novo, a cultura para o limbo da marginalidade, sem precisar sequer de usar a fórmula do general franquista Millán-Astray dirigindo-se a Unamuno: **quando me falam de cultura puxo logo da arma**.

Sintomaticamente, aliás, um *Conselho da Diáspora*, recentemente criado, com a finalidade de prestigiar Portugal no exterior, apenas inclui empresários, deixando de fora os artistas e cientistas que, mais do que ninguém nos honram e tornam admirados. Ou será que foram eles que não aceitaram integrar uma iniciativa em que ressoam os ecos do *Secretariado da Propaganda Nacional*?

Consolida-se, aliás, a percepção de que não só a arte incomoda os poderes – e afinal não será essa uma das suas funções mais nobres? –, também o debate de ideias, a formulação de dúvidas ou apresentação de alternativas se tornam igualmente incómodas, porque se crê constituir o unanimismo o ambiente propiciador do progresso do país.

A democracia torna-se, então, um puro quadro formal em que se não pode questionar a forma e o sentido com que o poder é exercido. Toleram-se e paternalisticamente compreendem-se, por vezes (outras menos), manifestações de rua lidas como forma de desabafo que, uma vez concretizada, se esbate, como as ondas na areia, ou recolhe pacatamente a casa.

Neste tempo de negação da política assistiu-se, na Itália, a um episódio – felizmente já ultrapassado – em que Mario Monti, colocado no poder nas condições que são conhecidas, ensaiou levar mais longe a fórmula de governar sem legitimação democrática, anunciando não se candidatar às eleições, ao mesmo tempo que divulgava as condições em que acederia a governar se para tanto o fossem buscar. Devolveu-me à memória a figura de Oliveira Salazar, aguardando em Coimbra, no final dos anos 20 do século passado.

Irresistivelmente, voltamos ao fado («*o fado é que induca, o vinho é que instrói*») agora que uma plêiade de novos fadistas o arrancou dos xailes negros, do ciúme, dos toiros e dos marialvas, para concluir que «*tudo isto existe, tudo isto é triste, tudo isto é fado*». E já, agora, como cantava Amália, no mesmo fado, voltamos às «*almas vencidas, noites perdidas, sombras bizarras*».

Pedem-nos, a todos ou a quase todos, que abdiquemos dos nossos direitos, daqueles que temos perante o Estado e daqueles que temos perante a União. Que nos esqueçamos que são esses direitos, a par com outros, agora sacralizados, como a propriedade privada ou o respeito pelas dívidas, que constituem as bases que sustentam as sociedades e lhes permitem viver harmoniosamente, progredindo e transferido para os vindouros uma herança complexiva superior à que receberam.

Ao votar, aceitámos delegar o nosso poder em estruturas políticas legitimadas pela expressão livre do voto, mas dele não abdicámos, nem abdicamos de os ver os nossos direitos exercidos no quadro do respeito pela Constituição.

Devemos, por isso, esperar que o poder político tome as medidas necessárias a fazer face a situações de profunda dificuldade económica e estamos disponíveis para, com respeito pela igualdade e proporcionalidade, aceitar os sacrifícios adequados.

O que não podemos nem devemos aceitar é que se tenha por ilegítima a utilização de todas as formas de defesa dos nossos direitos, no quadro da Constituição e das leis vigentes e que o poder político não se considere vinculado pelo seu respeito e pelo dever de os defender, no plano interno, como no plano internacional.

Não é compreensível que Portugal se disponha a aceitar que Grécia, Itália, Espanha, Irlanda e França gozem, ou vão gozar, de melhores condições nos programas de assistência financeira e que os nossos representantes identifiquem o sacrifício extremo com a melhor forma de defesa dos nossos direitos. Pobres «bons alunos de maus mestres», para usar uma expressão, como sempre feliz, de Medeiros Ferreira.

Tragicamente, somos levados a concluir que os nossos direitos não são defendidos no plano interno e também não o são perante a União Europeia. A nossa cidadania nacional dissolve--se do mesmo passo que se esfuma a anunciada cidadania europeia.

Tudo isto é feito, contra todas as evidências, com base numa insustentável promessa de dias que virão (o regresso irónico dos *amanhãs que cantam*) e de um país próspero e justo. Esquecem porém, os que prometem, que nessa altura pode acontecer que os portugueses, exaustos e, à semelhança do que fez Michael Kolkaas – o protagonista da peça de Von Kleist injustamente condenado à morte –, prefiram a execução da sentença, ao tardio reconhecimento dos seus direitos, espezinhados pela força de um vilão que – já agora, vale a pena recordar – era o Barão de Von Tronka.

CRISE, DIZEM ELES*

Crise, dizem eles. Crise, dizemos nós, distraídos e iludidos. Os dias que vivemos não são já, no entanto, tempo de crise, mas tempo de um pântano que ficou, no rescaldo da crise. E quanto mais rapidamente percebermos isto e mais depressa abandonarmos a ideia e as expressões associadas à crise, melhor poderemos contribuir para a clarificação das nossas opções e da adequação ou inadequação das propostas que nos acenam como o caminho da salvação.

A crise – ensinam-nos as ciências sociais – corresponde a um conceito dinâmico que se traduz na ocorrência de um acontecimento ou série de acontecimentos não esperados que criam incerteza, ameaçam os objectivos fundamentais da organização onde ocorrem e obrigam, por isso, a uma substituição de um sistema que já não funciona.

A crise traduz-se numa realidade dinâmica e transitória que não se pode confundir com uma situação dilatada no tempo. A crise que insistimos em referenciar é realmente a crise de 2007, tornada dramaticamente presente pelos acontecimentos que se seguiram à falência do Lehman Brothers.

Aí sim, deparamo-nos com eventos que, ainda que com alguma dificuldade, se pode aceitar que eram inesperados.

---

* Publicado no *Jornal de Negócios* de 11 de Dezembro de 2012.

Pelo menos assim o testemunhou Alan Greespan, perante o Congresso, esquecendo os vários gestores de fundos e economistas, como Nouriel Roubini que, claramente, tinham antecipado o cenário que se veio a verificar.

A velocidade com que a crise se propagou, passando do sistema financeiro que esteve na sua origem para a economia real, as hesitações que a rodearam, bem como as dúvidas que se semearam sobre a bondade da doutrina económica estabelecida, criaram efectivamente um elevado grau de incerteza e conduziram à percepção de que estava ameaçada toda a organização económica e social e se tornava necessário encontrar uma alternativa de substituição para um sistema que não funcionava.

Sabemos hoje que a resposta pública, consubstanciada na injecção de liquidez por parte dos bancos centrais e na definição e execução de políticas sociais e de investimento ambiciosas, impediram que a economia mundial colapsasse. Sabemos, também, que houve, na altura, quem pensasse que a crise deveria ter ido até mais fundo, para tornar evidente e socialmente aceitável uma alternativa real.

Esse era, no entanto, um caminho difícil de aceitar: demasiado sofrimento, demasiados custos, demasiados dramas humanos. Aquilo que se não sabia é que o sofrimento, os custos e os dramas se iriam prolongar no tempo e rapidamente seriam reduzidos a meros dados estatísticos de folhas de Excel, manejadas por dirigentes sem paixão nem compaixão.

A crise – quisemos acreditar – poderia ter fornecido um momento de renascimento e esperança. Recuperou-se uma bela ideia de Einstein – «... A crise é a melhor bênção que pode ocorrer com as pessoas e países, porque a crise traz progresso....» –, relembrou-se Schumpeter e a concepção da destruição criativa, em que o novo – mais activo e dinâmico – toma o lugar do velho ultrapassado e incapaz de responder.

Nada disso ocorreu. Estancados os aspectos mais violentos da crise, seguros os seus responsáveis de que a cada crime nem sempre corresponde um castigo, entendido que o medo paralisava as pessoas ou as encaminhava para caminhos auto-lesivos, passou-se a actuar como se não fosse preciso mudar nada de essencial. A sabedoria de Lampedusa – é preciso que alguma coisa mude para que tudo fique na mesma – encontrava-se suficientemente democratizada para que, mesmo quem não tivesse a elegância e a fina compreensão da humanidade do Príncipe de Falconeri, dela lançasse mão.

Os alertas para que as origens da crise se deveriam encontrar em raízes mais fundas do que a especulação financeira, comandante decidido de um modelo de sociedade que trazia em si os germes da destruição, de nada serviram. E, no entanto, eles foram formulados por pessoas fora do tão prezado «arco da governação» – é certo –, mas também por insuspeitos moderados e vastos sectores da Igreja Católica.

O *Inside Job* destruiu qualquer ilusão. Habituados a aceitar a importância do sector financeiro e irritados pela insistência em certos *slogans* mais ou menos primários, tivemos dificuldade em perceber que não acreditávamos em bruxas, *pero que las hay, las hay*, como os espanhóis vieram a compreender de forma especialmente impressiva.

Bento XVI atribuiu a crise ao afastamento das pessoas em relação a Deus. Talvez essa fórmula sintética nos desperte para o inequívoco distanciamento dos valores de decência, solidariedade, comunhão de vidas e compaixão.

O reencontro com o Paraíso Perdido (católico ou laico) é, pois, a tarefa prioritária dos tempos que correm. E para que as águas se abram no nosso caminho, a fim de que as possamos atravessar a salvo, é fundamental reconhecer que os tempos que vivemos são já tempos posteriores à crise, tempos de derrota e de humilhação, de falência e desespero. Necessário é, também, admitir que o reencontro com a boa sociedade com que a Humanidade sonha há tantos séculos não se fará com a reposição da ordem anterior a 2008, que abandonara esse sonho, confundido com o consumismo desenfreado e o sucesso individual.

A desregulação financeira, o poder excessivo das instituições de crédito e dos fundos especulativos, a globalização sem regras, a integração europeia incompleta e mal desenhada, a secundarização do direito, a subordinação da justiça à eficiência, a desigualdade na distribuição do rendimento, a drástica contenção da acção pública, conseguida através de privatizações substanciais, de um regime comunitário cego de proibição de ajudas do Estado e de substituição da decisão política por assépticos mecanismos regulatórios, conduziram à crise.

Olha-se para as propostas consubstanciadas no Memorando da *Troika* (de resto, desautorizadas por um dos seus membros) e rapidamente se percebe que, por mais extraordinário que isso possa parecer, o que lá se encontra é um projecto de reforço do modelo que provocou a crise, que nos levou ao actual Estado, do qual queremos sair.

A resposta da *Troika* não é a única. Barack Obama apresenta um caminho diverso; Dilma Rousseff, estrela maior da recente cimeira ibero-americana, um outro ainda, enquanto recorda à Europa o mal que políticas como as que estão a ser praticadas causaram ao desenvolvimento da América Latina e nos recrimina por prolongarmos uma recessão mundial. Mas quem quer, afinal, saber de um Presidente que pode ser parado por um grupo de hábeis parlamentares que não se preocupam com a natureza não democrática dos seus procedimentos, ou de uma dirigente de um destes países de terceiro-mundo, que nem sequer nos apercebemos que, entretanto, se tornou na sexta potência económica mundial?

The Best is yet to come, proclamou, pleno de energia, confiança e fé no futuro, o Presidente dos Estados Unidos. Na Europa de Angela Merkel, Durão Barroso ou Von Rompuy é difícil não pensar que *the worst is yet to come*.

ORÇAMENTO PARA 2013:
O ESPELHO QUEBRADO*

Nos já longos anos que levo a ensinar Finanças Públicas tenho sempre defendido que o Orçamento de Estado é o melhor espelho de uma Nação, nele se reflectindo as nossas escolhas colectivas, o que nos permite perceber, num relance, a parcela do nosso rendimento que estamos dispostos a entregar ao Estado e como entendemos que se deve repartir esse esforço financeiro, bem como as prioridades que fixamos para a nossa vida colectiva, seleccionando as áreas que vamos privilegiar nas políticas públicas.

Todos os anos, através dos nossos representantes, renovamos o contrato social que está na base da nossa existência enquanto comunidade, aprovando o orçamento. Quaisquer que sejam as dúvidas que as últimas décadas de cinismo político e contestação da racionalidade das escolhas financeiras vieram introduzir, a escolha parlamentar continua a ser a melhor forma de expressar a «inteligência média de uma colectividade», como escrevia, cem anos, atrás o grande financeiro italiano Pantaleoni.

Naturalmente que o antiparlamentarismo que deixou raízes profundas em Portugal, muito para além da queda da ditadura, sempre tem tentado esvaziar esses poderes e há que reconhecer

---

* Publicado no *Jornal de Negócios* de 16 de Outubro de 2012.

que o modo como a generalidade dos parlamentares actua, votando em consonância com o que lhes é ordenado pelas direcções partidárias, fornece um terreno fértil para que essas raízes cresçam.

Os desastrosos últimos anos da União Europeia, onde releva especialmente o confisco dos poderes de soberania financeira nacional a benefício de entidades não legitimadas politicamente provocou as primeiras fissuras no espelho. Pressuroso, o Presidente da Comissão comunicou à Europa e a Portugal que a manobra de política orçamental para 2013 já tinha sido aprovada em Bruxelas e – pasme-se – uns dias depois veio dizer que os governos – entenda-se, designadamente, o português – andam a enganar os cidadãos, ao afirmar que as medidas económicas são determinadas por Bruxelas quando, na realidade, são decididas pelos executivos nacionais.

Eu, pecador, me confesso profundamente supersticioso, pelo que os danos no espelho me começaram a inquietar por causa da conhecida previsão dos sete anos de azar, que remonta a velhas tradições gregas e romanas. As condições para o espelho quebrar ainda não estavam, no entanto, totalmente reunidas. Apesar de tudo, mesmo a aliança tecnocrata-ditatorial mantém as formas: o orçamento passará pela Assembleia da República. A revelação das linhas gerais cria-me, no entanto, a profunda convicção de que o espelho efectivamente se quebrou.

À semelhança, creio, de muitos outros portugueses partilho da consciência fiscal do juiz Wendell Holmes, quando declarava: «gosto de pagar impostos. Com eles compro civilização». Por isso pagamos impostos, tantas vezes próximo da taxas confiscatórias, supressoras da propriedade e da liberdade individual, porque olhamos para o destino que o Estado dá aos nosso tributos e vemos que eles permitem assegurar saúde para todos, ensino, investigação científica, a manutenção da máquina administrativa, da justiça, da certeza, da segurança e criar uma rede de protecção contra os infortúnios que garante simultaneamente que termos sempre um mínimo de protecção e que viveremos numa sociedade coesa em torno de uma concepção do que é uma sociedade decente.

Com a sua espantosa ironia, Eça de Queirós interrogava-se, a propósito da situação em Évora: «Por *que motivo, em virtude de que protecção, de que garantia, se pagam nesta cidade impostos? É porventura pela regalia de poder pisar as calçadas e receber a luz do sol? É pela garantia de poder semear pela liberdade de poder viver? O Estado não tem nesta cidade o direito de receber o preço dos serviços que não presta. Ele não protege, não defende, não policia; não cura da higiene, não faz nada, e hão-de os contribuintes fazer o sacrifício do seu sustento para terem o prazer de ser desprezados?*».

A mesma sensação me assalta, nestes dias penosos que vivemos e em que sei que o espelho se quebrou mesmo. Terá o governo consciência disso e, mais ainda, saberá que na origem grega da moderna superstição mais se afirmava que ficar admirando-se num espelho quebrado é o pior de tudo, porque significa quebrar a própria alma.

Mas, aquilo que é mais alarmante, mesmo para quem não seja supersticioso é que, como já cantava a genial Amália, por de trás de um espelho quebrado apenas há cansaço. E com o cansaço nada se pode fazer. Não há espelho que possa ser reparado. E, ainda menos, uma sociedade.

QUARENTA E SETE POR CENTO DE CIGARRAS?*

Existe em Portugal um fascínio inegável pela fábula da cigarra e da formiga, sendo as cigarras alvo de um opróbio generalizado que o salazarismo alimentou e que nem a genialidade de Alexandre O'Neill, servida pela grande voz de Amália, conseguiu abalar suficientemente. Foi, assim, que a recente caracterização de Portugal como um país de muitas cigarras e poucas formigas me trouxe à memória temas antigos.

Quando li a justificação do Ministro Miguel Macedo para as declarações que justificaram a indignação generalizada – «Aquilo que quis significar com aquela declaração foi uma homenagem ao trabalho de todos aqueles que criam riqueza no país» – percebi, no entanto, que as raízes culturais não eram necessariamente aquelas que antecipara, mas antes as que resultam da importação de ideias que têm feito carreira noutras paragens.

Muitos dos problemas que enfrentamos nasceram - como é por demais sabido -, da crise do *subprime* nos Estados Unidos. Mas é preciso ter presente que foi a reformulação das sociedades europeias, sob a influência dos movimentos conservadores norte-americanos, que criou o pano de fundo ideal para o

---

* publicado no *Jornal de Negócios* de 2 de Outubro de 2012.

desenvolvimento da crise, ao mesmo tempo que instalava as condições para a insanidade financeira prosperar também no espaço europeu e aprofundava a desigualdade económica e social a níveis nunca antes conhecidos.

As diferenças entre aquilo que se convencionou, de forma simplista, chamar de modelo social europeu e a sociedade de risco e empreendedorismo norte-americana foram-se esbatendo, através de uma clara vitória norte-americana, vitória que se processou num ambiente de radicalização política e de aumento das desigualdades económicas e sociais nos Estados Unidos, brilhantemente ilustrada por Paul Krugman em *The Conscience of a Liberal*, publicado em 2007.

A eleição de Barack Obama, por cuja mensagem centrista e de apelo ao consenso bi-partidário nunca Krugman manifestou grande simpatia, trouxe a esperança de regresso a tempos em que medidas de impacto social, destinadas a minorar as dificuldades dos mais favorecidos, conseguiam um acordo, pelo menos parcial, entre os dois partidos.

A radicalização do Partido Republicano impediu essa via ainda que, com todas as dificuldades, Barack Obama tenha conseguido fazer aprovar o *Obamacare*, que ficará como um marco maior na luta pela justiça social, mas cujo efeito foi o de exarcebar, ainda mais, as pulsões radicais na direita americana.

Na semana passada, a revelação das declarações de Mitt Romney, num encontro com apoiantes milionários, considerando desprezíveis os 47 por cento de americanos que, nas suas palavras, «são dependentes do governo, acreditam que são vítimas e acreditam que o governo tem a responsabilidade de tomar conta deles. Que acreditam que têm direito a cuidados de saúde, comida, alojamento, e tudo o mais» constituiu um acontecimento político da maior importância.

A afirmação, que o candidato viria a confirmar, apenas considerando menos felizes os exactos termos da sua formulação, é a expressão clara do modelo de sociedade de vencedores que se instalou nas últimas décadas e não só na América.

Em Portugal encontramo-nos de algum modo numa situação semelhante, em que se pretende a divisão entre os vencedores que obtêm sucesso com base no espírito empresarial sem recorrer ao apoio do Estado - excepto, claro está o que resulta de uma regulação económica e social fortemente favorável aos mais ricos e de um acesso privilegiado a informação e oportunidades- e os vencidos que preferem não trabalhar e gozar do suculento rendimento social de inserção, por essa via sobrecarregando os vencedores.

O modelo não é novo. A cultura do sucesso chegou a Portugal na segunda metade da década de oitenta, com os fundos comunitários e as privatizações a permitirem a emergência de um núcleo de empresários e financeiros, rodeados de uma aura de prestígio devidamente ampliada pelas revistas sociais, a ocuparem o papel de modelo inspirador que antes fora dos políticos, dos intelectuais, dos artistas. O sucesso profissional e financeiro tornou-se o único critério de aferição do valor pessoal.

Com ela veio, também, o desprezo pelos elementos menos activos e dinâmicos da sociedade. Miguel Esteves Cardoso, que por essa época revolucionava o jornalismo português, apercebeu-se bem da mudança e, num artigo marcante, falou do desprezo com que os novos homens de sucesso encaravam a miséria e os pedintes, que não teriam o direito de existir e incomodar as suas prósperas existências. Razão provavelmente tivera Salazar ao ilegalizar a mendicidade...

Nem a mudança política dos finais da década de noventa que introduziu, ainda assim, na política portuguesa, valores de solidariedade até aí mal-tratados, alterou profundamente as coisas.

Quanto aos trabalhadores menos qualificados, atordoados no processo de liquidação do sector primário e secundário depois, foram entretidos com as sereias consumistas que, apesar dos baixos salários, o crédito fácil e barato permitia. Ficando cada vez mais para trás na divisão dos benefícios da actividade económica, conformaram-se com a ilusão de que o sucesso também lhes poderia estar ao alcance. Os noventa mil candidatos à

Casa dos Segredos são uma dramática ilustração desta ilusão e constituem motivo de vergonha para a comunidade portuguesa no seu conjunto.

Entretanto, a União Económica e Monetária instalou-se na Europa e trouxe com ela, nas palavras de Jacques Le Goff, as ruas juncadas dos cadáveres dos vencidos da exclusão. As noites na nossa Avenida da Liberdade são um exemplo disso mesmo.

Dos Estados Unidos, importaram os criadores da UEM as piores ideias, o anti-keynesianismo primário, a anatemização do défice, a imposição de regras rígidas. Não se importou um Banco Central independente e a consequência foi que, sem possibilidade de recurso à taxa de câmbio, os reequilibrios tiveram de passar a ser feitos pela via da desvalorização salarial, viabilizada por reformas laborais, elevadas a um estatuto de centralidade de política económica.

Entretanto, o problema dos dependentes do Estado, daqueles que se atrevem a dele esperar benefícios, tem vindo a ser resolvido com a ajuda complacente de uma jurisprudência constitucional marcada por um preconceito quanto aos direitos económicos e sociais e a tutela de valores tão elementares como o da segurança jurídica e a protecção das expectativas. Mas, nem mesmo assim o tribunal se conseguiu livrar da ira dos donos do Mundo quando pensou que o tratamento desigual de público e privado era um pouco demais.

A premência de crise vivida na Europa, o desgosto nosso de cada dia, sempre servido com generosidade, a par com a compreensível concentração de energia no imediato levam-nos, porventura, a não estar suficientemente atentos às eleições norte-americanas, nas quais vão ser feitas escolhas que terão uma influência sobre o nosso futuro e sobre a forma como as nossas sociedades se organizarão e enfrentarão a crise.

Os problemas portugueses têm de ser resolvidos por nós próprios, mas não deixo de pensar que a afirmação da decência nas próximas eleições norte-americanas será um passo também para nós.

O CAMELO, A AGULHA
E OS IMPOSTOS DOS RICOS*

Se alguém tivesse dúvidas de que tributar um rico em Portugal era uma tarefa mais difícil do que a de fazer passar um camelo pelo buraco de uma agulha, as últimas notícias relativas a sobretaxa de solidariedade social, com que o Governo tentou liquidar o debate sobre a imposição da riqueza, afastaram-nas definitivamente.

Confesso a incomodidade que senti quando, numa mesma semana, soube que Américo Amorim – o português mais rico, segundo todas as estimativas conhecidas – pagava 64 mil euros de IRS e não considerava adequado que lhe fosse exigido mais, enquanto o Governo propunha que aqueles que pagam mais IRS resultante do trabalho, subordinado ou independente, pagassem mais uma taxa de solidariedade social a que o comendador Amorim, em face do seu rendimento declarado, não estará sujeito.

A minha incomodidade só pôde, aliás, aumentar quando, na mesma semana, fui procurado por uma senhora de noventa anos, que recebe uma pensão de quinhentos euros por mês e a quem o fisco comunicava encontrar-se em situação irregular.

---

* Publicado no *Jornal de Negócios* de 6 de setembro de 2011.

Por lapso do filho, não entregara a declaração de IRS nos dois últimos anos, da qual nada constaria que não aquilo que a Administração Fiscal já conhecia. A situação, como lhe comunicaram, já está regularizada mas da sua reforma saíram cento e cinquenta euros: uma verdadeira sobretaxa de solidariedade social. Considero sempre que os debates sobre a justiça fiscal são daqueles em que, mais facilmente, paixões e interesses pessoais se sobrepõem ou se escondem atrás de argumentos habilmente esgrimidos. Mas discutir a justiça fiscal é não só um direito mas, sobretudo, um dever de cidadania e, por isso, gostaria de explicar porque considero profundamente injusta a medida proposta e entendo apelar aos deputados – os nossos representantes eleitos – para que exerçam a plenitude dos seus poderes, que resultaram da luta históricas das populações contra a prepotência fiscal, enquanto espero que o Tribunal Constitucional reforce o conforto que sentimos por saber que existem instâncias de defesa dos cidadãos.

Num filme que muito aprecio – *Filadélfia* – o advogado, interpretado por Denzel Washington, pede sistematicamente às testemunhas que lhe dêem respostas que uma criança de dez anos possa perceber. É nesses termos que vou tentar expor o meu ponto de vista.

Admitida a necessidade de funcionamento do Estado e a impossibilidade de o financiar pelos mecanismos de mercado, passou-se a entender que uma parcela da riqueza existente em cada sociedade deveria ser afecta à cobertura das despesas públicas.

Os impostos são, então, exigidos aos cidadãos como forma de organizar a sua comparticipação nas necessidades públicas. De sinal e arma de prepotência passaram, através de uma luta secular, para um instrumento de soberania por excelência em que, através dos nossos representantes, autorizamos a amputação do nosso património e rendimento, porque idêntico esforço é exigido a todos e não, como anteriormente, apenas ao Terceiro Estado.

A generalidade e a igualdade de todos perante a lei fiscal passaram a constituir uma referência fundamental do Estado de Direito. Naturalmente que as concepções de justiça, bem como a definição da melhor forma de atingir a riqueza sempre variaram, mas constituíram, pelo menos até às últimas décadas, uma questão central de políticos, financeiros e filósofos.

A instauração de modelos de tributação progressiva, em que quem mais tem mais paga, foi a tradução de um esforço importante para garantia da igualdade e corresponde àquilo a que Richard Musgrave designa por *um mínimo de boas maneiras de qualquer sociedade civilizada*, tendo gozado de uma significativa base de apoio.

Através deste processo avançou-se no sentido da criação de sociedades mais iguais e mais coesas. As populações com menores rendimentos conheceram uma rede de protecção sem precedentes e ricos e empreendedores puderam beneficiar de uma inestimável paz social.

A percepção das dificuldades sociais que a crise de 2007-2008 e a sua persistência iriam criar levaram a que, logo em 2008, numa entrevista a Elizabete Miranda, tivesse dito que seria bom que os ricos optassem por fazer um maior esforço fiscal. Apesar de toda a desatenção dos herdeiros da social-democracia, em vários países e em vários tons, alguns ricos e alguns muito ricos pediram para pagar mais impostos. Se os orienta um verdadeiro dever de solidariedade ou um cálculo custo-benefício é questão que aqui não se aprofunda. Certo é que as sociedades em que se integram são hoje muito menos igualitárias do que décadas atrás e, ao que tudo indica, muito mais incapazes de responder à crise. Certo é, também, que formas desbragadas de populismo ameaçam o seu estatuto e tornam a vida em sociedade menos harmoniosa.

Ora, se é verdade que, formalmente, as propostas apresentadas se orientam no sentido da progressividade, tal sucede apenas no domínio da fiscalidade sobre o rendimento do trabalho e essa não pode ser a medida para aferir da progressividade.

Quaisquer que sejam os argumentos ou as desculpas esgrimidas, um sistema que deixe de fora os mais ricos ou apenas os atinja de forma marginal, é um sistema fortemente regressivo, em contradição clara com a Constituição Portuguesa.

O problema não é novo, nem foi criado por este Governo, já que na própria reforma de 1988 se encontram os germes desta discriminação contra os rendimentos de trabalho. Porém, parecem ter sido atingidos todos os limites do razoável. Quando se pede a quem trabalha que entregue ao Estado cerca de 50% do seu rendimento a título de IRS e mais 10% a título de segurança social, exigindo-lhe, ainda, impostos sobre o património e, claro está, todos os impostos indirectos, também eles em ritmo de subida acelerada, entra-se definitivamente em medidas de confisco e, como tal, inaceitáveis.

A questão óbvia é, então, se o esforço não poderia ser partilhado de outra forma. A proposta de Miguel Cadilhe de criação de um imposto, aplicado apenas de uma vez, mas incidindo sobre todo o património, constitui um serviço ao País do maior relevo, da iniciativa de um dos melhores ministros das finanças da Democracia.

Não ignora Miguel Cadilhe, nem qualquer pessoa que apoie esta sugestão, que se trata de uma proposta de difícil concretização, mas é para isso que servem, é para isso que têm que servir os governos e a administração pública. Com toda a justeza, Medeiros Ferreira, no seu excelente blogue, falava da preguiça da administração fiscal, que preferiu ir aos contribuintes já registados a procurar os outros, muitos dos quais bem poderiam pagar mais.

Não creio que este governo tenha sido eleito na expectativa de que procurasse soluções fáceis e rotineiras, mas antes na convicção de que no estado agónico do país, teria o rasgo de identificar e aplicar soluções inovadoras. Estas, definitivamente, não são novas mas, o que é bem pior, não são mesmo nada boas.

Como cidadão e como alguém que tem por missão ensinar finanças públicas, achei meu dever dar testemunho público. De quantos – Governo, Assembleia da República, Tribunal Constitucional – detêm poderes da matéria espero que o exerçam com sensibilidade e bom senso.

ESPERE SENTADO OU VOCÊ SE CANSA*

Como todos se recordarão, fui buscar o título deste artigo à bela canção *Bom Conselho* de Chico Buarque da Holanda, na qual o poeta e cantor brinca com alguns provérbios tradicionais, alterando-lhes o sentido, normalmente conformista, com vista a funcionarem como instrumentos de crítica à ditadura militar brasileira e de estímulo à participação cívica em face da passividade de tantos.

Naturalmente que uma distância abissal separa a ditadura brasileira do Estado de Direito Português no qual, por muito que se possa desejar que algumas coisas corressem melhor, temos a percepção de ter ao nosso dispor meios de reacção e crítica.

A ausência de debate em torno de questões essenciais ao funcionamento da sociedade portuguesa, em nome da necessidade de respeitar o programa da *Troika* constitui, no entanto, um sinal perigoso de anemia da sociedade civil que, fustigada por quantos lhe repetiram à exaustão que não fomos capazes de nos governar a nós próprios, parece ter baixado os braços ou, quando muito, retomar reivindicações corporativas, de todo em todo negativas, esquecendo a necessidade de discutir o futuro colectivo de todos nós.

---

* Publicado no *Jornal de Negócios* de 13 de Novembro de 2011.

A ideia que tende a instalar-se de que quem questiona políticas acordadas com a *Troika* ou por ela inspiradas não é um bom português ou é, pelo menos, um radical perigoso, que quer renegar os compromissos assumidos pelo país e conduzir-nos à falência, é terrivelmente malsã.

Não há tecnocracias externas ou internas divinamente inspiradas, tal como não há homens providenciais. A política é a mais nobre das actividades e é perante nós, os seus eleitores, que os nossos governantes devem, em primeiro lugar, prestar contas.

Já tive ocasião de recordar como a *Troika* desenhou, em três semanas, um programa de profunda alteração da economia e da sociedade portuguesas e de tornar claro que, logicamente há, no acordo assinado por Portugal, medidas que devem ser apoiadas, que estavam para ser tomadas ou inevitavelmente viriam a ser tomadas e que são condição fundamental para o desenvolvimento e para a criação de uma sociedade mais justa. Mas outras há, que justa e legitimamente devem ser questionadas.

A cultura da *Troika* – no essencial a do Fundo Monetário Internacional – é uma cultura autocentrada na crença da infalibilidade das metodologias transpostas para as suas recomendações. O somatório de desaires já documentados em vários países em que medidas de idêntico sentido foram aplicadas não parece abalar essa fé. A real incapacidade de encontrar uma solução alternativa à impossível desvalorização cambial é por demais evidente.

E, no entanto, a *Troika* revisita Portugal não para reajustar o programa e apreciar da sua adequação à evolução económica, mas antes para se certificar que as medidas estão a ser todas cumpridas ou, mesmo ultrapassadas, conforme desejo expresso tantas vezes manifestado pelo Governo.

Era importante que os decisores políticos que subscreveram e apoiaram o acordo, em vez de se limitarem a tudo justificar com a invocação desse acordo, explicassem a racionalidade e os benefícios daí resultantes. Dir-me-ão – é certo – que é cedo demais para isso, mas quando se toma conhecimento, pelo Boletim de Outono do Banco de Portugal, de que o défice orçamental é bem superior ao esperado e que no próximo ano viveremos em recessão funda – tornando-se necessário adoptar novas medidas de austeridade, não podemos deixar de nos preocupar com os efeitos das medidas pré-anunciadas e com os efeitos (perversos ou virtuosos) das medidas já adoptadas.

A insistência em medidas de austeridade e a assunção desta via como o único caminho de salvação das economias é o resultado de largos anos de domínio intelectual de políticas económicas liberais, mas não deixa de ser curioso notar que a caução intelectual para esse tipo de medidas praticamente desapareceu. Aos tradicionais «esquerdistas», Krugman e Stiglitz, juntam-se, agora, nomes tão insuspeitos como Georges Soros, Kenneth Roggof, Noel Roubini, Warrren Buffet ou Martin Wolf, na condenação deste percurso, enquanto que, para além da senhora Merkel e de Nicolas Sarkozy e de responsáveis e ex-responsáveis pelo BCE, não se ouvem vozes independentes de apoio ao caminho seguido na Europa. Mesmo o Presidente da Comissão europeia, Durão Barroso deu já sinais de ter abandonado essa via.

Os pressupostos em que assentava o acordo com a *Troika* eram irrealistas, mesmo ao tempo da sua celebração: uma previsão de aumento fortíssimo das exportações em tempos de recessão, custos sociais excessivos e desigualmente repartidos.

Tudo isso se tornou mais claro nos últimos tempos, com a falência da receita para a Grécia, com o acumular da crise do sistema financeiro e com os sinais de abrandamento da actividade económica na generalidade dos estados europeus.

Em face de tudo isso, o que faz a União Europeia? No essencial, espera. Espera, sem se perceber porquê ou por quem, presa da interpretação das palavras, pensamentos ou intenções da chanceler alemã feitas pelos mercados e suspeito que nem sequer se senta. E, no entanto, todos sabemos que o relógio dos mercados corre bem mais rápido do que os da União Europeia e que, nesse jogo arriscado, todos podem perder.

Bem se percebe, pois, que a Presidente Dilma Rousseff, de visita a Bruxelas, tenha recordado que a experiência com problemas parecidos vividos pelo Brasil teve soluções bem diferentes das preconizadas hoje na Europa. «Ajustes fiscais extremamente recessivos só aprofundaram o processo de estagnação de perda de oportunidades e desemprego», afirmou a presidente.

Brasileira como Chico Buarque e sua companheira de percurso em vários aspectos, Dilma também sabe que, como ele canta, está provado que quem espera nunca alcança.

NEM IDEIAS BOAS, NEM IDEIAS ORIGINAIS*

Este artigo é deliberadamente escrito na véspera das eleições, de modo a não sofrer influência do resultado, nem ser lido como uma intervenção na campanha. No domingo irei votar, como sempre fiz desde que este direito cívico foi devolvido aos portugueses. Na segunda-feira pedirei ao Pedro Santos Guerreiro que o publique. Orgulho-me de colaborar num jornal cujo director escreveu, quarenta e oito horas antes das eleições, «... é preciso votar. A condição de eleitor é maior que a de credor», num editorial que qualquer professor de educação cívica devia ler aos seus alunos, nestes tempos de desvalorização da democracia e da política.

Somos cidadãos. Somos eleitores. Em nosso nome, no do nosso País e no do futuro dos nossos filhos, devemos rejeitar totalmente a ideia que os mecanismos da democracia não podem fornecer respostas para as crises. Mesmo que essas respostas não tenham sido perfeitas no passado, a ilação que daí podemos extrair é no sentido de que temos de fazer melhor.

Naturalmente que a desistência da democracia encontra um respaldo particularmente significativo na premissa falsa de que o Memorando de Entendimento celebrado entre o Governo (apoiado pelo PSD e CDS-PP) a Comissão Europeia, o Banco

---

* Publicado no *Jornl de Negócios* de 07 de Julho de 2011.

Central Europeu e o Fundo Monetário Internacional era inevitável. O Memorando está, no entanto, assinado e com ele teremos que viver. Porém, não podemos nem devemos aceitar passivamente a ideia de que o conteúdo daquele documento é um programa económico e financeiro excelente, capaz de fazer pelo progresso do nosso País aquilo que os políticos portugueses não foram capazes de fazer. Também não podemos aceitar complacentemente que jornais portugueses apresentem títulos como «FMI em semana eleitoral fixa metas orçamentais» ou «*Troika* vem a Lisboa aprovar programa de governo», como se tratasse de um facto normal, sem questionamento ou crítica.

A intervenção externa representa o nosso fracasso, mas representa, também, o fracasso da União Europeia. A culpa da nossa situação é casada com erros que cometemos, mas também com a crise financeira mundial de 2007-2008 e a inadequação dos mecanismos da União Económica e Monetária.

Mais de cinquenta anos depois, impressiona vivamente ler Pierre Mendès France, verdadeira consciência moral da vida política francesa e europeísta convicto que, justificando o seu inesperado voto contra o Mercado Comum, sustentava que o modelo liberal que presidiu ao desenho da Europa era inadequado, recordando que a ditadura se pode construir por duas vias: ou entregando todos os poderes nas mãos de um homem providencial, ou transferindo-os para uma tecnocracia externa.

Portugal – o país em que um personagem de um livro de Roger Vailland encontrou um povo que abdicou do seu destino – já experimentou, dolorosamente, a primeira alternativa e prepara-se, agora, para a segunda. Infelizmente, uma vez mais, Mendès France tinha razão.

Temos que viver com a ajuda externa, mas importa que saibamos aquilo que fazemos e porque o fazemos e, para isso, há que acabar com uma discussão anémica em torno do Memorando e questionar a ideia de que ele corresponda a um programa com elevado potencial de redenção para o País.

Infelizmente assim não acontece. Alguém disse uma vez, apreciando um texto escrito por outra pessoa, que neste se encontravam ideias boas e originais, mas que as boas não eram originais e as originais não eram boas. Neste caso será ainda pior. Não só algumas ideias boas não são originais e algumas originais não são boas, como algumas ideias não são nem boas nem originais.

Exemplo típico das primeiras é o tão festejado programa de reforma da justiça, que se limita a reproduzir acções que já estavam em curso ou cuja adopção estava prevista, acrescentando-lhe uma calendarização em que, seguramente, nem a *Troika* acredita.

A propósito das segundas, recorde-se apenas o extenso e aceleradíssimo programa de privatizações, que tirará do País qualquer controlo sobre actividades essenciais e se traduzirá, obviamente e em face do calendário, numa venda das jóias da família a preços de ocasião.

E isto para não insistir na incapacidade de encontrar no Memorando uma boa ideia (original ou não) em matéria fiscal, substituindo a necessária reforma, que ponha termo ao inacreditável faz-de-conta em que vivemos em matéria de justiça e eficiência fiscal, por meras medidas de agravamento fiscal cego. E, se se trata de reerguer um País, alguém acredita que seja possível fazê-lo sem sequer abordar a questão do ensino superior e da investigação científica, ou passando pelo ensino básico e secundário como cão por vinha vindimada?

Há, finalmente, a questão das condições em que a ajuda é prestada. Mas sobre essa matéria seria difícil encontrar comentário melhor do que o produzido, há alguns meses, com fina ironia, pelo *The Independent*, sob a forma de uma carta da República da Irlanda para Portugal, em que aquela alertava: «reparo agora que estás sob pressão para aceitar um resgate (...) Primeiro, deixa-me que te dê um conselho sobre as nuances da língua inglesa. Tendo em conta que o inglês é a tua segunda língua podes pensar que as palavras *bailout* e *aid* implicam que vocês receberão ajuda dos nossos irmãos Europeus para vos retirar das vossas actuais dificuldades. O inglês é a nossa língua-mãe e foi o que nós pensávamos que significava. Permite-me que te avise que, quando o inevitável resgate chegar, ele não vos ajudará a sair dos vossos actuais problemas, mas sim ajudará a prolongá-los por várias gerações ainda por vir. E por tal, esperar-se-á que fiques grato. Caso queiras descobrir as palavras apropriadas, em Português, para resgate, sugiro que arranjes um dicionário Inglês-Português e procures palavras como as seguintes: *moneylending, usury, subprime, mortgage, rip-off.* Estas palavras dar-te-ão uma tradução mais apropriada do que está prestes a acontecer».

PORQUE FLUTUA O TITANIC?*

Cem anos após o naufrágio do *Titanic*, vários navios de cruzeiro vão convergir para o local do acidente, onde os turistas irão homenagear os falecidos. Na mesma ocasião, em Londres, a *Royal Philarmonic Orchestra*, que tantas vezes tocou o Requiem pelas vítimas da guerra, de Benjamin Britten irá executar um Requiem pelas vítimas do *Titanic*, da autoria do antigo Bee Gee Robin Gibb. Em todo o Mundo e com especial incidência nos Estados Unidos e Inglaterra inúmeras iniciativas, muitas das quais podem ser referenciadas no *New York Times*, recordarão a tragédia, proporcionando ganhos interessantes aos seus promotores.

Enquanto isto, as visitas aos despojos no fundo do mar continuam ao preço de 60.000 dólares, as peças resgatadas são vendidas por fortunas em leilões e Leonardo di Caprio e Kate Winslett voltam, agora em versão 3D, a levar lágrimas a todo o Mundo com o seu romântico e trágico par, que mais firmou, ainda, a tragédia do Titanic no imaginário popular, lançando-os para o estrelato, quando a amargura ainda se não apoderara deles, como viria a suceder, pela mão de Sam Mendes, no extraordinário *Revolutionary Road*.

---

* Publicado no *Jornal de Negócios* de 08 de Abril de 2012.

Quando referi a alguns amigos que me propunha escrever sobre o *Titanic*, recebi deles um sorriso um pouco contrafeito, adequado ao pensamento que me preparava para o enésimo comentário glosando o tema Portugal e a Europa avançam qual *Titanic* para o naufrágio. Apesar de admitir que essa possibilidade existe, não é esta a razão que me leva a revisitar o assunto, acompanhando as centenas de milhares ou milhões de pessoas que o farão por este mundo, ainda que com uma perspectiva seguramente bem menos cândida do que a generalidade deles e também bem menos comercial do que a de alguns outros.

Aquilo que me inquieta e desafia é, de facto, a indagação sobre o que faz o fascínio do tema Titanic. Com o maior respeito pelas poucas mais de mil e quinhentas pessoas que faleceram no desastre, não consigo deixar de recordar – e em que quantidade, infelizmente – muitos outros acontecimentos bem mais trágicos e destruidores de vidas humanas, que não merecem a mesma atenção e, desde logo, o naufrágio do *Lusitania*, atingido por um submarino alemão três anos depois.

Provavelmente que a explicação, muitas vezes adiantada, de que o interesse é devido ao facto de o desastre corresponder a uma demonstração de que sempre que o homem proclama a invencibilidade de um engenho seu, a natureza ou as divindades tratam de o reconduzir à sua verdadeira dimensão, tem alguma razão de ser.

Para alguns economistas, com Bruno Frey à cabeça, o *Titanic* e o seu confronto com o *Lusitania* oferecem um excelente campo para analisar o comportamento humano em condições de intenso *stress* e indagar da sua transposição para o campo económico o que, sobretudo nos dias que correm, constitui um estudo importante que para o economista suíço se traduziu, ironicamente, num verdadeiro desastre, já que foi justificadamente denunciado por *auto-plágio*, prática consistente na publicação de artigos idênticos em várias revistas e que é objecto do mais severo julgamento na comunidade científica internacional, ainda que não na portuguesa como é sabido.

Nada disto justifica, no entanto, o interesse de massa pela tragédia marítima, mas esse interesse, que não deixa de nos remeter para o *air du temps*, justifica que procuremos compreender a mensagem que os acontecimentos passam para a sociedade e que fazem que ela se comova e seduza bem mais com os infaustos acontecimentos de há um século do que com as tragédias humanas dos nossos dias.

Creio que a primeira resposta se deve procurar na imagem de beleza e *glamour* dos milionários valsando ao som da bela orquestra sem suspeitar que era a última valsa, ou deliciando-se com a delicada refeição que tantos restaurantes tentam agora replicar para nosso encanto. A isso acrescerá, ainda, a imagem de cavalheirismo, expressa na percentagem muito maior de mulheres e crianças salvas (72 e 50 por cento respectivamente) do que de homens (18%), bem como da responsabilidade e ética de uma tripulação, que se sacrificou para salvar os passageiros, em contraste com bem mais recentes acidentes marítimos.

Roger Cohen, o heterodoxo cronista do *New York Times*, a quem devo o interesse pelo tema - apanhado num artigo seu, lido a caminho de Hong-Kong, num desses espantosos aviões que desafiam, também eles, a natureza e as divindades - sustenta que o fascínio resulta da percepção simbólica do acontecimento como o termo de um período de paz e prosperidade que iria ser, em breve interrompido na Europa.

Na sequência desse raciocínio, poder-se-á pensar que um século depois e na sequência da crise económica e financeira aspiramos, de novo, a este mundo de elegância, beleza e cavalheirismo que nos afaste dos desgastantes quotidianos. Em referência ao cinema dir-se-á que preferimos ver a extraordinária Kate Winslet separada de Di Caprio pelo destino e pela tragédia do que pela usura da relação e a opressão da vida quotidiana, como em sucede *Revolutionary Road*.

Contudo, se persistirmos em reflectir sobre o tema, provavelmente seremos levados a pensar que a nostalgia é mais funda e se confunde com a permanência de um modelo de sociedade que parece ser aquele a que a vasta maioria das pessoas aspira: uma sociedade claramente hierarquizada, que se reflecte num navio em que 63% dos passageiros da primeira classe sobrevivem, da segunda classe escapam com vida 43% e da terceira – sem direito a apoio da tripulação e separada da zona dos salva-vidas por uma parede que impedia o contágio dos ricos – apenas conseguem escapar 25%.

Sabido que a distribuição da riqueza no Ocidente e tal como se começa a desenhar nas futuras potências dominantes, atira a generalidade da população para a terceira classe, como se explica, então, essa nostalgia?

Muito provavelmente porque muitos conservam a ideia de que algum dia chegarão à primeira classe e aí valsarão e beberão champanhe mas, sobretudo, porque poderão sempre ter a imagem da beleza, agora tão facilitada pelo desenvolvimento tecnológico e que essa imagem chegará para aconchegar o frio das noites de inverno, sem correr risco.

E, chegados aqui, poderemos perceber melhor porque se aceitam receitas e políticas cuja consequência inquestionada é a de aumentar a desigualdade na distribuição da riqueza. Há sempre um *Titanic* pelo qual podemos chorar, poupando as nossas lágrimas noutros casos. E, chegado também eu aqui, percebo que sempre escrevi aquilo que não pensava, isto é um artigo a explicar porque é que Portugal e a Europa são, efectivamente, o *Titanic*.

CAI O REI DE ESPADAS.
CAI O REI DE OUROS...*

No intenso debate sobre a situação das finanças públicas portuguesas, parece gerar-se um consenso em que é preciso terminar com o aumento dos impostos, substituído pela ansiada descida da despesa pública.

Só que é difícil não recordar a letra da bela música de Ivan Lins que Elis Regina imortalizou: «Cai o rei de espadas, cai o rei de ouros, cai o rei de paus. Cai, não fica nada!»

Com a franqueza que o caracteriza - e também com a tendência que este Governo tem mostrado para se interessar apenas por séries económicos longas, esquecendo os acontecimentos políticos e sociais relevantes que fizeram com que se vivesse melhor ou pior – o Ministro da Economia anunciou, com indisfarçável orgulho, que se prepara o maior corte na despesa pública em sessenta anos, assumindo tal opção como axiomaticamente virtuosa.

Lamentavelmente assim não é, no entanto. Baixar a despesa pública porque se acaba com uma guerra colonial sem esperanças não é moral nem é bom. Baixar a despesa porque se reduz drasticamente o Estado Social é coisa obviamente

---

* Publicado no *Expresso* de 17 de Setembro de 2011.

diferente. Ainda que não haja alternativa, não há aqui qualquer motivo para regozijo.

Nada disso significa complacência com o despesismo supérfluo, com a má administração ou com a excessiva cedência às reivindicações corporativas. Mas, o seu combate não se faz através da aplicação indiscriminada de cortes de despesa, idênticos para virtuosos e pecadores, para dispêndios necessários ou gastos inúteis.

No discurso oficial ganha crescente importância o objectivo de criação de regras rígidas que inviabilizem o crescimento da despesa pública, ao mesmo tempo que desvalorizam dramaticamente a decisão política. Da perversão da decisão democrática, infeliz mas inevitavelmente, por vezes existente, passa-se para a afirmação categórica de que há que reduzir os malefícios induzidos pelos políticos à sociedade. Tal como Ulisses se preveniu contra as sereias, amarrando-se ao mastro do barco, pretende-se que o texto constitucional, tantas vezes atacado pela sua rigidez, passe a incluir uma proibição do défice.

Numa das últimas edições deste jornal, um dos mais lúcidos economistas europeus – Paul de Grawe – demonstra a falácia desta solução, em termos que dispensam que me alongue sobre a questão. Recordarei, apenas que foi a possibilidade de assumir decisões políticas e financeiras de risco e de coragem que permitiu pôr termo à grande depressão ou garantir a vitória das democracias na Segunda Guerra Mundial.

Mas, como se as regras constitucionais não fossem suficientes, a nova legislação de enquadramento orçamental aponta para a criação de uma Comissão de Sábios que, como um economista e um cidadão com a qualidade de Carlos Costa já o explicou aos nossos deputados, ajudará a pôr as finanças públicas ao abrigo das perversões políticas.

Neste cenário de triunfo do antiparlamentarismo, ao estilo do Professor e ex-Ministro do anterior regime Armindo Monteiro será, de facto, bem mais fácil aplicar receitas que apenas constituem, como bem notou Amartya Sen, apelos ao sangue, suor e lágrimas com um objectivo único: o da austeridade, que, nos termos em que está a ser imposta na Europa, apenas agravará a crise, como já é bem visível.

Esta semana, o Ministro das Finanças alemão, Wolfgang Schaulbe, afirmou que a única solução para a Europa é a austeridade, negando a simples possibilidade de ponderação de medidas alternativas e complementares.

Esqueceu-se – é certo – de admitir que, quando se ignoram as implicações sociais das medidas, então também uma epidemia de peste é solução. Sobretudo quando o Estado Social tenha perdido os recursos para lhe fazer face.

Cai o Rei de Espadas. Cai o Rei de Copas. Cai o Rei de paus. Cai, não fica nada.

JUSTIÇA FISCAL E BOA SOCIEDADE*

Pelo menos desde que o imposto deixou de ser considerado um instrumento de opressão e domínio para passar a ser visto como um dever e direito de cidadania, a justiça fiscal é apontada, a par com a simplicidade, o rendimento e a eficácia, como uma das características essenciais dos tributos, isoladamente e no seu conjunto, do sistema fiscal. Sucede, no entanto, que se a fiscalidade não é, de todo em todo, uma mera questão técnica, o tema da justiça fiscal é um daqueles em que mais evidente se torna a ligação de quem sobre ele reflecte a uma determinada concepção política e social, a uma ideia do que é uma boa sociedade. Por isso, avanço, como dado de pré-compreensão elementar, que me reconheço num modelo rawlsiano de Estado, assente na liberdade e na igualdade de tratamento, que apenas cede e admite diferenciações a favor dos mais desfavorecidos, ao mesmo tempo que garante um mínimo de existência para todos. Em termos políticos foram e são, naturalmente, as sociais-democracias do Norte da Europa que ofereceram uma melhor concretização desse arquétipo e também, seguramente não por acaso, as experiências que mais se comprometeram com a justiça fiscal.

Poderão discutirse os meios para a construção de uma sociedade justa, mas não os fins, em si, que não são questioná-

---

* *Monde Diiplomatique* de Dezembro de 2009.

veis. E não creio que seja possível conseguir, com recurso apenas à tributação, os objectivos de redistribuição, cuja concretização implica uma orientação global da política económica[1]. Daqui não pode, todavia, resultar a subalternização da justiça no estabelecimento dos impostos, com o argumento de que as grandes opções de política social resultariam da manipulação de outras variáveis, com relevo para a despesa pública.

Num contexto em que é possível multiplicar as frases depreciativas dos impostos[2], obtendo grande sucesso junto do público, não deixa de ser reconfortante recordar a menos divulgada, e seguramente muito contra a corrente, expressão do juiz Oliver Wendel Holmes[3]: «Gosto de pagar impos*tos. Com eles compro civilização*». De um modo simples, aquela grande figura da cultura jurídica norteamericana identificou o fundamento último da obrigação de pagar impostos: a «compra» da civilização, correspondente não só à garantia de existência de bens públicos fundamentais, mas a uma configuração de uma sociedade em que nos reconhecemos. Ou, como John Christensen e Richard Murphy colocam a questão, «as receitas fiscais são o esteio do Estado democrático e do contrato social»[4].

O desinteresse pela justiça fiscal – expressão do desinteresse mais amplo pela desigualdade na distribuição do rendimento – e o seu sacrifício mais ou menos acrítico à eficiência fiscal, acompanhou, aliás, a tentativa de repor um modelo de capitalismo quase sem regras, em que o esforço individual, sem peias de intervenção pública, aparece como o instrumento ideal para a construção de sociedades prósperas e dinâmicas, sociedades de vencedores e vencidos, excluídos estes últimos do «mercado de prosperidade» e remetidos, na melhor das hipóteses, para a caridade individual.

Foi este modelo de sociedade, de que todos fomos cúmplices e a que a social-democracia foi incapaz de se não render, que conduziu à crise económica. É esse mesmo modelo que ameaça ressurgir vencedor, à medida que a crise se atenua e enquanto se fica a aguardar que outra e, porventura, mais profunda crise assegure uma memória menos curta. E, no entanto, este seria o momento ideal para inverter os rumos da política económica e da política fiscal. Naturalmente que muitas evoluções tecnológicas, a par com o processo de globalização, com a consequente mobilidade dos factores de produção, veio exacerbar essa tendência para privilegiar a eficiência sobre a justiça, criando um ambiente de fuga às obrigações fiscais (*catch me if you can*[5]), a que os Estados responderam encetando uma verdadeira corrida para o fundo, em matéria de carga fiscal.

O grande economista Vito Tanzi, insuspeito de simpatias radicais, identificou, aliás, um impressionante conjunto de térmitas fiscais dos nossos tempos – *off-shores*, comércio electrónico, dinheiro electrónico, transacções intergrupos, preços de transferência, exóticos e complexos produtos financeiros e mobilidade financeira[6] – que corroem o rendimento fiscal e com ele o Estado Social de Direito.

Ao argumento da eficiência e dos limites impostos à soberania fiscal pela concorrência internacional juntaramse ainda os cantos de sereia da simplicidade[7], subjacente, por exemplo, às propostas de introdução de uma *flat tax* (taxa plana), e da possibilidade de obtenção de maior rendimento fiscal através da atenuação dos impostos, como demonstrou «cientificamente» a curva de Laffer, seguramente uma das maiores imposturas da fiscalidade, que apenas conduziu à criação de um défice monstruoso nos Estados Unidos, resultante do desagravamento fiscal das classes com maiores rendimentos, sem que daí proviesse qualquer acréscimo nas receitas cobradas pela administração fiscal.

O unanimismo asfixiante na ciência económica fez também sentir aqui a sua presença de forma devastadora, tornando a crítica aos mecanismos da decisão política e à ineficiência da burocracia um bom suporte para tranquilizar as consciências quanto ao desagravamento fiscal. Alguns exageros na progressividade fiscal, a par com a crescente percepção da existência de profundas desigualdades de tratamento, criaram um ambiente verdadeiramente favorável a questionar algumas realidades aparentemente estabelecidas, pelo menos nos países desenvolvidos, e estabeleceram uma base social de apoio às reformas fiscais do modelo de Ronald Reagan, que abrange não só as classes mais favorecidas, mas os desfavorecidos, que pensam que virão eles próprios a atingir níveis de prosperidade que não querem ver ameaçados por via fiscal.

Surgiriam, assim, múltiplas propostas, sobretudo nos Estados Unidos, mas rapidamente importadas pela Europa, para abandonar o modelo de tributação fortemente progressiva, personalizada e assente na tributação do rendimento, em benefício de um modelo essencialmente assente no consumo e em formas o mais neutras possíveis, com total igualdade formal no tratamento dos contribuintes, independentemente dos seus níveis de riqueza.

Richard Musgrave, o grande economista que tanto combateu ao longo da sua vida pela justiça fiscal, em carta que me dirigiu e que se encontra publicada[8], sintetizava de forma exemplar a evolução mais recente, afirmando: «Não consigo vislumbrar avanços recentes na política fiscal norteamericana. Pelo contrário, é necessário muito trabalho para manter e reforçar a boa taxação, especialmente se tivermos em conta o descalabro fiscal que ameaça agora o sistema fiscal dos Estados Unidos. É sabido que o imposto sobre o rendimento está a ser alvo de um ataque cerrado e há um apoio crescente à sua substituição por um imposto sobre o consumo. Alguns defendem isto na esperança de que a mudança do imposto para o consumo elimine o imposto progressivo, enquanto que outros acreditam que o consumo pode ser taxado ao mesmo tempo que se retém o imposto sobre o rendimento a taxas progressivas. Claro que a mudança para uma taxa plana sobre o consumo simplificaria imenso a questão, e o mesmo aconteceria com a adopção de um imposto sobre as vendas ou sobre o valor acrescentado, mas com um custo elevado em termos de equidade. Por outro lado, o recurso ao imposto sobre o consumo na base de uma taxa progressiva não teria custos em termos de equidade, mas, infelizmente, perderseiam muitos dos ganhos em termos de simplicidade. Tudo somado, concluo que o esforço para simplificar o imposto sobre o rendimento, através do alargamento da sua base de incidência, é a abordagem mais prudente e espero que os Estados Unidos caminhem nessa direcção».

O debate sobre a justiça fiscal é, assim, um debate que se encontra generalizado, mas que tem especificidades portuguesas que importa ter especialmente presentes no momento em que o relatório sobre o sistema fiscal português, coordenado por António Carlos Santos e António Martins, veio chamar a atenção para alguns aspectos que resultam quer da própria concepção inicial quer da forma como têm vindo a ser alterado e aplicado.

A ideia de justiça fiscal só ganha verdadeiramente peso e espessura em Portugal após a aprovação do texto constitucional de 1976, uma vez que mesmo a importante reforma Teixeira Ribeiro, dos anos sessenta (depois subvertida em tantos dos seus aspectos), se orientou, sobretudo, por preocupações de eficiência e de criação de condições favoráveis ao processo de industrialização e modernização da economia portuguesa, associado à entrada na Associação Europeia de Livre Comércio (AELC/EFTA).

É, então, na Constituição da República Portuguesa de 1976 que vamos assistir a um corte profundo com a tradição de limitar os textos constitucionais ao tratamento de questões meramente formais (princípio da legalidade, generalidade tributária, etc.), para inserir aquilo que se pode considerar uma verdadeira constituição fiscal material, assente sobretudo na afirmação do respeito pela faculdade contributiva e pela definição de objectivos extrafiscais da tributação, em consonância com a constituição económica[9] e que, tal como ela, viria a merecer uma interpretação particularmente aligeirada do Tribunal Constitucional que, recusando a admissibilidade de uma constituição fiscal material, reduziu drasticamente a margem de sindicabilidade das opções fiscais do governo.

Porém, o projecto fiscal da Constituição de 1976 que, apesar das sucessivas revisões, ainda constitui um modelo claro de justiça fiscal, só muito imperfeitamente foi cumprido pelo legislador. É, aliás, particularmente impressiva a circunstância de só em 1988 ter sido criado um imposto único sobre o rendimento.

Se é justo saudar a modernidade da reforma em muitos dos seus aspectos, e já o fiz[10], não se pode ignorar que a introdução de um conjunto muito significativo de taxas liberatórias relacionadas com os rendimentos do capital criaram um modelo verdadeiramente dual, que tornou o imposto sobre o rendimento das pessoas singulares (IRS), essencialmente, um imposto sobre o rendimento do trabalho. Essa discriminação foi questionada com grande fôlego e vivacidade por essa figura maior da vida política, cultural e cívica do país que foi Francisco Salgado Zenha, perante a indiferença do Tribunal Constitucional, que recusou admitir a inconstitucionalidade deste modelo.

Por outro lado, importará notar que a introdução do imposto sobre o rendimento foi antecedida da reforma da tributação indirecta, que se orientou pela criação do modelo de imposto sobre o valor acrescentado (IVA), necessária à nossa adesão às Comunidades Europeias, mas que tem, também ele e apesar de alguma diferenciação de taxas, sobretudo numa fase inicial, as características de um imposto bastante insensível socialmente[11].

Também não teve expressão a exigência constitucional de utilização da tributação do património para a realização da igualdade entre os cidadãos, em virtude quer da extinção do imposto sobre sucessões e doações quer da não actualização dos valores matriciais.

Finalmente, a multiplicação dos benefícios fiscais, apesar das meritórias tentativas para os disciplinar, veio introduzir entorses graves ao princípio da generalidade tributária e criar ilhas de não tributação de justificação social ou económica escassas.

Lutar pela justiça fiscal é, em minha opinião, defender o cumprimento dos preceitos constitucionais e, no contexto de crise internacional e de revisão de conceitos que esta vem provocando, caminhar no sentido de formas de tributação mais atentas à real capacidade contributiva dos cidadãos, de um imposto sobre o rendimento mais abrangente e menos discriminatório do trabalho e de rever muitas das situações de benefício fiscal. A margem de manobra é curta e os riscos grandes, mas só se pode esperar que o legislador fiscal não tenha medo do medo, em si mesmo – para recordar um *leitmotiv* de Barack Obama, de quem há que continuar a esperar, neste como noutros domínios, uma contribuição decisiva para uma maior justiça social.

[1] Para uma interessante discussão deste ponto de vista, ver Liam Murphy e Thomas Nagel, *The Myth of Ownership. Taxes and justice*, Oxford University Press, 2004.

[2] Para um bom apanhado, ver José Carlos Gomes Santos, *Não digam à minha mãe que sou funcionário dos impostos e outras estórias da vida de um economista*, Escolar Editora, Lisboa, 2007. No entanto, advirta-se, o leitor de que Gomes dos Santos é não só um exemplar funcionário dos impostos, como um cidadão profundamente empenhado na justiça fiscal.

[3] Citado em Max Lerner, *The Mind and Faith of Justice Holmes: His Speeches, Essays, Letters and Judicial Opinions*, Little, Brown and Company, Boston, 1943.

[4] No original: «Tax revenues are the lifeblood of democratic government and the social contract» – «*The Social Irresponsibility of Corporate Tax Avoidance: Taking CSR to the Bottom Line*», *Development*, 2004, vol. 47, n.º 3, 2004, pp. 3744.

[5] Para recordar o excelente estudo do Tax Justice Network, disponível na Internet.

[6] Ver, por exemplo, «Globalization, Technological Developments and the work of Fiscal Termites», IMF working paper n.º 181, 2000.

[7] Recordo aqui a forma como o antigo director-geral dos Impostos, Paulo Macedo, a quem presto a minha homenagem pelo extraordinário trabalho desenvolvido em prol de uma fiscalidade justa, insistia na contradição entre a pretensão a um sistema justo e um sistema simples.

[8] Cf. *15 Anos da Reforma Fiscal de 1988/89 – Jornadas de Homenagem ao Professor Doutor Pitta e Cunha*, Almedina, Coimbra, 2006.

[9] Ver «A Constituição Económica de 1976: *'Que restetil de nos amours?'*», in Jorge Miranda (org.), *Perspectivas Constitucionais. Nos 20 Anos da Constituição de 1976*, vol. I, Coimbra Editora, Coimbra, 1996, pp. 383413.

[10] *15 Anos da Reforma Fiscal, op. cit.*.

[11] Também aqui há que homenagear devidamente o excelente trabalho técnico da equipa coordenada por José Xavier de Basto, um dos mais prestigiados fiscalistas Portugueses.

O FIM DE UM CICLO*

Pede-me a *Advocatus* que comente o programa de privatizações constantes do Memorando de Entendimento acordado celebrado entre o Governo Português (apoiado pelo PSD e pelo CDS/PP, então na oposição) e que se irá traduzir na venda acelerada (e calendarizada) da quase totalidade do sector empresarial do Estado.

Irá, por essa via, encerrar-se um ciclo que se iniciou com a vaga de nacionalizações de 1975, decididas essencialmente por razões políticas e ideológicas e que ocorreu, já então, com contraciclo com aquelas que começavam a ser as concepções de política económica dominantes.

Ultrapassados os factores de rigidez, impostos pela Constituição de 1976 através da leitura liberalizante, patrocinada pelo Tribunal Constitucional e aprofundada pelas revisões constitucionais, o sector empresarial do Estado foi objecto de uma profunda reformulação, quer no sentido da sua contracção, quer no da clarificação das regras jurídicas aplicáveis.

Perdeu, assim, este tema muito do dramatismo que durante décadas o rodeou, ainda que alguns continuassem a encarar a actividade económica do Estado como um indesejado resquício

---

* Revista *Advocatus*, n.º 16 de Julho de 2011.

dos tempos revolucionários e outros vissem nele um instrumento adequado a assegurar um modelo de Estado Social de tipo europeu, com presença do Estado em sectores económicos que essencialmente se reconduzem à noção de serviços de interesse económico geral.

O processo, que se iniciará em breve, irá romper os equilíbrios que se vinham mantendo, corporizando uma opção de fundo em que as privatizações se apresentam, simultaneamente, como um instrumento para a obtenção de receitas públicas e como uma peça fundamental para a passagem para um modelo de sociedade liberal.

Não caberia no espaço deste artigo uma avaliação profunda do significado do Memorando de Entendimento, que constitui, aliás, uma matéria de natureza profundamente política, mas em relação à qual qualquer tomada de posição é essencialmente uma questão de cidadania. Nem por isso se pode pretender que o Direito assuma uma pura função instrumental, em que os seus praticantes apenas se preocupem com questões técnicas.

Para quem estuda o Direito e a Economia Portuguesa desde há algumas décadas a forma e o tempo dessas privatizações não podem ser considerados com os mais adequados.

Por um lado, torna-se claro que as privatizações, a levar a cabo praticamente em simultâneo, exigirão um esforço financeiro muito elevado e que muito dificilmente poderá ser encarado pelos grupos empresariais portugueses, confrontados, ainda por cima, com a impossibilidade prática de recorrerem a financiamento bancário para o efeito.

Torna-se, por outro lado, claro que a conjuntura económica actual não é de molde a potenciar um interesse relevante mesmo do exterior, com os empresários a considerarem um horizonte de recessão económica no país e a serem confrontados com crescentes fantasmas quanto ao futuro das economias europeias.

Dir-se-á, ainda, que a privatização de algumas empresas profundamente deficitárias poderá exigir uma injecção de capitais públicos totalmente inoportuna e também que, mesmo privatizadas, estas empresas, na sua generalidade prestadoras de serviços de interesse económico geral, continuarão a ser destinatárias de significativos fundos públicos.

A decisão está tomada e assumida. Foi subscrita por quem tinha legitimidade para o fazer e, aquilo que importará aos profissionais do Direito neste momento é conseguir encontrar as soluções mais justas e adequadas do ponto de vista do interesse colectivo, com uma preocupação fundamental com as transferências. O acompanhamento adequado dos processos de venda, como consultores dos potenciais interessados, oferecerá também espaço para conseguir uma optimização do bem-estar social, assegurando que se trata de procedimentos *clean and fair*.

DEFENDER O ENSINO SUPERIOR, HONRAR A HERANÇA REPUBLICANA*

É para mim um natural motivo de orgulho participar na cerimónia solene de abertura das comemorações do centenário da Faculdade de Direito da Universidade de Lisboa. Faço-o com a responsabilidade de pertencer a uma geração herdeira de um património em que existem sombras, sem dúvida, mas que globalmente é extremamente valioso, e que temos o dever ético e de cidadania de preservar e desenvolver para o transmitir às gerações que se seguirão.

A Faculdade pode-se orgulhar do conjunto de grandes Mestres que marcaram o Direito Português de forma indelével.

Pode-se orgulhar, também, do sentido cívico que se forjou nos seus corredores e que levou a que milhares e milhares de estudantes se batessem pela instauração de um Estado de Direito, organizados no quadro da Associação Académica ou de núcleos culturais, tais como o Cénico de Direito. Nesse sentido, a Faculdade de Direito constituiu um espaço de ruptura e modernidade que não pode ser esquecido.

---

* Intervenção proferida no âmbito da Cerimónia de abertura das Comemorações do Centenário da Faculdade de Direito da Universidade de Lisboa no dia 13 de dezembro de 2012.

Pode-se orgulhar do facto dos três primeiros presidentes da República eleitos democraticamente terem sido seus alunos e do primeiro Primeiro-ministro da Democracia, o Professor Palma Carlos que todos veneramos como referencial cívico e universitário, ter saído do seu corpo docente.

Na actualidade pode-se orgulhar do substancial aumento do número de professores doutorados, da vastíssima produção científica que se tem desenvolvido no seu seio, da manutenção de métodos de ensino modernos, da sua projecção internacional e do prestígio que tantos dos seus antigos alunos granjearam na sociedade portuguesa.

Pode a Faculdade orgulhar-se também, de uma intensa actividade levada a cabo por muitos dos seus docentes, que a têm colocado no centro dos grandes debates nacionais.

Pode orgulhar-se, ainda, da dedicação exemplar dos seus trabalhadores não docentes que, em condições especialmente difíceis, asseguram discretamente que a instituição continua a funcionar todos os dias.

Permitam-me que na pessoa do Professor Vera Cruz, director da Escola, homenageie o trabalho de todos os docentes, que expresse ao Senhor Presidente da Associação Académica, André Machado a minha admiração pela forma como a Associação incorporou o melhor da tradição associativa num contexto muito diverso daquele que referi e que transmita a todos os trabalhadores, através do senhor Carlos Ventura, a minha gratidão pelo apoio permanente.

Pode, também, orgulhar-se a Faculdade de integrar uma Universidade de excelência que conhece um período de excepcional fulgor e cujo novo contexto permitirá seguramente uma contribuição ainda mais importante para a nossa comunidade.

Ao Reitor Sampaio da Nóvoa quero expressar a mais viva gratidão, enquanto universitário e cidadão, pela forma exemplar como tem conduzido a vida da Universidade e pelo exemplo que nos deu de que é preciso dar o melhor de nós para honrar o nosso compromisso de cidadania.

Aquilo que somos enquanto Faculdade não pode ser compreendido sem nos entendermos sobre o que é esta grande universidade em que nos integramos.

Permitam-me que recorde que, há pouco mais de cem anos, a proclamação da República criou as condições para a aprovação da Constituição de 1911 - que tornava o ensino elementar obrigatório e gratuito - bem como de diversa outra legislação em matéria de ensino, gerando um ambiente de esperança em modificações profundas na área da educação, que abririam caminho a um País desenvolvido e culto.

Importa, especialmente, recordar o Decreto com força de Lei n.º 58, de 24 de Março, que criou as novas universidades de Lisboa e Porto, ao mesmo tempo que instituía um regime de bolsas de estudo, fundamental para os objectivos concebidos para o ensino superior.

Nos seus considerandos afirmava-se, designadamente, «a frequência regular da Instrução Secundária e Superior demanda tal sacrifício de tempo e dinheiro, que a constitui em privilégio de ricos e remediados, tornando-a inacessível, de facto a muitos estudiosos com méritos e aptidões mas desprovidos de recursos».

Ou ainda: «(...) um dos primeiros deveres do Estado Democrático é assegurar a todos os cidadãos, sem distinção de fortuna, a possibilidade de se elevarem aos mais altos graus da cultura, quando disso sejam capazes, por forma a que a Democracia constitua, segundo a bela definição de Pasteur, aquela forma de Estado que permite a cada individuo produzir o seu máximo esforço e desenvolver em toda a plenitude a sua personalidade».

Os curtos anos da República e a instabilidade política não permitiram que essa esperança se concretizasse totalmente. A criação das novas universidades foi, no entanto, uma realização da maior importância e que se liga intimamente à data que comemoramos hoje: o centenário da Faculdade de Direito de Lisboa.

A inspiração generosa do Decreto n.º 58 de 1911 desapareceu durante o longo período do Estado Novo, que se não interessou, até aos seus últimos anos, com o aumento dos estabelecimentos de ensino superior, nem se preocupou em assegurar a igualdade de acesso à Universidade.

Aos vinte mil alunos universitários dos anos sessenta do século passado correspondem os 400 000 dos nossos dias.

As condições para esse desenvolvimento foram criadas pelo regime democrático e pela Constituição de 1976 que, num articulado marcado pela ideologia dominante no período revolucionário, ia de encontro ao velha ideal republicano de assegurar o acesso dos mais de desfavorecidos ao ensino e à instrução.

E, como muito discutimos sobre a Constituição, mas pouco a lemos ou relemos, permito-me recordar que, na versão em vigor, se continua a consagrar que todos têm direito ao ensino com garantia do direito à igualdade de oportunidades de acesso e êxito escolar e que o regime de acesso à Universidade e às demais instituições do ensino superior garante a igualdade de oportunidades e a democratização do sistema de ensino, devendo ter em conta as necessidades em quadros qualificados e a elevação do nível educativo, cultural e científico do país.

Foi este quadro constitucional e foram as políticas desenvolvidas em sua execução que permitiram o aumento excepcional de licenciados em Portugal favorecendo uma mobilidade social que muito beneficiou o país.

Não recuperamos totalmente em relação aos nossos parceiros europeus, mas muito fizemos e desse trabalho resultou uma geração que, quase consensualmente, é reconhecida como a mais qualificada de sempre.

É essa geração que poderia fazer a diferença e contribuir para um País melhor que se vê obrigada a partir. Essa geração cujos estudos o Estado financiou e as famílias também, porque não nos esqueçamos que, como demonstrou brilhantemente a Professora Luísa Cerdeira[*], o esforço financeiro das famílias dos estudantes universitários é bem superior ao de outros países.

---

[*] Cerdeira L. (2009). *O Financiamento do Ensino Superior Português: a partilha de custos*. Coimbra: Almedina, 2009.

Cabe-nos, Senhor Reitor, tudo fazer para que esse quadro se não altere substancialmente. A Universidade de Lisboa, coerentemente com o seu empenho, tem de promover a discussão aprofundada do tema e produzir informação isenta e qualificada para um debate onde os interesses se sobrepõem, tantas vezes, à razão e podem conduzir a soluções que aniquilem quanto de bom se fez nas últimas décadas.

Estou seguro que pode contar connosco para esse trabalho. Este é um desafio que diz respeito à Universidade no seu conjunto e não apenas à Faculdade de Direito.

Muitos dos desafios que se colocam aos juristas e para os quais temos de encontrar resposta prendem-se, aliás, com os direitos de natureza social que se encontram consagrados no nosso texto Constitucional, mas também nas várias Cartas e Convenções da União Europeia e do Conselho da Europa e que foram sendo desenvolvidos pela jurisprudência dos Tribunais Europeus, criando uma ordem jurídica densa e coerente, assente numa abundância de direitos que as dificuldades actuais levam a questionar.

Num texto de notável qualidade e originalidade, o Conselheiro Cunha Rodrigues, que tanto honrou Portugal nas instâncias judiciárias europeias, escreveu recentemente: «enquanto isso, a rua que os políticos se habituaram a considerar seraficamente como exercício saudável da liberdade de manifestação, vai encher-se cada vez mais de multidões que não são, como se quer fazer crer, meros indignados. São titulares de direitos inscritos nos mesmos textos que legitimam os que sentam à mesa de Bruxelas».

Naturalmente que o Conselheiro Cunha Rodrigues não deixa de nos alertar para a abundância sem precedente dos direitos fundamentais e para que cada direito representa um custo, mas o seu apelo fundamental é para que os juristas assumam a sua responsabilidade e se empenhem na discussão dos nossos problemas e, sobretudo que se não rendam a – cito – *slogans* compreensíveis na actividade política, mas de rejeitar ou escrutinar na esfera do direito, como os da inevitabilidade, ou do «é mau mas não há nada a fazer».

Tudo isto implica que os juristas encontrem as vias de diálogo com os economistas e com os cultores de outras ciências sociais para que se obtenham as plataformas de entendimento necessárias à sociedade portuguesa e à acção política. É tempo de dizer basta aos saberes estanques.

Também aqui há que reencontrar a inspiração republicana fundadora. Prevista como Faculdade de Ciências Económicas e Políticas, viria a ser instituída como Faculdade de Estudos Sociais e de Direito, para só em 1918 se intitular Faculdade de Direito.

Fazer que o direito saia daquilo que Cunha Rodrigues chama de síndrome de impotência é a tarefa fundamental que temos na nossa frente. Porque essa é a via que conduz a uma sociedade sem direito e sem direito ruem os alicerces da vida colectiva.

Nós que ensinamos na Faculdade, nós que já estamos inseridos na vida activa e aqueles que daqui sairão em breve para se integrar, de pleno na comunidade jurídica, temos esse desafio pela frente.

A minha geração, muito castigada ainda pelos tempos da ditadura, conheceu a imensa alegria de ver instalada a democracia, assistiu a transformações espantosas. Livres das sombras que nos atormentaram, é necessário que as novas gerações possam também elas protagonizar e ser participantes na afirmação de uma sociedade melhor e mais justa, em que possam satisfazer as suas ambições legítimas.

Uma boa sociedade tem de ser a resposta às dificuldades de hoje. Olhámos para trás para percebermos de onde viemos, agora é tempo de seguir em frente, animados pelo que de melhor este centenário nos permitiu revisitar. Esta é a base sólida em que temos de assentar os alicerces do futuro, cumprindo, assim, o nosso dever e devolvendo à comunidade portuguesa o que ela fez para que todos pudéssemos ter uma formação condigna.

NA CASA DAS HISTÓRIAS*

Quero começar por manifestar a minha profunda satisfação por me encontrar neste debate e agradecer vivamente ao Senhor Presidente da Câmara Municipal de Cascais o convite que me dirigiu para nele participar, ao mesmo tempo que lhe expresso publicamente toda a minha admiração.

Estas não são meras palavras de circunstância, mais ou menos necessárias na abertura de qualquer intervenção pública, mas antes a expressão da minha profunda admiração pelo trabalho que vem sendo desenvolvido nesta Câmara e, muito particularmente, pelo constante empenho em criar espaços de debate e promoção da cultura e da criatividade que representam aquilo que de melhor poderemos oferecer à nossa sociedade, criando as mais sólidas bases para um futuro melhor.

A criatividade para que nos chama esta conferência em geral e também esse painel aconselha-me, pois, a procurar outras vias e tentar tanto quanto possível evitar duplicações inúteis.

Refiri há pouco a intensa actividade da Câmara de Cascais em prol da cultura e da criatividade e o espaço em que nos

---

* Conferência proferida no âmbito do debate «Autarquias Inteligentes Novo Ciclo, Maior Competitividade.Novas Regras» - Painel: Modelos Empresariais Locais: Soluçoes Inovadoras, Soluções Responsáveis no dia 20 de Setembro de 2012.

encontramos – e que sei que será sempre defendido – é uma demonstração exuberante disso mesmo. Cascais poderia contentar-se com as suas belezas naturais, com o seu clima privilegiado com a sua situação excepcional, mas aqueles que a dirigem sabem que não é com essa passividade que se cria o futuro e que se assegura o bem-estar das gerações futuras, tantas vezes e tão mal evocadas.

Temos que deixar em legado aquilo que herdámos, acrescido da marca daquilo que fomos capazes de fazer.

A cultura, o ensino e a ciência são os activos mais importantes para a criação de uma sociedade justa, coesa e capaz de abrir caminhos de futuro mais auspiciosos. Este é o grande desafio que se coloca na frente de todos nós.

É preciso impedir que a asfixia financeira quotidiana nos leve a considerar o investimento nessas áreas como algo de supérfluo, um luxo para ricos a que não nos podemos entregar.

Há oitenta anos, Keynes previu que, nos nossos dias, viveríamos em sociedades em que, graças aos progressos tecnológicos – e a velocidade e extensão com que eles se processaram seguramente não podia ser levada, então, em conta – apenas teríamos de trabalhar quinze horas por semana, dedicando o restante do nosso tempo ao lazer e à cultura.

Essa previsão – seguramente um das mais falhadas do grande economista e intelectual – induz uma sensação de grande estranheza a quem olha para os nosso tempos, em que as horas de trabalho – para aqueles que o têm – não param de crescer e a *Troika* até sugere aos gregos uma subida das mesmas.

O que aconteceu, então, que Lord Keynes não conseguiu prever? É o que Robert e Edward Sidelsky procuram responder num fascinante e muito recente livro – *How much is enough?*

Em síntese, dir-se-á que a conjugação da crescente desigualdade na distribuição da receita com o consumismo desenfreado das últimas décadas são os grandes responsáveis.

A competição por cada vez mais conforto e sinais exteriores de riqueza leva-nos a empenharmo-nos numa vida em que o espaço de convivialidade e enriquecimento cultural diminui e, ao *stress* a que nos induzem as nossas escolhas profissionais, procuramos responder com os ginásios e os *spas* onde gastamos uma parte significativa do que ganhamos, para nos pormos em forma e continuarmos a trabalhar, em busca do salário que nos permitirá frequentar os ginásios.

A acumulação de riqueza que foi permitida pela evolução das modernas sociedades e, sobretudo, aquela que não resultou da sua componente puramente financeira e especulativa, não pode ser contestada nos resultados de melhoria das condições de vida, pelo menos nos países desenvolvidos.

O nível que já atingimos, bem como as ameaças bem patentes de retrocesso, permitem e exigem este debate sobre os caminhos que percorremos, debate esse que, naturalmente, não faz o mesmo sentido nos países que aspiram ainda a entrar no mercado da prosperidade.A forma como alguns deles e, particularmente o Brasil, o estão a fazer, com uma profunda transformação social, que arranca à miséria dezenas de milhões de pessoas, é um factor de esperança. A ausência de preocupações sociais e de liberdade política noutros é, pelo contrário, uma ameaça para o nosso modelo civilizacional, tanto mais quanto a tentação de os seguir vai aparecendo, de forma mais ou menos velada.

De nós falamos, no entanto, e importa aqui regressar. Não para uma visão paroquial, que a globalização e sobretudo a expansão das redes sociais parecem ter condenado para sempre, mas antes para procurar, no conjunto de sociedades abertas, os melhores caminhos de construção do futuro.

Não sei se, pelo menos na minha geração, existe a exacta percepção da radicalidade das transformações induzidas no nosso quotidiano com a introdução da *Internet*, que cria formas de pensar, de receber informação e de interagir, profundamente diversas daquelas que caracterizavam a nossa civilização.

A emergência desta sociedade fluida, como a designa Jöel de Rosnay num fascinante livro, cujo título – *Surfer la Vie* – ecoará, seguramente, de forma especialmente impressiva aqui em Cascais, exigirá respostas cada vez mais flexíveis e mais capazes de se adaptarem ao movimento imprevisível das ondas, dele tirando o maior proveito.

Como agir, então, perante essa sociedade fluida? Cruzando os braços e repousando na concepção de que os movimentos sociais se devem desenvolver espontânea e desordenadamente, ou procurando criar um modelo de Estado que lide com essa transformação, eliminando todos os factores de rigidez inadequados a lidar com a inteligência média da sociedade e impedindo, simultaneamente, que os surfistas mais vorazes, mais inescrupulosos ou mais capazes de esmagar os outros encontrem mar livre e se apropriem de todas as ondas? No desenvolvimento do *surf*, modalidade entre todas espontâneas, tornou-se evidente a insuficiência de uma resposta apenas assente na liberdade individual. E a passagem para estruturas profissionais e para campeonatos dotados de regras e de estímulos, representou um factor inequívoco de progresso para a modalidade e para o seu reconhecimento generalizado.

Também na sociedade, a existência de um organizador que permita um regular funcionamento da dos diferentes modos de vida e o seu desenvolvimento, aparece como essencial.

É isso que se espera hoje do Estado, como representante do conjunto da comunidade politicamente organizada. O Estado tem de a ouvir e de funcionar como um factor de progresso, não se limitando a refrescar, de quando em quando, a legitimidade, em eleições cada vez menos participadas.

As sociedades contemporâneas agravaram o desfasamento entre o Estado e a sociedade. E esse desfasamento é crescente. Se me questionar sobre as causas, duas respostas de base me ocorrem: a incapacidade e desinteresse do árbitro em seguir as ondas e a sua persistência inexplicável na rigidez de respostas.

O retrocesso dos movimentos sociais, a par com a quebra de qualidade do debate cultural e com a imposição de um modelo de pensamento económico único, conduziram a essa situação que é, no entanto, como é por demais visível, um impasse do qual há que sair.

Colocados em face do mar, actuamos como se todas as ondas fossem iguais. Perdemos a beleza dos tubos, *bottom turns* e rasgadas, e colocamo-nos a jeito para a rebentação nos acertar em cheio.

Mas – e perdoe-se-me a insistência nas metáforas marítimas – como havemos de evitar o *tsunami*, que tudo arrastará à sua frente?

A primeira resposta é, seguramente, colocando-nos perto do mar e ouvindo as ondas. Cascais, em todos os sentidos, já está. Junto ao mar onde é preciso estar. No debate de ideias onde é preciso navegar.

O poder local afirmou-se como um factor decisivo de transformação do país. Com energia e dedicação únicas, muitos foram os autarcas que se empenharam em criar melhores condições de vida para as suas populações e anos houve em que esse esforço era unanimemente reconhecido e esse trabalho apresentado como o que de melhor se fazia em Portugal.

De repente, tudo se inverteu. O anátema abateu-se sobre o poder local. Como se todos os males do mundo viessem da descentralização e um poder único e controlador fosse a resposta salvadora.

Mesmo admitindo a ocorrência, ao nível local, como ao central, de casos de mau controlo do gasto público, ou até mesmo de aproveitamento pessoal, continuo convicto de que, no balanço final, temos todas as razões para nos orgulharmos do trabalho feito.

As piscinas, construídas onde o mar não chega e as ondas se ouvem mal, os centros de apoio à terceira-idade, os pavilhões gimnodesportivos, os teatros municipais e os centos de concertos, passaram, no jargão dos tempos que correm, a ser a demonstração da megalomania de uns quantos políticos, determinados a garantir resultados eleitorais, à custa do dinheiro dos contribuintes.

Pela minha parte continuo a admirar essa obra determinada para estancar o despovoamento, para fixar as populações, para lhes garantir o melhor nível de vida. Comovo-me quando vejo a senhora de idade que me explica que pode cumprir o sonho da sua vida, aprendendo a nadar, porque a Junta de Freguesia lhe assegura o transporte até à piscina municipal, situada na sede do município.

E eu, contribuinte, gosto de pagar impostos para que isto seja possível e sinto-os como menos agressivos quando têm esse destino, mesmo com a péssima forma como são estabelecidos em Portugal. Com eles contribuo para uma sociedade mais coesa e a que vale mais a pena pertencer.E é no poder local que vejo a primeira linha de esperança e no centralismo a maior ameaça. Quanto mais perto das pessoas melhor conhecemos as suas necessidades e o limite da sua disponibilidade para enfrentar sacrifícios .

Naturalmente que os riscos de mimetismo do poder local em relação ao poder central são grandes: a multiplicação de estruturas administrativas, a burocratização na relação com os utentes dos serviços, a desmotivação dos trabalhadores, a tendência para o conformismo e a rigidez não desaparecem por milagre.

O tempo da pompa e do rigor, da régua e do esquadro, acabou. Não o perceber é apenas adiar e agravar a crise. Os tempos de mudança são – é preciso não o esquecer – tempos difíceis, e se é preciso não temer o novo, não se pode pretender fazer tábua rasa do que ficou para trás e daquilo que, dolorosamente, aprendemos não serem os melhores caminhos.

Referi já o modo como a cultura ajuda a sociedade. Permita-se-me que recorde o impressionante testemunho que o grande escritor italiano, Italo Calvino nos deixou ao formular, em 1985-86, na Universidade de Harvard, um conjunto de seis propostas para o próximo milénio – o nosso milénio.

São seis as grandes qualidades que Calvino aponta para a literatura do terceiro milénio: leveza, rapidez, exactidão, visibilidade, multiplicidade e consistência.

Quem poderá não ser tentado a transpor essas qualidades literárias para regras da organização da sociedade e do Estado?

Quem não desejará um Estado leve, que se não afunde na teia de regulação, de temores reverenciais, de laços e de dependências?

Quem não verá na rapidez de resposta aquilo que de melhor os cidadãos podem esperar, para que os seus direitos sejam reconhecidos em tempos e as respostas públicas úteis?

Quem não entenderá que a exactidão e o rigor são a melhor garantia de que os dinheiros públicos são bem usados e que o bem-estar social é maximizado?

Quem não defenderá que a visibilidade é a melhor garantia contra a opressão, o nepotismo e o favoritismo?

Quem não reconhecerá na capacidade de o Estado se multiplicar em todas as áreas em que é necessário – e apenas nestas – uma virtude fundamental da governação?

Quem não apreciará a consistência das políticas públicas, assente na sua coerência e na aferição dos seus resultados.

Calvino, infelizmente, faleceu prematuramente, antes ainda da conferência sobre a consistência. A sua herança e a sua mensagem ficam, para que a possamos usar e todos dela beneficiar.

Ao chamar-nos para reflectir sobre autarquias inteligentes, a Câmara Municipal de Cascais confirma que está entre os que querem construir as novas soluções, correspondendo aos desafios deste milénio que começa de modo tão doloroso.

Naturalmente que as novas soluções que envolvem necessariamente as empresas locais.

No essencial e se nos cingirmos apenas ao domínio das empresas locais em sentido técnico, pode-se dizer que se trata de uma experiência recente, com excepção de casos como o da EPUL, em Lisboa, uma experiência piloto de empresas públicas lançada no início da década de setenta.

Poderá com alguma razoabilidade aceitar-se que é uma experiência que envolve, a par com casos de evidente sucesso, outros bem menos justificáveis,

As empresas locais, que floresceram num ambiente de vazio legislativo contribuíram em certos casos para o agravamento da situação financeira das autarquias e estenderam-se a áreas de difícil justificação social. Nada disso deve, todavia, levar à negação da validade de uma solução que se integra harmoniosamente naquilo que se me afigura dever ser a resposta pública à situação social.

Se tiver de selecionar entre as qualidades de Calvino, escolheria duas para lema de orientação das empresas locais.

A leveza, em primeiro lugar. No sentido de não montar estruturas pesadas, mas antes pequenas unidades capazes de velocidade e proximidade à decisão.

A consistência, em segundo, esperando que a sua constituição obedecesse a um plano de conjunto capaz de operar resultados exemplares em áreas como as das actividades culturais, de solidariedade, de apoio ao jovens, de criação de modelos de associativismo e de desenvolvimento do empreendedorismo.

Afigura-se-me que a nova legislação sobre o sector empresarial local não constitui um impedimento ao desenvolvimento das empresas locais e, muito provavelmente, poderá mesmo auxiliá-lo.

Alguns factores de rigidez, que se me afiguram desnecessários, como a sujeição a visto do Tribunal de Contas da constituição ou participação em empresas locais, concebida em termos mais severos do que aqueles em que se verifica a fiscalização do Estado, não me parecem suficientes para afastar essa avaliação.

Já diferentemente, se me afigura muito pertinente a fiscalização sucessiva do Tribunal, muito mais adequada a uma efectiva valoração da utilização dos dinheiros públicos.

Aparentemente, tantos erros se cometeram em matéria de gestão pública que o Tribunal inverteu o caminho aberto por Sousa Franco no sentido de privilegiar o controlo *a posteriori* em detrimento do visto prévio, esse troféu por excelência dos burocratas, mais interessados na forma do que nos resultados.

Amplamente positiva se me afigura, pelo contrário, a forma aberta como é definido o objecto das empresas locais de gestão de serviços de interesse geral.

Em todo o caso se, como sustentei, devemos ter a agilidade e a abertura para ver como vamos lidar com as ondas que ainda não conhecemos, não creio que se possa definir um horizonte fechado daquilo virá a ser o elenco das empresas municipais.

É assim que as sociedades se preparam para enfrentar as crises.

O genial arquitecto que desenhou esta casa das histórias, disse um dia destes que Portugal parece uma sala sem oxigénio para respirar. Nesta sala respira-se. O nosso dever para com Souto Moura, como para com o mais humilde e desconhecido dos membros da nossa comunidade, é construir um país em que se respire.

E, já agora, que o mar esteja favorável este fim-de-semana para que mais uma prova de surf que a Câmara de Cascais entusiasticamente apoia corra da melhor forma.

ENDIVIDAMENTO E SOBERANIA NACIONAL*

Para mim é sempre uma alegria vir à Universidade Nova e à sua Faculdade de Direito em especial: tenho aqui muitos amigos, muitas pessoas que admiro profundamente, e creio que esta Faculdade tem contribuído para uma reflexão muito significativa e muito importante sobre o Direito.
Presto a minha homenagem à Directora da Faculdade, Professora Teresa Beleza, grande figura do Direito e da Cultura do nosso País e a todos os seus colaboradores
Uma palavra especial de agradecimento vai para o Prof. Bacelar Gouveia, que felicito vivamente pela organização desta jornada. Agradeço, também, ao Prof. Rui Pinto Duarte e manifesto-lhe a minha honra por estar numa mesa por ele presidida. O Professor Pinto Duarte teve a gentileza de se referir aos oradores desta sessão como quatro príncipes do Direito. Obviamente não me reconheço nessa categoria, mas como lhe reconheço o direito de atribuir graus, mesmo quando injustos ou exagerados, resta-me agradecer-lhe.
Há poucos dias recebi um pedido de um jornal que estimo muito no sentido de indicar, em 800 caracteres, motivos de optimismo sobre Portugal. Não tenho muitos motivos, mas

---

* Intervenção proferida no âmbito da Conferência «A Crise e o Direito» no dia 22 de Maio de 2013, reproduzida a partir de gravação.

creio que o crescente debate e inquietação que atravessa a sociedade portuguesa é um deles. A forma como, numa manhã de trabalho, uma plateia de pessoas muito ocupadas que, apesar de tudo, conseguiram encontrar tempo para vir discutir estes temas conforta-me no meu optimismo. Sabemos que a sociedade procura respostas e trabalha por elas.

À parte o facto, de crescentemente, haver pessoas interessadas nesta actividade subversiva de pensar, não há muito mais. Eu costumava dizer que os criadores portugueses, a música portuguesa eram outro motivo de esperança, mas até a morte do Bernardo Sassetti aparece como simbólica dos tempos horríveis que corremos, isto é que vivemos. Claro que há quem nos queira pôr a correr, mas isso é outra história!

Convocaram-me para um tema que, se não estou em erro, é o do Endividamento e da Soberania, parecendo-me legítimo concluir que se trata, sobretudo de endividamento e perda de soberania. O tema obviamente é de grande actualidade. É tanto mais quanto, se alguém leu o jornal antes de vir, ou se ouviu rádio ou viu televisão, tem presente que, começa hoje mais uma ronda de negociações entre o Governo português e a *so called Troika*. E os jornais transmitem isto desta forma engraçada: «Portugal iniciou hoje um novo teste para *receber* mais uma tranche de não-sei-quantos mil milhões...». Tudo isto entrou na normalidade, tudo isto é descrito como um facto absolutamente anódino. O António Hespanha desenvolveu muito melhor do que eu poderia ter feito alguns aspectos que têm a ver, de alguma forma, com o tema e com as minhas preocupações destes dias.

Naturalmente que, como todos estão recordados, o tema das consequências do endividamento sobre a soberania nacional é um tema clássico, um tema muitas vezes tocado: o pensamento liberal quando se estrutura – Adam Smith, David Hume, por exemplo - apresenta todo um conjunto de nuvens sombrias em torno do endividamento e não deixa de ser interessante olhar para algumas das questões que levantam, revisitando-as à luz daquilo que se passa hoje em dia.

Recorde-se, em primeiro lugar, a possibilidade de criação de uma classe de rendeiros inertes, vivendo apenas da aplicação da divida pública e desinteressando-se de aplicações produtivas de capital; depois, a perda de soberania perante os estados estrangeiros e os nacionais de outros estados, bem como a perda de soberania perante os seus próprios súbditos; e já agora uma coisa um pouco marginal, mas que também tem graça, que é o prolongamento das guerras que, financiadas pelos empréstimos, tendem a arrastar-se, enquanto que se fossem financiadas por impostos mais rapidamente se resolveriam.

Tomemos cada um destes pontos e interroguemo-nos sobre a sua actualidade.

Quanto à questão das guerras, suponho que as guerras americanas são um bom exemplo do que anteviam os liberais, ou seja, provavelmente se as intervenções no Afeganistão e no Iraque, e noutros sítios onde os EUA se envolveram militarmente, não fossem financiadas de uma forma tão generosa pela dívida pública, estas guerras não se teriam prolongado desta forma no tempo nem teriam atingido esta dimensão.

No que toca à criação dos rendeiros, os tais prestamistas do Estado não sei se vivem apenas disso, mas, reconhecendo que muitos vivem basicamente de aplicações especulativas, suponho que nenhum de nós terá muitas dúvidas quanto à verificação dessa previsão.

Também quanto ao limite da soberania em face do estrangeiro – comecei com a citação dos jornais de hoje que me parece demonstrar à evidência essa situação. Portugal presta contas e, se aceites, recebe, então, o financiamento.

Já quanto às limitações do Estado em face dos seus próprios súbditos as coisas são um pouco menos lineares. Em relação aos prestamistas internos o Estado tem bastante menos respeito: basta ver a forma como tratou os pobres dos detentores de certificados de aforro.

Tradicionalmente o certificados destinavam-se a pequenas poupanças, ainda que os limites estabelecidos fossem suficientemente altos para abranger poupanças maiores, representando uma forma segura e bem remunerada de colocação do aforro. Ora, o Estado, dentro daquele desrespeito pelo Direito que o António Hespanha tão bem analisou, não se preocupou nada em cortar os juros dos pobres dos detentores dos certificados de aforro. Naturalmente que se entendeu que esses credores não representavam um perigo, nem dispunham de meios de reacção. Diferentemente, aos grandes detentores de dívida pública nacionais ou estrangeiros é reconhecido o carácter intocável dos direitos e, por isso, neles não se toca.

Os resultados dessa opção foram que os certificados de aforro, na sua generalidade, foram levantados e deixaram de ser feitas novas aplicações. O Estado Português não podia pagar tanto às pequenas interessadas na dívida pública e, portanto, passou a pagar aquela bagatela que sabemos aos financiadores externos ou aos financiadores institucionais com outra capacidade, que compram títulos de dívida negociável em vez dos tais títulos arcaicos, sem razão de ser na modernidade, que eram os certificados de aforro.

Este julgamento apocalíptico sobre a Dívida Pública não deve ser levado longe demais, não quero ser mal-entendido. Designadamente a crítica que foi feita ao grande endividamento público inglês veio a ser reanalisada e veio a ser fortemente contestada por alguns elementos – tenho alguma dificuldade em falar disto à frente do António Hespanha – mas hoje em dia é compreensível que foi a criação dos mercados de dívida pública e a contribuição que deu para o aparecimento de uma revolução financeira que permitiu a revolução industrial, da mesma forma que foi a boa organização da dívida pública inglesa comparada com a péssima organização da dívida pública francesa que permitiu a sistemática supremacia dita inglesa.

Não entro, de facto, no anátema da dívida. Considero que a dívida é um instrumento totalmente legítimo por parte dos Estados e que a reabilitação a que temos vindo a assistir da ideia de que os Estados são com as famílias e que não podem gastar mais do que aquilo que têm é uma ideia totalmente errada. O Estado tem a capacidade, expressa de forma notável na Constituição norte-americana, de «*to borrow money on the credit of the United States*», de poder pedir dinheiro emprestado com base no crédito que nós temos, com base na possibilidade que temos de vir a gerar os meios para responder a este encargo. E seguramente que, em determinadas condições, o endividamento não é só normal como é útil e desejável.

É certo, no entanto, que historicamente o endividamento trouxe problemas a muitos estados e também ao Estado português. Temos todos a ideia de como a operação de conversão da dívida do início dos finais do século XIX, início do século XX, pôs termo a uma situação muito complexa e que foi importante, por exemplo, para a propaganda republicana, pelas cláusulas vexatórias que foram incluídas nesta conversão da dívida. Ainda não se sabia o que eram cláusulas vexatórias nessa altura: por exemplo, uma delas era a criação da Junta de Crédito Público e a sua manutenção durante cem anos que acabaram há pouco. As de hoje são, bem mais complicada mas, na medida em que o tempo o permita, lá iremos.

A questão do endividamento tendeu a confundir-se com a desorganização das finanças públicas e todos sabemos como para a Primeira República foi trágica essa desorganização, que originou o aparecimento de candidatos a salvadores em disputa: Armindo Monteiro e Salazar. Armindo Monteiro mais ligado aos negócios, Salazar mais próximo dos meios clericais e do exército, como sabemos, e que vai ser o triunfador e a pôr ordem nas Finanças e por essa via a garantir aquilo que era entendido com soberania em todo o seu poder. E essa soberania, em todo o seu esplendor, levou até à expressão do «orgulhosamente sós»: eramos tão soberanos que não nos importávamos com nada. Nem limites internos, nem limites externos.

Quer isto dizer que a soberania merece sempre ser pensada a várias luzes: a soberania tem os limites que os nossos constitucionalistas, com diferentes perspectivas mas obviamente sempre muito bem – basta ver os casos dos constitucionalistas aqui presentes – nos ensinam, mas nos últimos anos assistimos a uma erosão total da ideia de soberania em face da ordem neoliberal que se foi instalando, assente nas ideia de que o mercado funcionava melhor do que o soberano e de que a auto-regulação era preferível à regulação pública.

E, ao mesmo tempo, no plano dos factos a globalização, e designadamente a globalização financeira, veio trazer um desarme daquilo que era a soberania tradicional em matéria financeira: a existência de moeda própria, de políticas económicas próprias, de políticas fiscais próprias, substituindo-as por um vazio, ou pelas regras ditadas pelas tais entidades abstractas – os mercados.

Neste contexto, Portugal foi confrontado com a entrada nas Comunidades Europeias – hoje União Europeia. Obviamente que, para a minha geração, a ideia de que aceitávamos partilhar alguma da nossa soberania no quadro de uma organização que defendia um conjunto de valores de democracia e de progresso pelo qual todos nos tínhamos batidos e que não haveria mais «orgulhosamente sós» foi qualquer coisa de extremamente positivo.

Mas, depois, Portugal foi acompanhando a evolução – permitam-me que diga assim – perversa das Comunidades Europeias, e sobretudo da passagem para a União Económica e Monetária, nos termos em que se concretizou Aceitámos entrar na União Económica e Monetária abrindo mão, ao mesmo tempo, da nossa soberania monetária, deixando de ter uma moeda própria, abdicando da possibilidade de utilização dos instrumentos cambiais. Para além de tudo isso, um pouco na sombra, abriu-se mão da possibilidade de financiamento público por parte do Banco Central, primeiro ainda do Banco de Portugal e depois do Banco Central Europeu. Os nossos dias mostram as consequências fortemente negativas desta opção.

É certo que se dizia que, de qualquer forma, a política económica continuava a ser do Estado, a política fiscal e a política de despesa pública, também. Ora o que a experiência da União Económica e Monetária veio mostrar foi que tal asserção não era correcta. A política económica foi sendo esmagada – já vinha sendo de trás, com as regras de concorrência e com muitas das regras da Constituição Económica Europeia. A política orçamental foi drasticamente subordinada por um conjunto de medidas que tiveram o seu expoente mais visível e mais espectacular naquele tratado que Portugal foi o primeiro país a ratificar, ou seja o Tratado Intergovernamental que, num Manifesto que promovi com outros colegas qualifiquei como «Um Tratado que não serve a Europa».

Através do Tratado visa-se criar o chamado compacto fiscal, em que os Estados abdicam de quaisquer poderes na área fiscal, esvaziando toda a tradição secular de concentração de poder nos Parlamentos, símbolo por excelência da democracia representativa. A entrada de Portugal na União Económica e Monetária e a evolução que se deu no quadro dessa União, evolução que, note-se, é uma evolução à margem daquilo que em certo sentido é a Constituição – forçando aqui muito a palavra – da própria União Europeia, ou seja, muito à margem do Tratado da União Europeia e do Tratado de Funcionamento da União Europeia foi, assim muito para além daquilo que seria expectável em termos de perda de soberania e foi-o em benefício de uma forma de federalismo técnico que nada tem a ver com uma Federação de Estados livres e independentes.

É, aliás, extraordinário pensar que o Tratado de Lisboa (e ainda estou à espera que alguém me explique qual a sua utilidade e qual o motivo de satisfação que tivemos em ter o nome Lisboa associado a um documento daqueles) acordado, como sabem, em vésperas da Crise se deu ao luxo de, pura e simplesmente, não tratar da matéria de União Económica e Monetária.

Continuou, assim, à margem do Tratado da União o chamado *Pacto de Estabilidade e Crescimento*, enquanto não era adoptada qualquer solução que pudesse facilitar o combate à crise económica. E, portanto, se a nossa presença no seio da

União Monetária já era bastante complicada do ponto de vista da cedência da nossa soberania, a circunstância de termos tido de recorrer à assistência externa foi obviamente dramática.

Todos se lembram daquele Memorando assinado passou agora há pouco tempo um ano pelo Governo e pelo principal partido da oposição –originalidade total – previa um conjunto de medidas, a maior parte das quais eram da competência da Assembleia da República mas, enfim, trata-se de coisas sem importância, formalidades que não têm nada a ver com o Estado de Excepção, que é verdadeiramente a única Constituição que hoje em dia é reconhecida.

Passámos, portanto, a ter uma situação em que a nossa soberania vai ser limitada pelos mecanismos jurídicos desenvolvidos no quadro da União Económica e Monetária, para além do tal Tratado Intergovernamental e de um conjunto de instrumentos de juridicidade duvidosa, particularmente o Pacto *Euro Plus*, que envolve medidas totalmente destruidoras de qualquer soberania na área económica e monetária e que, no fundo, este Tratado Intergovernamental se limitou a confirmar e a refazer.

A isto, que não é pouco, soma-se o acordo com a *Troika*. Neste contexto o que nos espera e o que se passa? Nada de muito feliz, como seguramente estamos todos de acordo.

A degradação da ideia de Europa é qualquer coisa de muito deprimente para mim. Já falei do entusiasmo da minha geração com a integração europeia. No dia 9 de Maio, celebrou-se o dia da Europa. Normalmente o Dia da Europa é celebrado com uns acontecimentos mais ou menos protocolares, com uns *cocktails*... A mim pareceu-me que tínhamos que evocar a Europa pela qual vale a pena bater-nos! E fiz uma jornada – no meu tempo dir-se-ia uma jornada de luta – por uma Europa justa, unida, solidária e feliz.

Durante o dia debati o programa *Erasmus*, que acho uma grande realização da Europa enquanto projecto de integração e abertura das mentalidades, bem como a Europa como terra de asilo, reunindo exilados portugueses de antes do 25 de

Abril em países europeus e actuais refugiados em Portugal. À noite organizei um concerto chamado «Por Uma Europa Feliz», no qual tive o privilégio de contar com a genialidade de Cristina Branco, uma artista sem fronteiras, que leva a todo o lado o que de melhor há em nós. A ela se juntou outro dos vultos maiores da música portuguesa – Camané. Concluímos com a orquestra Todos, constituída por pessoas das mais variadas origens que, na Europa, procuraram a terra prometida.

Todos sabíamos que a Europa não é uma terra feliz mas todos acreditamos que é nosso dever lutar por essa Europa. Todos nos unimos numa ideia: é possível construir uma Europa melhor.

No projecto inicial da Europa há imensas ideias positivas, mas por lá perpassavam já algumas ameaças. Uma das grandes referências morais da política francesa do Século XX, Pierre Mendès France intuiu-as, ao votar contra a adesão da França à Comunidade Económica Europeia, afirmando «o abandono de uma democracia pode assumir duas formas: recurso a uma ditadura interna, entregando todo o poder a um homem providencial, ou a delegação de tais poderes a uma autoridade externa, que em nome da técnica exerce realmente o poder político. Já que com o pretexto de uma economia saudável facilmente se chega a ditar uma política monetária, fiscal, social, finalmente uma política no sentido mais amplo da palavra nacional e internacional. Se a França está pronta para fazer a sua recuperação no quadro de uma cooperação fraterna com outros países europeus, não admitirá que as formas e meios de a recuperar sejam impostas de fora, mesmo que sobre o pretexto de mecanismos automáticos».

É extraordinário pensar que isto foi escrito há mais de 50 anos e verificar a lucidez extrema do Mendès France!

Não nos apercebemos que, de facto, aos poucos, uma entidade, sem qualquer legitimação democrática, a Comissão Europeia, passou a decidir a nossa vida totalmente, incluindo o tamanho das peras, as qualidades dos tomates, das maçãs e outras coisas mais graves – porque se fossem só essas, ainda poderíamos razoavelmente com elas. E surgiram correntes bastante minoritárias de eurocépticos, que têm uma expressão em Portugal por exemplo no Professor Raul Rosado Fernandes, a dizer que União Europeia parece cada vez mais a antiga União Soviética e que, de alguma forma, a União Económica Monetária começava a ser uma espécie de COMECON – a organização supranacional que a União Soviética criou para fazer face às Comunidades Europeias.

E, de facto, a ideia de citar aqui a União Soviética não é de todo em todo má porque todos estão lembrados da doutrina Brejnev da Soberania Limitada: ora eu interrogo-me se aquilo que a Comunidade Europeia hoje em dia faz não é em larga medida essa apologia da Soberania Limitada. E, há pouco, eu dizia que era muito maçador ser dirigido por um órgão sem legitimidade democrática como a Comissão, mas aquilo que como todos sabem se verificou nos últimos tempos é que nem sequer já a Comissão decide coisa nenhuma.

Quem dirige são os políticos de certos Estados, democraticamente eleitos, é certo, mas que não foram eleitos por mim nem, suponho, por qualquer dos presentes aqui nesta sala e, no entanto, são eles que decidem totalmente a nossa vida.

A subordinação da soberania nacional operou-se, pois, por duas vias: a do acordo da *Troika* e a da aceitação dos *dicktats* europeus.

Essa subordinação implicou o recurso àquilo que se tem denominado pela *Economia do Medo*. Um economista muito conhecido, Jean-Paul Fitoussi, ironiza, num texto em que a crise diz aos derrotados: «Lamentamos sinceramente o destino que tiveram mas as leis da economia são impiedosas e é preciso que vocês se adaptem a elas, que abandonam as protecções que têm. Se quereis enriquecer deveis aceitar uma maior precariedade. É este o caminho que vos fará encontrar o futuro.» É curioso que isto que no Jean-Paul Fitoussi utiliza como uma alegoria, poderia ser lido como um discurso de qualquer membro de alguns governos pela União Europeia hoje em dia.

Como disse um cartoonista espanhol, «Para tranquilizar os mercados, assustamos as populações». Toda a gente tem vivido debaixo do terror que não nos deixa pensar, que não nos deixa reflectir, que não nos deixa procurar alternativa.

E se calhar, além da *Economia do Medo* temos também a *Política do Medo*. Voltamos mais uma vez à questão da União Europeia e da Democracia. Os acontecimentos sucedem-se de uma forma tão veloz que por vezes nos esquecemos que a União Europeia derrubou um Primeiro-Ministro grego que teve a veleidade de querer fazer um referendo e colocou um tecnocrata para o seu lugar; na Itália destituiu, o – suponho nesta sala – , genericamente odiado Silvio Berlusconi, apesar de tudo um político legitimado democraticamente, por um excelente professor de Economia por quem não posso ter mais admiração, mas que não é um politico legitimado democraticamente.

Agora tivemos a Chanceler Merkel a telefonar ao Presidente grego, que revelou o telefonema, sugerir que fosse feito um referendo sobre o Euro no dia das eleições, e temos a pressão enorme que está a ser feita sobre o eleitorado grego e sobre o eleitorado irlandês chamado a referendo. Os Gregos são avisados de todas as maneiras e feitios que se tiverem qualquer veleidade de votar em forças heterodoxas terão um destino triste. Os irlandeses são alertados que se votarem «não» no referendo não haverá mais dinheiro. A nós ninguém nos avisa de nada porque não é preciso: não temos qualquer ideia perigosa na cabeça. E pelo contrário, li ontem no telejornal que numa das últimas reuniões Portugal e a Irlanda foram dos países mais indignados contra a Grécia e contra a pouca vergonha que os Gregos julgam que possam fazer! Esses gregos são horríveis, felizmente não temos nada a ver com eles... Eles são uns trapalhões, nós somos exemplares...! Vivemos, assim, num mundo esquisito.

Este mundo está esquisito e perigoso, tanto que até o Engenheiro Jardim Gonçalves até já deu ontem uma entrevista num jornal em que disse «Não foi para isto que aconteceu o 25 de Abril».

E chegamos a uma situação em que tudo o que dissermos pode estar ultrapassado para a semana que vem. Entretanto surgiu aquela frase nova muito engraçada que era o *Grexit*, para a possível saída da Grécia do Euro. Como as pessoas criativas se entretém com essas coisas, o Deutschebank hoje descobriu um novo nome para a moeda grega que vai ser o Geuro: portanto não voltam ao Drakma, passam para um euro ligeiramente diferente que é o Geuro. Chipre também agora parece que vai a seguir ao Grexit e, assim, vamos limpando a Europa, até onde não se sabe.

O que é curioso é que temos uma situação em que, por um lado, a soberania nacional desapareceu e em que não se afirmou uma soberania supranacional, mas afirmaram-se esses instrumentos de intervenção de terror, estes instrumentos de utilização da Economia do Medo e da Política do Medo. E se calhar a consequência disto é que mesmo aqueles de nós que não eramos muito dados a grandes discursos soberanistas, grandes discursos do «orgulhosamente sós» – para chamar a coisa pela caricatura – começamos a ter saudades dos momentos em que havia alguma soberania e em que havia alguma autoridade capaz de ditar as regras aos mercados.

Provavelmente essa autoridade já não pode ser uma autoridade nacional, mas então façamos uma autoridade supra-nacional, mas uma autoridade supra-nacional que assente num pacto democrático que legitime essa soberania.

CRISE DOS MODELOS. AS NOVAS RESPOSTAS*

Constitui para mim uma ironia dramática que esta intervenção no Centro de Reflexão Cristã ocorra no dia do falecimento de João Bénard da Costa, a quem tanto devemos no plano cívico e cultural e que se afirmou como um dos expoentes máximos da reflexão sobre a cooperação entre católicos e não católicos, particularmente, através das páginas do *Tempo e o Modo*. Curvo-me perante a sua memória e exemplo e peço autorização para, de algum modo, proferir esta conferência em sua homenagem.

O tema que aqui abordamos hoje e que convoca, simultaneamente, o Estado e a Igreja seria, seguramente, bastante do seu agrado.

Agradeço profundamente ao Centro de Reflexão Cristã o convite para participar nesta sessão, manifestando a minha admiração pela vitalidade que este ciclo de conferências demonstra e felicitando vivamente os organizadores.

Honra-me, particularmente, partilhar esta mesa com o Doutor Guilherme de Oliveira Martins – outro intelectual católico de relevo, a quem o país tanto deve e que tanto admiro.

---

* Texto publicado na Revista *Reflexão Cristã* – número consagrado à Esperança e justiça contra a crise, economia da ilusão e sociedade injusta, crise dos modelos: as novas respostas, haverá uma esperança global? –, 2010.

Com ele me tenho cruzado em várias iniciativas para discutir este tema e, como sempre, aprendido.

Sabemos que a crise começou por aparecer como uma crise financeira, conhecem-se bem os contornos e as práticas reiteradas, as falas na lei e os efeitos da desregulação e não insistirei demasiadamente nestes aspectos, procurando, antes, concentrar-me em alguns aspectos mais profundos, que criaram o ambiente favorável ao desencadeamento da crise e naquilo que me parece fundamental para, no futuro, evitar situações destas.

A crise financeira teve origem na avidez e ganância, no dinheiro fácil que ganharam gestores e quadro, num desvio de crédito para fins pouco úteis socialmente e no desrespeito pelos rácios prudenciais. Foi, assim, fruto de um ambiente geral, que John Kennet Galbraith magistralmente descreveu no seu último livro – *The Innocent Fraud* – em que se passou a encarar práticas irregulares como absolutamente normais.

Não nos esqueçamos, de resto, de um aspecto para que Georges Soros nos chama a atenção num artigo da *New York Review of Books*:

> «o aspecto mais saliente da actual crise financeira é que ela não foi provocada por qualquer choque externo, como a subida de preços do petróleo pela OPEP ou a falência de uma instituição em concreto. A crise foi gerada pelo nosso sistema financeiro, ele próprio. Este facto – que o problema estava inerente ao sistema – contradiz as teorias prevalecentes que sustentam que os mercados tendem para o equilíbrio e que os desvios ao equilíbrio apenas ocorrem de forma acidental, ou por causa de razões externas, a que os mercados têm dificuldade em ajustar-se. A severidade e amplitude da crise fornecem provas convincentes de que a teoria dominante está fundamentalmente errada e com o tratamento dado à regulação que lhe é inerente. Compreender o que aconteceu e o que é possível fazer para evitar no futuro uma crise tão catastrófica vai requerer um novo pensamento sobre como funcionam os mercados.»

A ideia do equilíbrio espontâneo dos mercados, como demonstram diversos autores do maior relevo, revelou-se totalmente inadequada. E, no entanto, ela foi amplamente ensinada nas universidades e divulgada, tornando-se elemento central do pensamento económico dominante.

Um dos primeiros centros onde se impõe uma revisão aprofundada é, pois, na Universidade. Alguma reflexão está em curso, mas ela apresenta-se manifestamente insuficiente. O aspecto mais saliente é, porventura, a maior atenção que ganharam economistas como Stiglitz ou Paul Krugman (Nobel da Economia), anteriormente bastante acantonados na área da esquerda económica.

Muito mais importante é, todavia, o modelo de sociedade e de organização económica vigente. Habituamo-nos com excessiva facilidade a um modelo social assente na exclusão, ainda que se proclamasse a existência de um Estado de Bem-Estar, encarado como o sistemático responsável por todo o disfuncionamento económico, em confronto com o progresso da competitiva e desigual sociedade norte-americana, tendencial paradigma único. E, no entanto, quando a América esteve em dificuldades foi para o modelo europeu que se voltou. Teve o bom senso, para eles e para nós, de eleger Obama.

Se é certo que persistem dúvidas quanto à evolução e muito pensam que em Portugal as poderão ser piores ou mais longas, não falta quem pensa que, repostos os ganhos na bolsa, *here we go again*, até à próxima crise. E até houve já aqueles que muito ganharam com a crise, aproveitando as insuficiências e desajustamentos da regulação.

A única resposta duradoura é a que ataque os problemas imediatos, mas procure criar uma sociedade mais justa. A exigência de justiça aparece, também, como uma exigência de racionalidade. Este é um debate em que todos somos chamados a intervir e a participar, mas impõe-se que se digam algumas palavras sobre o papel do Estado e o da sociedade civil.

Terão lido alguns dos presentes, há uns dias, um texto do deputado Pacheco Pereira intitulado, «Se fôssemos um país sério», em que o autor elenca um grande número de coisas que não se passariam em Portugal se Portugal fosse um país a sério. E a certa altura diz isto (e passo a citá-lo): «Se Portugal fosse um país a sério não deixaria sequer um político balbuciar o que faz o Bloco de Esquerda face aos acontecimentos do bairro da Bela Vista, que se trata de uma questão social. Que a Igreja o diga, ainda se percebe. O seu reino não é cá na Terra, e a caridade com o bom e o mais ladrão faz parte da sua missão. Mas a caridade não é missão do Estado.» O texto deixou-me perplexo. Felizmente dois dias depois, também no *Público*, Pedro Magalhães respondia a esse texto com uma opinião profundamente diferente sobre o tipo de coisa que faria Portugal ser um país sério: «Se Portugal fosse um país a sério, o debate público sobre este tipo de questões já não ocorreria ao nível em que Pacheco Pereira, académico pujante e investigador dedicado, o coloca.»

A Igreja tem, de facto, essa missão, mas não porque o seu reino não é deste mundo, mas precisamente porque tem de ser, como reconhece a generalidade dos católicos e afirmam, de forma exemplar, vária encíclicas papais.

A Igreja tem essa missão, como terão outros grupos sociais eventualmente empenhados, mas aqui a debilidade da nossa sociedade civil vem ao de cima. Resta-nos o Estado, que é uma entidade abstracta.

O Estado é necessariamente o árbitro dos equilíbrios. Da fiscalidade e das despesas públicas resulta muito do que se vai fazer e da sua acção ou abstenção resultam até, como ficou exuberantemente demonstrado, crises que ameaçam tudo.

Foi o Estado que permitiu que se criasse uma sociedade injusta, ao legitimar passivamente, uma distribuição totalmente perversa da riqueza, que levou a que Portugal seja o país com maiores desigualdades económicas na União Europeia com as consequências que isso tem a nível económico e social. O endividamento conseguiu, no entanto, viabilizar níveis de consumo que deram a impressão generalizada de acesso ao mercado de prosperidade.

Uma onda de consumismo atingiu, então, as modernas sociedades e foi, especialmente visível em Portugal, onde tradicionalmente se cultivavam outros valores e se proclamavam as virtudes da «casa portuguesa», pobre mas feliz, enquanto os ricos escondiam cuidadosamente a fortuna. O ditador, Oliveira Salazar, proclama orgulhosamente: «devo à Providência a graça de ser pobre: sem bens que valham, por muito pouco estou preso à roda da fortuna, nem falta me fizeram nunca lugares redondos, riquezas e ostentações. E para ganhar, na modéstia em que me habituei e em que posso viver, o pão de cada dia não tenho de enredar-me na trama dos negócios ou em comprometedoras solidariedades. Sou um homem independente.»

Seguiram-se, então, períodos em que a abundância – ainda que apanágio de apenas alguns – se tornou um guia de vida, perdendo-se nos concursos e nas entrevistas das televisões qualquer réstia de pudor.

À obscena ostentação de riqueza a que se tem assistido, designadamente em Portugal, juntou-se a afirmação de um paradigma consumista em que as pessoas se dispõem a tudo para terem o seu momento de celebridade e riqueza, por mais efémero que se venha a revelar.

A irresponsabilidade na concessão de crédito ao consumo e na atribuição de cartões de crédito conduziram as famílias ao sobre-endividamento que provocou uma situação de especial dificuldade.

A minha geração e outras próximas dela acarretam o fardo de não ter sabido construir um modelo alternativo de sociedade. A ditadura deixou um país pobre e inculto. A democracia não gerou as necessárias solidariedades económicas e sociais nem os mecanismos para evitar a crise que não é só portuguesa, mas também é – entendamo-nos – portuguesa.

No meio disto surgiu, então, a crise financeira, que foi uma crise anunciada: ela não foi a primeira das últimas décadas e para essa hipótese foram surgindo vários alertas.

A convocou uma intervenção pública forte, em grande parte concentrada no apoio ao sector financeiro, como sucedeu, entre nós com o BPP e o BPN. É uma opção que tem um preço e representa escolhas. Alguns milhares de milhões de euros foram gastos nesta operação e noutras responsabilidades que o Estado assumiu. Manteve-se o sistema a funcionar sem sobressaltos, mas também sem grande benefício para aqueles que realmente precisam de crédito, mas sacrificaram-se alternativas.

Os últimos tempos têm, em qualquer caso, sido marcados por uma intervenção de diversos Estados no mercado, com aplicações de montantes relevantes em instituições financeiras, conduzindo à questão de saber se essas intervenções em que é gasto o dinheiro dos contribuintes é legítima ou se se limita a favorecer os interesses das entidades financeiras.

As justificações avançadas em sua defesa parecem-me pertinentes e razoáveis. O agravamento da crise financeira teria seguramente um preço mais elevado. Ainda está, de resto, por saber se as autoridades monetárias norte-americanas não tivessem deixado falir o *Lehman Brothers*, a história não poderia ter sido diferente.

Daqui não se pode retirar a consequência que o Estado deva suprimir o risco moral. As suas intervenções devem ser motivadas tanto pela defesa dos depositantes e da solidez do mercado, como pela punição exemplar dos responsáveis. A retórica argumentativa que esteve na base das opções que nos conduziram a esta situação, passada a primeira fase de espanto, quiçá vergonha, recomeça a fazer ouvir-se: as nacionalizações como retrocesso civilizacional, a defesa da propriedade privada...

O passado não é para esquecer em dois planos: há que responsabilizar e há que criar quadros que não permitam a repetição, evitando ao mesmo tempo formas de regulação tão pesadas e burocráticas que conduzam –também elas – a maus resultados.

O país assistiu estupefacto aos clientes do BPP que invadem a sede do banco e a quem o Estado anuncia que vai resolver o problema, comportamento muito diverso daquele que costuma ser adoptada para os sindicalistas e os trabalhadores com salários em atraso. Dois pesos e duas medidas, portanto.

Importa, entretanto, assegurar que as instituições financeiras resgatadas do risco não voltem a velhas práticas de aplicação em produtos de alto risco e que, como assinala Phelps, se preocupem menos com o crédito imobiliário e mais com o crédito às empresas.

A intervenção pública é um dado adquirido, neste momento, e que gera um consenso muito para além daquilo que se poderia esperar. A expressão mais simples foi dada provavelmente por *Bush* – só sou liberal até aos problemas me entrarem em casa – e recorde-se que foi ainda na sua administração que começou o apoio público. Os limites do liberalismo são, pois, os do funcionamento normal da economia. Quando há problemas chama-se o Estado.

Será a América, de onde veios nos últimos anos em massa o credo conservador que invadiu a Europa, que terá que insuflar os novos valores da Europa?

Estou em crer que sim. Assistimos a formas inesperadas de keynesianismo. O estímulo ao consumo torna-se absolutamente necessário, não as suas modalidades que antes critiquei, mas naquelas que correspondem à vida possível em comunidades equilibradas e solidárias. O investimento em energias alternativas e novas tecnologias poderá também reparar muitos dos erros do passado, criando ao mesmo tempo novos postos de trabalho, como lucidamente intuiu Barack Obama.

Ironicamente, aliás, completam-se este ano 75 anos do New Deal, ao qual se ficou a dever a criação de algumas instituições que, apesar de reformuladas nos seus meios e poderes, puderam resistir um pouco à actual crise. Krugman, cuja pouca simpatia por Obama é por demais conhecida, titulava uma das últimas crónicas de *Franklin Delano Obama?*, mas não só para lhe recordar o exemplo do grande presidente nos seus aspectos positivos, mas sobretudo a prematura preocupação com o reequilíbrio orçamental que veio a determinar a crise de 36-37, que só seria ultrapassada por força da Segunda Guerra Mundial.

Obama será confrontado com uma crise que não tem – e tudo leva a crer que não terá a extensão dramática da dos anos trinta do século passado – mas é também visível que se não trarará de novas crises do tipo 97 ou 98, mas algo de muito mais profundo, que exige uma conjugação profunda de instrumentos financeiros e distintas políticas. Porventura, mais ainda, a adesão a novos ou reencontrados valores e preocupações das sociedades. *Change we need* é o *slogan* que levantou a esperança em todo o mundo.

Por ironia será Obama, à semelhança de Roosevelt, a tentar concertar e reconstruir uma ordem económica internacional.

Um aspecto especialmente significativo da actual tentativa de resposta é a que resulta de se ter tornado absolutamente claro que a resposta não é puramente interna, mas antes deve levar em consideração a situação de mercados globalizados. A cimeira do G-20 traz a particularidade de as novas economias emergentes terem ganho peso suficiente para serem chamadas a participar de forma decisiva na busca de soluções para a crise, esboçando um quadro de decisão bem diferente do de Bretton Woods.

O longo comunicado da reunião está longe de ser clarificador e corresponde, no essencial, a um adiamento: um acordo sobre a necessidade de promover reformas. Uma coisa parece emergir como certa. Mesmo os maiores responsáveis pela crise parecem dispostos a contribuir para a resolução dos problemas. O FMI, instituição cuja utilidade parecia ter desaparecido, tenta ganhar um novo fôlego, sem consonância, aliás, com as aspirações e ambições de Strauss-Kahn. Esperemos ao menos, que a instituição esteja disposta como o esteve Alan Greenspan a revelar-se totalmente surpreendida e a fazer um *mea culpa*. Não perante o Senado americano, mas perante todos os cidadãos do nosso planeta. O internacionalismo, mesmo, na sua versão financeira, tem dessas consequências.

A intervenção do Estado é necessária, mas pode mandar sinais errados ao mercado, eliminando o *moral hazard*. Que consequências resultam para os bancos e até para os clientes da convicção de que o Estado é sempre a bóia de salvação? Como se pode pretender, em casos como o BPP, que o Estado garanta quem aplicou em risco?

A intervenção pública é uma arma de último recurso que se for posta de pé uma regulação sólida e criados os mecanismos defensivos pode não ter necessidade de ser usada.

A cooperação internacional ainda que não tenha ido tão longe quanto alguns poderiam ter querido, teve uma expressão mais significativa do que nunca com intervenções coordenadas dos bancos centrais americanos, europeus a asiáticos e nas deliberações do G-20 que se assumiu, sob o impulso de Sarkozy e Gordon Brown, como o grande fórum internacional, reflectindo uma mais adequada expressão do actual poder económico dos Estados.

Em consequência, ena reunião G-20 de Londres, em Abril de 2009, criou-se o *Financial Stability Board*, com vista a coordenar a um nível internacional o trabalho das autoridades financeiras nacionais e dos SSBs (international standard setting bodies). O FSB emitiu um documento intitulado *Principles of Cross-border cooperation on Crisis Management*.

Além da criação do FSB destacam-se as exigências dirigidas ao Comité de Supervisão Bancária para reforçar os requisitos ao nível do capital e aos IASB para reverem os *standards* contabilísticos. Preconizaram-se, igualmente, reformas nas agências de *rating* e nas remunerações, bem como um aumento do financiamento pelo FMI.

A reforma da regulação tem de visar dois objectivos fundamentais: garantir solidez do sistema, evitando a repetição de crises e proteger os interesses do consumidor, se necessário contra os seus impulsos imediatos.

Não nos podemos, de facto, esquecer que a crise foi em larga medida devida ao excesso de crédito concedido e que levou à crise do *subprime*, que só não teve expressão mais significativa entre nós, contrariamente ao que se chegou a temer, porque existia securitização do crédito e pela política de baixa de taxa de juros.

Não fora assim e mesmo de um ponto de vista social – desempregados e famílias a ficarem sem casa – daria um bonito resultado. E, no entanto, este aumento de crédito foi encarado como uma verdadeira acção social.

O consumo enorme que transformou os portugueses das honradas formiguinhas – «casa portuguesa, com certeza» – em tresloucadas cigarras, precipitando-se para as Caraíbas, hipermercados e bancas de imprensa cor-de-rosa, onde apreciavam o *glamour* da *beautiful people*, ou as histórias das últimas infelicidades e infidelidades da sua actriz favorita da telenovela, são a imagem dessa história de «sucesso», em que beneméritas criaturas criaram os cartões de crédito, o crédito pessoal, os pagamentos em prestações, os cartões de empresas, que permitindo uma rotação da dívida lhes permitiram esquecer os salários baixos e nem lhes deram tempo para se aperceberem de onde é que se estavam a meter.

Depois, claro está, houve os que ficaram de lado, os que dormem nas noites da Avenida da Liberdade, debaixo das montras das lojas de luxo, os «trouxas», os «fracos», os excluídos do progresso, o espelho da sociedade mais inigualitária da Europa. Pior só a Roménia. Para estes resta a piedade individual, a solidariedade de instituições provadas ou religiosas exercida, de preferência, longe da vista.

Não tenho nada contra as cigarras, muito pelo contrário, o Estado de Bem-Estar fez-se para isso. Não desta forma. Não com o sobreendividamento das pessoas. Dir-se-á que só é enganado que o quer ser, mas os mecanismos de anestesia são muitos. A questão é verdadeiramente uma questão de sociedade e de valores.

São inúmeros os que o assinalam, da Igreja católica aos economistas mais lúcidos, que só com uma alteração profunda de valores as coisas podem mudar. É necessária, então, uma verdadeira revolução que se não realizará completamente se não for em primeiro lugar uma revolução nas mentalidades e nos valores.

Mas como se fazem pessoas solidárias, como se faz crer na justiça social ou nas virtualidades da distribuição da riqueza a não ser em momentos de crise? Este é, seguramente, um dos grandes desafios que se colocam a qualquer filósofo político e a qualquer teoria liberal.

Não podemos resolver as grandes questões filosóficas, mas podemos no nosso domínio tentar criar regras, talvez que algumas outras no domínio da comunicação social por exemplo – concentração e concorrência. Depois, resta-nos esperar que os nossos professores sejam capazes de motivar os nossos jovens, os nossos políticos darem o exemplo de dedicação à causa pública, os nossos fazedores de opinião não reproduzirem acriticamente um pensamento único, as nossas Universidades demonstrarem aos jovens que a ambição pessoas não é incompatível com a ambição colectiva e fazer com que a frase de Kennedy não seja uma mera retórica.

O debate que se pode aqui colocar, no entanto é o de saber se queremos uma sociedade dinâmica, com desigualdades ou uma sociedade mais justa e igualitária, mas menos dinâmica e com menos desenvolvimento.

Por mim não tenho dúvidas em optar pela segunda. Parece-me, aliás, inevitável que assim seja. Vivemos acima das nossas capacidades, mas isso vai-se alterar. A continuarmos, continuaremos também expostos a novas crises, porventura mais graves ainda.

As sociedades vão ter que viver de forma mais modesta, quer por razões de ordem internacional, quer pela impossibilidade de continuar a contar com a riqueza financeira e um crédito fácil.

Sobretudo é preciso perceber que níveis de concessão de crédito muito elevados e de grande risco põem em causa a estabilidade das poupanças dos grandes, mas sobretudo dos pequenos aforradores, e impedem a existência de crédito para as empresas-inovação.

Vivemos, nos últimos anos, na visão de um Admirável Mundo Novo, que nos era oferecido sem grande esforço. O tempo, agora, é de construirmos nós um mundo que seja admirável e no qual se não encontrem as práticas e as regras que nos conduziram à beira do abismo. Esse sim será um Admirável Mundo Novo.

O INVERNO DO NOSSO DESCONTENTAMENTO?*

1. Uma crise anunciada

Os dias frios que praticamente se seguiram ao começo oficial do Inverno, a par com a recordação das pessoas que nada ou quase nada podem fazer para se proteger do frio, trouxe seguramente à memória de muitos o belo livro de John Steinbeck, *O Inverno do Nosso Descontentamento*, escrito com o pano de fundo da grande depressão dos anos trinta do século passado. É certo que a crise com que somos agora confrontados não atingiu – e parece razoável admitir que não atingirá – as proporções daquela mas, nem por isso, deixa de pesar sobre o quotidiano e as expectativas de todos nós.

A crise, que se foi desenvolvendo ao longo de 2008 e tomou foros de dramatismo em Setembro, sentiu-se, em primeiro lugar, nos mercados financeiros, o que veio confirmar muitos receios que se vinham manifestando quanto à solidez e equilíbrio dos mesmos. Paradoxalmente não se pode dizer que se trate de uma crise não anunciada, uma vez que muitas foram as vozes

---

* Publicado na *Revista de Finanças Públicas e Direito Fiscal*, n.º 4 do ano I, Janeiro de 2009.

– com relevo para a de Paul Krugman, particularmente no seu *The Economics of Depression* – a prevenir quanto ao caminho que vinha sendo trilhado. A emergência de toda uma série de escândalos financeiros e a revelação do papel extremamente nocivo de alguns gestores de grandes empresas também não parecem ter sido compreendidas na totalidade.

Um ponto particularmente relevante é aquele para que Georges Soros chama a atenção no último número da *New York Review of Books*:

> «o aspecto mais saliente da actual crise financeira é que ela não foi provocada por qualquer choque externo, como a subida de preços do petróleo pela OPEP ou a falência de uma instituição em concreto. A crise for gerada pelo nosso sistema financeiro, ele próprio. Este facto – que o problema estava inerente ao sistema – contradiz as teorias prevalecentes que sustentam que os mercados tendem para o equilíbrio e que os desvios ao equilíbrio apenas ocorrem de forma acidental ou por causa de razões externas, a que os mercados têm dificuldade em ajustar-se. A severidade e amplitude da crise fornecem provas convincentes de que a teoria dominante está fundamentalmente errada e com o tratamento dado à regulação que lhe é inerente. Compreender o que aconteceu e o que é possível fazer para evitar no futuro uma crise tão catastrófica vai requerer um novo pensamento sobre como funcionam os mercados».

Por oposição àquilo que se passou em 1929, a crise financeira foi objecto de uma resposta rápida por parte das instâncias políticas norte-americanas que, depois de décadas caracterizadas pelo combate à intervenção e à regulação pública, não hesitaram em voltar-se para respostas intervencionistas. A sinceridade de George Bush: sou liberal até ao momento em que me dizem que o meu país vai entrar em recessão, fica como a melhor demonstração da solidez das teorias dos mercados eficientes, mais posições de fé do que factos, como assinala George Cooper (*The Origin of Financial Crisis, Central Banks, Credit Bubbles and the Efficient Market Fallacy*, Arriman House, 2008).

Certo é que a reconversão dos liberais ao intervencionismo estatal, mesmo que temporária, permitiu alguma estabilização nos mercados financeiros que, depois de uma queda abrupta, têm apresentado ligeiras recuperações. A estabilização foi, no entanto, o resultado da injecção maciça de capitais públicos, desviados de outras aplicações, levantando uma onda de protestos quanto àquilo que aparece como um tratamento diferenciado entre financeiros e trabalhadores, ou como uma forma de eliminar o risco moral, característico da actividade bancária.

A atenção dada à defesa da estabilidade e da sobrevivência do sistema financeiro é compreensível, dado que o seu bom funcionamento é necessário para o investimento e um regular funcionamento da economia. Os estudos de história económica vieram demonstrar a importância que teve no *takeoff* do desenvolvimento económico a existência de sistemas financeiros eficientes e capazes de apoiarem o processo de transformação económico, da mesma forma que as correntes neo-schumpeterianas da economia do desenvolvimento continuam a considerar o financeiro, a par com o empresário, como motor fundamental do crescimento.

Não existem, pois, razões para questionar a figura do financeiro ou a sua necessidade. Existem – isso sim – para acentuar a necessidade de idoneidade moral e de estabelecimento de mecanismos de controlo, tanto mais quanto à responsabilidade perante os seus clientes se junta a especial responsabilidade social de estarem em muitos casos a beneficiar de dinheiro dos contribuintes. Uma verificação especialmente rigorosa da utilização das ajudas públicas para o apoio à actividade económica, através da concessão de crédito é especialmente necessária. Não deixa de aparecer, algumas vezes, como paradoxal a forma como algumas intervenções estaduais têm sido caracterizadas por uma extrema contenção dos agentes públicos, como que envergonhados de se imiscuírem numa área de que a teoria económica dominante e a prática os tinham desviado.

E, todavia, já em 1906, Rui Ulrich escrevia: «o comércio de bolsa é um comércio de natureza muito especial: não interessa somente aqueles que o praticam mas a toda a sociedade dum país. É na bolsa que se valorizam os títulos de dívida pública, as operações da bolsa podem pois agravar gravemente o crédito do Estado e justo é que este empregue todos os seus esforços para o manter alto e inviolável. O mesmo sucede com o crédito das sociedades anónimas na cotação das suas acções e obrigações e com o dos particulares na negociação das suas letras e cheques. Tão íntima ligação existe entre o movimento das bolsas e o comércio geral dum país que mal se compreenderia que a sua direcção fosse completamente abandonada à iniciativa particular».

Os últimos tempos têm, em qualquer caso, sido marcados por uma intervenção de diversos Estados no mercado, com aplicações de montantes relevantes em instituições financeiras, conduzindo à questão de saber se essas intervenções em que é gasto o dinheiro dos contribuintes é legítima ou se se limita a favorecer os interesses das entidades financeiras. As justificações avançadas em sua defesa parecem-me pertinentes e razoáveis. O agravamento da crise financeira teria seguramente um preço mais elevado. Ainda está, de resto, por saber se, se as autoridades monetárias norte-americanas não tivessem deixado falir a Lehman Brothers, a história não poderia ter sido diferente.

O passado não é para esquecer em dois planos: há que responsabilizar e há que criar quadros que não permitam a repetição, evitando ao mesmo tempo formas de regulação tão pesadas e burocráticas que conduzam – também elas – a maus resultados. Importa, entretanto, assegurar que as instituições financeiras resgatadas do risco não voltem a velhas práticas de aplicação em produtos de alto risco e que se preocupem menos com o crédito imobiliário e mais com o crédito às empresas. O anúncio feito pelo Secretário Paulson, em vésperas de saída, de que provavelmente seria necessária mais ajuda pública para comprar «activos tóxicos» constitui um natural motivo de preocupação. Não deixará de ser incompreensível para a generalidade dos cidadãos--contribuintes que o Estado continue a dispensar maior apoio ao mercado financeiro do que aos problemas da economia real.

2. E a economia real?

A forma como a crise rapidamente alastrou à economia real veio, aliás, pôr em evidência que, em paralelo com os problemas de um mercado financeiro desregulado, outras e mais profundas questões se colocam em torno do modelo económico dominante nas últimas décadas.

A desigualdade social e económica aumentou de forma radical – talvez não antes conhecida – assente numa política económica de contenção salarial e de passiva aceitação de condições de vida extremamente penosas para uma faixa significativa da população, concentrando o rendimento numa faixa de população que, em larga medida, o desvia do consumo, ou opta por consumos de bens de luxo, quase sempre importados.

É certo que à obscena ostentação de riqueza a que se tem assistido, designadamente em Portugal, juntou-se a afirmação de um paradigma consumista em que as pessoas se dispõem a tudo para terem o seu momento de celebridade e riqueza por mais efémero que se venha a revelar. O consumo induzido por essa via assentou, todavia, em parte muito significativa no sobre-endividamento das famílias e no recurso descontrolado aos cartões de crédito, concedidos (ou impostos) com total irresponsabilidade pelas instituições bancárias.

Naturalmente que não existem possibilidades de manter a procura aos níveis que se têm registado numa situação de crise e de aumento de desemprego e que o mais que tímido – e ainda assim tão criticado – Estado Social português não contém em si os meios para manter níveis de consumo que possam constituir um factor relevante para a saída da crise.

O modelo de distribuição de riqueza a nível interno esteve longe de ser o mais satisfatório, mas o mesmo sucedeu a nível internacional. Apenas uma pequeníssima fracção da enorme riqueza dos últimos anos foi canalizada para os países menos desenvolvidos. A canalização destes recursos teria correspondido a um objectivo de justiça mas, ao mesmo tempo, teria permitido um aumento do consumo global que bem útil seria para estimular a economia mundial.

Assim não aconteceu. A globalização, que faz com que os povos de todo o mundo possam sofrer os resultados de decisões que lhe são completamente estranhas, não fez com que o desenvolvimento económico passasse a ser encarado como um bem público global, ou que as instituições de Bretton Woods dispusessem de meios e vontade para corrigir as assimetrias na distribuição do rendimento a nível mundial.

Um aspecto especialmente significativo da actual tentativa de resposta é a que resulta de se ter tornado absolutamente claro que a resposta não é puramente interna, mas antes deve levar em consideração a situação de mercados globalizados. A cimeira do G-20 trouxe a particularidade de as novas economias emergentes terem ganho peso suficiente para serem chamadas a participar de forma decisiva na busca de soluções para a crise, esboçando um quadro de decisão bem diferente do de Bretton Woods.

O longo comunicado da reunião está, todavia, longe de ser clarificador e corresponde, no essencial, a um adiamento: um acordo sobre a necessidade de promover reformas. Uma coisa parece, porém, emergir como certa: mesmo os maiores responsáveis pela crise parecem dispostos a contribuir para a resolução dos problemas. O FMI, instituição cuja utilidade parecia ter desaparecido, tenta ganhar um novo fôlego, em consonância, aliás, com as aspirações e ambições de Strauss-Kahn. Esperemos, ao menos, que a instituição esteja disposta como o esteve Alan Greenspan a revelar-se totalmente surpreendida e a fazer um *mea culpa*, nesse caso não perante o senado norte--americano, mas perante todos os cidadãos do nosso planeta. O internacionalismo, mesmo, na sua versão financeira, tem dessas consequências.

O modelo económico-social dominante foi, também, em larga medida resultado de uma ampla produção científica e de um ambiente universitário quase monolítico, o que levou a que Medeiros Ferreira colocasse no seu blogue (*Bicho Carpinteiro*, 14 de Janeiro de 2009) a premente questão de saber se ainda se ensina o mesmo nas universidades sobre economia, finanças e gestão do que antes da crise?

3. *Can we?* Ou *a New New Deal?*

Instalada a recessão na generalidade das economias, chegou o tempo em que a resposta se não pode cingir ao sector financeiro, ou sequer contemplá-lo especialmente, uma vez resolvidas as questões mais complexas.

Os Estados têm vindo, crescentemente, a ser confrontados com a necessidade de apoio à economia real. As fábricas americanas de automóveis são um claro exemplo de uma realidade também bem conhecida entre nós. A grande dificuldade reside, obviamente, na delimitação das áreas que devem ser apoiadas. O aparecimento dos reis da pornografia, Larry Flint e Joe Francis, a solicitarem apoio ao congresso norte-americano – «é muito mau para a saúde do país. Os americanos podem ficar sem carros mas não sem sexo» – aparece como exemplar das dificuldades que se podem colocar e como a mais exuberante exibição da necessidade de definição de critérios claros, objectivos e aceitáveis e compreensíveis pela comunidade para a ajuda pública.

Ficou já assinalada a importância da resposta concertada a nível internacional que não teve, ainda, uma expressão tão significativa como era de desejar, mas o que mais impressiona é a divergência entre a reacção norte-americana – muito mais decidida – e a europeia – tímida e atrasada após um primeiro momento de apatia da Comissão que só Gordon Brown e Sarkozy conseguiram inverter.

Todos os olhos se viram, pois, para os Estados Unidos. A esperança criada por Barack Obama faz até esquecer que foi aí que a crise se iniciou, passando a ser encarado apenas como o país de onde virão as soluções. De resto, ainda antes de empossado, o novo Presidente divulgou o seu plano de estímulo para a economia americana (disponível em www.change.gov.com), confirmando o paralelo, tantas vezes assinalado pela imprensa norte-americana, com o Presidente Roosevelt e o seu New Deal, que marcaria o ideário da esquerda americana e europeia de modo duradouro. Veja-se, por exemplo, nos Estados Unidos, o recente livro de Paul Krugman – *The Conscience of a Liberal* ou, na Europa, o programa Labours New Deal lançado por Tony Blair em 1997. Tudo isto sem esquecer as tentativas da esquerda trabalhista de promover «a New Deal for Europe».

Em termos gerais, poder-se-á dizer que o New Deal consubstanciou um conjunto de medidas legislativas e programas económicos, visando o combate activo a uma situação de depressão económica, marcada pela quebra da confiança nos mecanismos de mercado para darem respostas eficientes a estas situações. Em bom rigor, poder-se-á falar de dois New Deal: um primeiro iniciado em 1933, e virado para a resolução de problemas imediatos e um segundo, que arranca em 1936, e tenta criar bases duradouras para políticas estruturais.

Aquilo que fez a originalidade do New Deal foi, justamente, a vastidão das iniciativas que abrangeu para cumprir um objectivo geral de combate ao desemprego, recuperação económica e reforma social. No seu desenvolvimento são criadas múltiplas agências e programas e adoptadas medidas legislativas de grande vulto, tais como a fixação do salário mínimo, do horário de trabalho máximo ou da garantia das pensões.

Os Estados Unidos, largamente criados e cimentados na afirmação das liberdades económicas, designadamente de iniciativa empresarial e circulação, entendidas como forma de preservar a autonomia individual face aos grandes poderes, aceitaram pôr um interregno nessa ordem liberal como forma de combater a grande depressão. Daqui resultou uma situação em que os empresários deixam de ser os únicos actores na cena económica, onde entraram, também, o Estado e os trabalhadores.

Se nos anos trinta do século passado, os Estados Unidos foram capazes de formular políticas audaciosas e eficazes no combate à crise, no quadro de uma democracia política, a resposta europeia foi tímida e, nalguns casos, passou por criminosas experiências ditatoriais. Num ambiente em que felizmente não se vislumbram ameaças totalitárias, espera-se, de novo, que às hesitações europeias e à prevalência dada ao Pacto de Estabilidade, se contraponha um projecto com uma ambição bem maior. Barack Obama, herdeiro de um enorme desequilíbrio orçamental criado pela Administração Bush, com a sua aventura iraquiana e a política fiscal de favorecimento das grandes fortunas, não hesitou em anunciar que o país iria viver com défice durante anos.

O longo processo de transição presidencial não permite, ainda, ter uma percepção total de como ficará o plano de estímulo da economia americana depois da passagem pelo Congresso, mas sabem-se já quais as linhas de força que vêm na sequência das promessas de campanha eleitoral.

À semelhança do New Deal, o Plano de Estímulo apresenta-se como um conjunto de medidas em vários sectores, dirigidas todas elas à recuperação económica e envolvendo acções de natureza muito diversa, em que se privilegia a criação de empregos, o alívio financeiro das famílias em dificuldade e, particularmente, dos donos de casas hipotecadas, a par com o combate à crise financeira.

O paralelo com o New Deal não pode, no entanto, ser levado longe de mais, como seria de esperar dados os setenta e cinco anos entretanto ocorridos e que leva ao ênfase correctamente dado à inovação tecnológica e aos problemas da energia e do aquecimento global, aspectos que se colocavam em termos muito diferentes na década de trinta do século passado e que representam um dos pontos mais interessantes do programa e de maior alteração ao que vinha sendo a prática norte-americana.

Entre as acções previstas neste domínio destacam-se a criação de um *Advanced Manufactoring System*, a duplicação dos fundos disponíveis para a *Manufactoring Extension Partnership*, o investimento de cento e oitenta biliões de dólares na criação ou reforço de novas fontes de energia, o estabelecimento de programas de formação para energias «limpas», estimando-se nos cinco milhões a criação de empregos «verdes», ao longo de dez anos.

Mais próximas do New Deal são as acções previstas no domínio das obras públicas e da reconstrução das infra-estruturas públicas, tarefa que vinha sendo insistentemente reclamada a nível estadual, onde se tinham já desenvolvido algumas acções. Ainda nesta área, assistir-se-á à criação de um Banco de Reinvestimento em infra-estruturas nacionais, criado com fundos públicos, mas dotado de independência de gestão.

Um conjunto significativo de incentivos fiscais de curta duração às empresas em relação com a criação ou manutenção de postos de trabalho e a criação de parcerias com a indústria automóvel para criar carros energeticamente eficientes aparecem como aspectos especialmente significativos para o aumento dos postos de trabalho.

A via fiscal será, por outro lado, utilizada para aumentar o rendimento disponível das famílias, cortando a carga fiscal, medida que será acompanhada de um reforço da protecção no desemprego e do apoio ao pagamento da energia no Inverno.

Os apoios à iniciativa privada são acompanhados de um conjunto de medidas no sentido do reforço do poder dos sindicatos e consumidores, tornando clara a preocupação de construir uma base social de apoio muito alargada, integrando diferentes correntes do pensamento económico e forças políticas opostas, em consonância com as inspirações de base de Obama.

Naturalmente que o programa não gerará unanimidade e foi já objecto de críticas, particularmente provenientes da esquerda, como é o caso de Paul Krugman (*New York Times*, 9 de Janeiro), que considera que se deveria prever um montante global de despesa mais elevado e favorecer mais claramente o investimento público em relação aos incentivos fiscais («it falls well short of what's needed»).

Trata-se, em qualquer caso, do programa mais ambicioso formulado para a presente crise e que merece, como tal, a maior atenção. Esperemos que, desta vez, a sua influência na Europa, que tão facilmente seguiu as políticas Bush, seja igualmente importante.

O sucesso de qualquer projecto deste tipo passa, no entanto, em larga medida pelo entusiasmo que seja capaz de gerar, tal como sucedeu com Roosevelt. Não será, demais recordar, no ano em que se celebram os 75 anos do início do New Deal, que foi a candidatura Barack Obama a tentar retomar o sonho americano, apelando à acção colectiva e ao empenho cívico. Ao seu lado não vão estar fisicamente os que estiveram com Roosevelt e que estão já mortos, mas muitos dos que acompanharam John Kennedy – Edward Kennedy, Caroline Kennedy, Ted Sorensen, o mítico autor dos seus discursos – sentiram, de novo, o entusiasmo que os dois grandes presidentes levantaram.

O ponto mais delicado é seguramente o de não serem expectáveis resultados concretos e palpáveis no curto prazo. Resolver a crise e resolvê-la duradouramente implica um trabalho de paciência, mas esse trabalho é fundamental. Com a inteligência e equilíbrio que o caracteriza, Robert Reich (Robert Reich's blog) comentava, a propósito da sua neta nascida no final de 2008:

«The point is, it's the Ellas of the world we're fighting for. This Mini-Depression is causing a lot of pain, to be sure, but it will be over in a year or three. Yet what kind of economy will we have on the other side? Will we have a more just society?» para concluir: «Which brings me to the end of the year. I wish you not just a happy and prosperous new year. On that score, 2009 may be something of a bummer. I wish you and your kids and grandkids, and Ella, something more - a decent, generous, and humane future».

Que assim seja!

AS LOJAS DE COMPRA DE OURO*

Depois dos centros comerciais e das lojas chinesas proliferarem pelas cidades, vilas e aldeias de Portugal, um nova modalidade de comércio - as lojas que compram ouro – começou a ocupar os espaços deixados vazios pelo encerramento de estabelecimentos comerciais e, aparentemente, sem conhecer as mesmas dificuldades que o comércio tradicional.

Uma empresa pelo menos – sabemo-lo graças ao profusamente difundido anúncio televisivo do senhor António Sala – também se dedica à venda de ouro, como forma de protecção contra as crises financeiras.

Mas é daquelas a quem os portugueses entregam as jóias de uma vida ou de várias gerações de uma família, as que prosperam e são procuradas pelos portugueses que vos quero falar.

E isso porque, à semelhança de tantos portugueses também o Estado anda a vender as jóias de família através de um processo de privatizações que vai diminuir substancialmente o património nacional.

As famílias portuguesas que vendem as jóias fazem-no, seguramente, ditadas pela necessidade. O Estado Português, aparentemente, também.

---

* Intervenção inicial na «Conferência As Privatizações não se discutem?» no dia 6 de Dezembro de 2012.

As consequências destas operações parecem ter um ponto em comum: ambas contribuem para a melhoria da balança de pagamentos: no caso dos particulares, porque o ouro vendido é, por regra, exportado. No do Estado, porque os compradores, por regra, estrangeiros fazem entrar capitais.

O peso emocional para os portugueses da venda das jóias de família é seguramente grande e maior do que aquele que sentem quando são vendidas as jóias que nos pertencem a todos nós, cidadãos-contribuintes, mas que nos habituámos a considerar com grande distanciamento, como se se tratasse de propriedade do Governo, desgraçadamente entendido como um corpo estranho que, no seu exercício quotidiano é indiferente ao pensar e sentir de todos nós.

Talvez a venda de uma RTP ainda suscite algum clamor em gerações saudosas do tempo em que a expressão televisão equivalia a RTP e nela podiam ouvir ópera, ver teatro, escutar personalidades como Vitorino Nemésio, David Mourão Ferreira, António Vitorino de Almeida ou Natália Correia.

É legítimo que aqueles que se preocupam com a liberdade e pluralismo da informação e da cultura se inquietem com o facto de o Estado abrir mão desse espaço, num momento em que se conhece mal por que regras se pauta quem deterá o poder na comunicação social e em que tantos jornalistas vivem a angústia da possibilidade de encerramento dos meios de comunicação em que trabalham ou da ocorrência de novos despedimentos mais ou menos massivos, mais ou menos cirúrgicos.

Talvez um efeito nostálgico seja atingido pela venda dos CTT, recordando os tempos em que António Mafra cantava «Manhã cedo segue a marcha sempre na mesma cadência e lá vai de caixa em caixa metendo a correspondência para uns são alegrias para outros tristezas são o carteiro não tem culpa é a sua profissão».

Mas à parte esses nostálgicos, membros de uma geração que já pouco interessa, porque não fazem parte do Portugal do futuro, quem mais expressa dúvidas ao processo de privatização? Quem mais se lembra que, com esta venda, ficamos mais pobres?

Não significa isso que a venda das jóias não possa ter uma lógica e que ela não corresponda a uma operação correcta que virá a permitir à família uma melhor situação económica, no imediato, e – quem sabe? – comprar melhores jóias no futuro e esquecer até eventuais traumas associados às dificuldades do passado.

Também ao Estado se pode aplicar a mesma lógica e não falta quem pense, com a *Troika*, que essa é uma condição necessária para aliviar as dificuldades financeiras e para construir um Estado mais moderno e uma economia mais dinâmica e com melhores condições de concorrência.

E se as famílias vendem as joias para pagar as dívidas, por que não há-de o Estado fazer o mesmo?

Mas se as vendas e pagamentos de dívidas das famílias devem ser mantidas na intimidade da vida privada e protegidas do *voyeurismo* que assentou arrais na vida portuguesa, o mesmo não pode acontecer com as vendas do Estado. Destas se espera o máximo de transparência e a revelação pública de quanto se recebeu e em que destinos foi aplicado. Foram-se as joias, mas salvaram-se os dedos?

E esses dedos que ficam serão dedos mais ágeis, capazes de segurar com a ligeireza dos grandes maestros a batuta da sociedade portuguesa, sobretudo quando os seus músicos, das cordas à percussão ganharam autonomia e se afirmam como solistas?

Para isso, dizem-nos, terá o Estado o apoio dos reguladores que saberão, dotados de um estatuto de independência, gerar um máximo de bem-estar, num ambiente de intervenção mínima em que estes solistas executarão verdadeiros prodígios musicais, traduzidos em performances extraordinárias.

Mas, mais uma vez, a dúvida pode assaltar-nos e convém que seja dissipada: essas previstas performances irão beneficiar os cidadãos em geral com melhor nível de prestação de serviços, os trabalhadores das empresas, a economia portuguesa ou servirão basicamente para permitir um maior nível de bem-estar aos investidores?

E, como o caudal de dúvidas se adensa, será que a gestão ser privada é uma condição para a eficiência das empresas? Será que o exemplo Renault – empresa pública francesa com muito maior sucesso e uma internacionalização superior à privada Peugeot – é um caso isolado?

Poderia construir um infindável rol de questões que exprimem dúvidas genuínas. Porque uma coisa é clara: há um espaço de insegurança gerado pela dúvida e alimentado pela ausência de esclarecimento. Por isso, o debate é importante, assim como o é a análise da já vasta experiência portuguesa.

Uma operação com essa carga emocional e com as consequências futuras não deverá ser discutida em conjunto pela família e, idealmente, sem que haja preconceitos de partida?

Parece-me, evidente, que sim, identificando os espaços onde esse debate possa produzir-se construtivamente.

Em 1976, os constituintes legitimaram as opções revolucionarias, consagrando um princípio de irreversibilidade das nacionalizações que, moderado embora com o apoio da Comissão Constitucional e do Tribunal Constitucional, manteve um sector público relativamente intocado e ao arrepio daquilo que já então eram as correntes económicas dominantes.

Na revisão constitucional de 1989, esse princípio foi abolido e o movimento de privatização, timidamente encetado, acelerou-se.

Por essa altura, escrevi um artigo intitulado *Do Mito do Sector Público Empresarial ao Mito das Privatizações*, querendo significar que, muito possivelmente, se iria passar de uma crença cega na actividade económica pública a uma outra, igualmente cega, em que as privatizações figurariam como a panaceia mágica.

Essa análise baseava-se na percepção da mudança do ambiente económico que, entretanto, ocorrera e tinha subjacente a concepção que nesta, como noutras matérias, há um pêndulo que nos leva de um extremo ao outro e tem dificuldade em estabilizar-se num ponto de equilíbrio. Nunca pensei, no entanto, que a dificuldade fosse tanta.

Num artigo em que manifestava optimismo quanto às potencialidades das privatizações, não deixava, por outro lado, de recordar o exemplo desastroso da venda dos bens nacionais levada a cabo pelo liberalismo e que se limitara a criar grandes fortunas e transferir centros de decisão para o exterior.

A irreversibilidade das nacionalizações – recordo – foi uma opção legitimada e consagrada na Constituição. Mais de trinta e cinco anos decorridos vemo-nos confrontados com um princípio da irreversibilidade das privatizações, que alguns pretenderão legitimado pelo acordo de entendimento firmado com os nossos credores no quadro da *Troika*.

Mas o acordo com a *Troika* não suprime a Constituição nem é uma nova Constituição. A legitimação que ele pode dar a uma opção como a das privatizações é profundamente diferente daquela que, em 1976, os nossos representantes, dotados de um mandato resultante de sufrágio, deram à manutenção do sector público empresarial.

No contexto actual, um debate aprofundado sobre as vantagens e desvantagens das privatizações no seu conjunto e de cada operação, em concreto, contribui para a legitimação das decisões a tomar, tanto mais quanto as três décadas de privatizações anteriores deixaram o sector público empresarial reduzido quase tão só à área dos serviços públicos essenciais, aqueles que são fundamentais para a coesão económica e social.

Esse debate deve naturalmente decorrer nas instâncias políticas, mas não se pode, nem deve, a elas circunscrever. Porque é, também, um debate de cidadania, toda a capacidade, todo o saber, toda a experiência e todas as competências devem ser colocadas ao serviço do País.

Esta é claramente uma daquelas áreas em que as instâncias políticas podem ouvir a Universidade, que tem condições para assegurar a identificação das opções técnicas tantas vezes procurada em consultoras internacionais, cuja superioridade não está demonstrada, cuja isenção é mais difícil de assegurar e cujos custos são muito superiores aos da Universidade Portuguesa - uma instituição barata para o Estado Português e que tanto contribuiu para a modernidade e o progresso.

No IDEFF, aprendemos a lição do Professor Sampaio da Nóvoa. A Univercidade, escrevemo-la com um «c» para significar o diálogo e abertura à sociedade e o empenho em servir a causa pública.

Ao nosso Reitor renovo a expressão pública de toda a minha admiração e de gratidão pelo exemplo e referencia que constitui para todos nós.

É esse empenho que motiva quantos organizaram esta conferência, quantos aceitaram nela intervir e aqueles que se juntam, hoje, neste auditório, onde tantas vezes nos reunimos para debater opções fundamentais para Portugal.

A adesão de todos honra-nos e estimula-nos a continuar e seja-me permitido manifestar o meu orgulho por ter nesta sessão o general Ramalho Eanes, um homem a quem o País tanto deve pela sua acção determinada, sacrificada e corajosa em momentos decisivos e que, nos dias que correm, é uma das vozes que mais vivamente nos alerta para as exigências da cidadania e da solidariedade social, indicando-nos um caminho a seguir: o da dignidade da pessoa humana e da solidariedade para com os membros mais desfavorecidos da comunidade.

Também a presença da senhora Dr.ª Manuela Eanes, exemplo vivo de quem dá testemunho da sua fé, no dia-a-dia, empenhando-se na defesa dos mais vulneráveis e desfavorecidos é um exemplo e um estímulo para todos nós.

Vivemos tempos especialmente difíceis. Infelizmente, tudo leva a crer que muitas provações ainda estão por vir. Enquanto cidadãos o nosso dever não é omitir, mas discutir. Não é ignorar, mas tomar conhecimento. Não é acomodarmo-nos, mas assumirmos os riscos que forem necessários por nós, pelos nossos filhos, pelo nosso País.

E DEPOIS DA *TROIKA*?*

Estamos a iniciar uma jornada de cidadania consagrada à análise e discussão da actual crise financeira que atinge Portugal e a União Europeia, e que – convém recordá-lo – tem as suas origens na crise de 2008-2009, originada pelas práticas incorrectas do sector financeiro, designadamente, nos Estados Unidos da América.

Num certo sentido, poderemos até dizer que estamos em presença de uma réplica de um sismo que, como tantas vezes acontece, pode atingir proporções ainda maiores do que a primeira manifestação do fenómeno.

Por ironia de agendamento, esta jornada realiza-se 235 anos depois da independência dos Estados Unidos, quando um conjunto de notáveis cidadãos se comprometeram com uma Declaração de Independência, redigida por Jefferson, em que são enunciados alguns princípios fundamentais que devem nortear as vidas dos povos.

Desde, então, que a Declaração de Independência dos Estados Unidos se tornou uma bandeira de luta para quanto acreditam na democracia e nos direitos fundamentais dos homens e dos povos.

---

* Intervenção inicial na Conferência «E Depois da *Troika*?» no dia 04 de Julho de 2011.

Quem, de entre nós, se não reconhece na proclamação de que há verdades evidentes por si mesmas – como se pode ler na Declaração – como as de que todos os homens são criados iguais, dotados pelo Criador de certos direitos inalienáveis, que entre estes estão a vida, a liberdade e a procura da felicidade?! Que a fim de assegurar esses direitos, governos são instituídos entre os homens, derivando seus justos poderes do consentimento dos governados...

É notável como os redactores da Declaração da Independência não reivindicam qualquer originalidade na sua proclamação, mas antes a apresentam como a mera evocação de um conjunto de direitos que são prévios e fundadores de qualquer sociedade e, como tal, incontestáveis. Também é de sublinhar a clareza com que explicitam que os direitos pertencem aos povos e não aos governantes, que derivam a sua legitimidade do consentimento popular.

A história subsequente dos Estados Unidos, porventura mais do que qualquer outra, é marcada por luzes e sombras que sempre se projectaram sobre o mundo. No dia que recordamos a independência é justo que se lembre, sobretudo, o quanto a Europa lhes deve para a destruição dos demónios que em si gerou, que se recorde a eterna mensagem de John e Robert Kennedy, que se evoque o sonho de Martin Luther King, que se tenha presente que este foi o país que elegeu Barack Obama, contra todos os preconceitos e intolerâncias.

É importante lembrar a inspiração fundadora dos Estados Unidos, pela sua actualidade e pela sua força motivadora, num momento em que se assiste a movimentos, em certo sentido, contraditórios.

Nas ruas do Mundo Árabe luta-se pela consagração dos direitos essenciais, nas ruas de muitos países europeus, de formas diversas - entre a violência e o pacifismo desarmado – defende-se o direito a uma vida melhor. Lisboa viu centenas de milhares de pessoas juntarem-se numa manifestação totalmente pacífica, apartidária e tolerante.

Para alguns, trata-se de movimentos marginais de quantos se não reconhecem na democracia representativa. De visita a Madrid, Tony Blair, não hesitou em deixar um aviso ao governo espanhol, para não ouvir as ruas.

Para outros, trata-se de manifestações de vitalidade de sociedades que se recusam a aceitar a mensagem de que a política não é uma questão da generalidade dos cidadãos, mas sim de um conjunto restrito de agentes políticos, crentes de que são os técnicos e os economistas aqueles que devem marcar o rumo das sociedades.

Afigura-se-me que, sem em nada beliscar a democracia representativa, não podemos ignorar o mal-estar das ruas, nem a vitalidade destes movimentos, que traduzem em muitos casos uma ânsia de cidadania e a recusa de modelos de sociedade em que o sucesso, o poder, o dinheiro e o impacto mediático se tornaram os únicos valores respeitáveis. Em que o ter ocupou o lugar do ser.

O tão festejado fim das ideologias está bem longe de ter tido os efeitos positivos que a ele foram associados. Fanatismos e radicalismos, dotados de um grau de irracionalidade extremo, substituíram o debate ideológico, tornando o mundo muito mais inseguro.

Um modelo económico único – com a esquerda a permitir até que a extrema-direita recolhesse e capitalizasse o seu património social – parecia conduzir o Mundo a níveis de bem-estar nunca antes conhecidos, pelo menos para aqueles que logravam entrar no mercado da prosperidade, até que a falência do Lehman Brothers veio demonstrar que o rei ia nu.

Só que, em vez de se afastar os atrevidos costureiros de ilusões, renovar totalmente o guarda-roupa real ou – melhor ainda – proclamar a República, se optou por remendar rapidamente as velhas roupas, certificando-as de esplendorosas.

Naturalmente que um dos pressupostos fundamentais para que o Rei possa voltar às ruas, com as suas roupas remendadas a serem saudadas como faustosas, é o de que sejam afastadas as crianças impertinentes que tenham o defeito de dizer aquilo que vêem...Julgo que todos os que aqui nos reunimos hoje queremos ser como a inocente criança do conto e, já agora e uma vez que falamos de crianças, queremos que as nossas tenham uma vida digna de ser vivida e um futuro de paz e alegria.

Para isso, temos de grande seriedade e permanente empenhamento. Temos que nos empenhar em fazer o melhor que sabemos aquilo que fazemos. O nosso quotidiano tem de ser de coragem e determinação, sobretudo. Temos de encontrar forças para dizer que a resolução está nas nossas mãos e que não, não desistimos, porque sim, também nós podemos.

A minha convicção não constitui uma mera profissão de fé sem provas palpáveis, antes se fundando na nossa capacidade histórica e actual de encontrar forças nas situações mais difíceis. Funda-se, também, na minha profunda admiração pela imensa qualidade dos nossos cientistas, dos nossos escritores, dos nossos pintores, dos nossos músicos e de tantos outros, que se impõem ao respeito do mundo.

Há poucos dias terminaram as festas da cidade de Lisboa, ao longo das quais foi possível assistir a admiráveis conjugações de tradição e modernidade em casamentos que, sem repudiarem aquilo que sempre foi a vivência dos nossos bairros populares souberam incorporar a nova Lisboa multicultural e cosmopolita.

No concerto de encerramento, esbatendo as barreiras do preconceito e das etiquetas fáceis, a Orquestra Metropolitana de Lisboa, acompanhou um fadista tradicional – Carlos do Carmo – passando o testemunho a dois novos talentos incomensuráveis Camané e Cristina Branco.

Sim, tenho orgulho da cidade em que vivo. Tenho orgulho do país em que vivo e as dificuldades do nosso quotidiano apenas servirão para aumentar a minha determinação em contribuir para o futuro.

A nossa conferência encontra-se estruturada em quatro painéis intimamente ligados. Ao longo deles teremos o privilégio de ouvir um conjunto de intervenções que só posso antecipar como brilhantes. Serão muito diversos os pontos de vista que aqui serão expressos, apenas tendo em comum qualidade e a devoção à causa pública de quantos intervirão ao longo do dia.

Os títulos dos dois primeiros painéis – Viver com o Memorando e Que futuro para Portugal? – introduzem as angústias com que nos debatemos nestes dias, com a plena consciência de que não é possível considerar os nossos problemas isoladamente mas que, como mais tarde, nos dirá um dos oradores, talvez seja mais fácil reformular Portugal do que reformular a União Europeia.

Naturalmente que é difícil falar de Portugal, porque a análise fria pressupõe um exercício de distanciamento duro para quem se encontra numa situação que muitos justificam pelos nossos erros passados e, em relação à qual, outros preferirão ver o reflexo de erros exteriores.

Creio que a tendência para a autoflagelação, a que se tem vindo a assistir nos meios de comunicação, é a melhor prova de que seremos capazes de isenção e que, nesse quadro genérico, encontraremos diferentes equilíbrios entre a nossa quota-parte de responsabilidade e a quota-parte dos outros.

Ao introduzir o debate sobre a situação portuguesa, não resisto à tentação de recordar a fina ironia do *The Independent* que, uns meses atrás, publicava uma carta da República da Irlanda para a República de Portugal, na qual a primeira escrevia:

> «Reparo agora que estás sob pressão para aceitar um resgate (...) Primeiro, deixa-me que te dê um conselho sobre as nuances da língua inglesa. Tendo em conta que o inglês é a tua segunda língua podes pensar que as palavras *bailout* e *aid* implicam que vocês receberão ajuda dos nossos irmãos Europeus para vos retirar das vossas actuais dificuldades. O inglês é a nossa língua-mãe e foi o que nós pensávamos que significava. Permite-me que te avise que, quando o inevitável resgate chegar, ele não vos ajudará a sair dos vossos actuais problemas, mas sim ajudará a prolonga-los por várias gerações ainda por vir. E por tal, esperar-se-á que fiques grato. Caso queira descobrir as palavras apropriadas, em Português, para resgate, sugiro que arranje um dicionário Inglês-Português e procure

palavras como as seguintes: *moneylending*, *usury*, *subprime*, *mortgage*, *ripoff*. Estas palavras dar-te-ão uma tradução mais apropriada do que está prestes a acontecer».

Aqui chegados, importa reconhecer que nos colocámos em má posição e, em certo sentido, legitimámos um tratamento duro, pela nossa incapacidade de controlar os gastos, de criar uma economia competitiva, de não viver acima das nossas posses. De pensar que viria do exterior a solução para todos os nossos problemas.

Provavelmente, a euforia que se fez sentir a seguir ao euro foi excessiva e, ingenuamente, a circunstância de não termos política monetária e cambial, levou-nos a crer que não tínhamos balança de pagamentos e poderíamos viver em permanente desequilíbrio.

Também aqui fomos vítimas da grande ilusão que assaltou o mundo no seu conjunto. O crédito fácil, excessivamente fácil, atirou-nos para um consumismo. Entre nós não tivemos empréstimos «ninja» mas andámos lá perto. O Estado, os bancos, as empresas e os particulares endividaram-se bem mais do que podiam, porque respaldados na engenharia financeira que criou uma riqueza financeira muitas vezes superior à real.

Talvez que em todo este processo, a existência de uma rede de protecção social, ainda assim muito longe da das social--democracias europeias, tenha desestimulado o trabalho e o investimento produtivo. Talvez as sociedades mais desprotegidas se revelem mais dinâmicas.

O eterno debate entre o modelo económico europeu e norte-americano fornece, a este pretexto, interessantes pistas.

A especial dificuldade do caso português resulta, todavia, da repartição muito desigual da riqueza, que determina a necessidade de entrar em linha de conta com os patamares mínimos da dignidade humana.

De alguma forma fora, aquilo que mais impressiona na situação em que nos encontramos colocados e no memorando que assinámos é a passividade com que aceitámos que um documento elaborado em três semanas por um conjunto de técnicos com escassos ou nulos conhecimentos de Portugal, pudesse consubstanciar uma tão radical mudança do Estado Português. Com alguma razão, a Constituição de 1976 foi criticada pelo seu imobilismo e cristalização. Não pode deixar de surpreender que se pretenda, agora, cristalizar a sociedade portuguesa em torno de um modelo que lhe é tão estranho.

Preocupa-me especialmente que se pense que se pode viver na negação da instância política, limitando-se o Parlamento e o Executivo a agentes de execução de decisões técnicas externas, sem qualquer espaço de manobra.

A Constituição de 1976 foi objecto de uma leitura liberalizante que atenuou em muito o seu rigor. Será possível que o mesmo aconteça em relação ao memorando. Para já, não parece haver qualquer sinal nesse sentido mas é, manifestamente, cedo.

A não ser assim, poderemos chegar a uma situação caricatural em que, mantendo-se em vigor um texto constitucional particularmente avançado do ponto de vista dos direitos sociais, se instale um modelo de Estado liberal extremado, para que aponta o programa do memorando e para o qual duvidosamente a sociedade portuguesa está preparada.

O padrão de solução preconizado para Portugal é muito semelhante à receita aplicada aos outros países em dificuldades – Grécia e Irlanda. Os benefícios que daí extraíram esses países ainda não parecem muito claros, mas iremos analisar estas questões no terceiro painel, num debate que incluirá, também, referências aos restantes Estados que integram o grupo dos países mal-amados, malevolamente designados por PIGS.

A apreciação da situação nestes países impressiona, sobretudo, pelo desinteresse que todos manifestaram em criar uma frente comum, optando antes por se distanciarem uns dos outros, sublinhando as respectivas especificidades, que naturalmente existem, mas não inviabilizariam a reivindicação conjunta de uma solução europeia mais justa.

Aqueles que gostam de teatro não terão deixado de se recordar, ao ver a sequência de países com assistência financeira, do personagem de Bertold Brecht, que se lamentava: primeiro vieram buscar os judeus e eu não me importei, porque não era judeu; depois vieram buscar os comunistas e também não me importei porque não sou comunista; a seguir vieram buscar os sindicalistas e, como não era sindicalista também não me importei. Agora vieram buscar-me a mim e já não há ninguém para se importar comigo.

De resto, ainda ontem o insuspeito ministro das finanças polaco, se manifestava preocupado com as opções tomadas, afirmando: «Um programa (de ajuda) deveria ser entendido claramente como um passo rumo à recuperação económica (...) e no que toca aos programas europeus este não é inteiramente o caso».

Indo ainda mais longe, o ministro polaco deu como exemplo os programas de ajuda estruturados pelo FMI, que considerou mais «pró-activos» na recuperação económica, enquanto os planos da união monetária «ficam muito à espera dos acontecimentos», concluindo que «Felizmente, graças a Deus que o FMI está envolvido nos planos de apoio à Grécia, Irlanda e Portugal» e salientando que «O rácio europeu precisa tanto de alterações no numerador (dívida) como no denominador (PIB)».

Para quantos acreditaram na Europa como projecto político e económico assente numa comunidade de esforços e na partilha dos sacrifícios, susceptível de se afirmar vigorosamente no mundo, os tempos actuais são especialmente tristes.

«A Europa já não ama», escreveu o Pedro Santos Guerreiro num editorial há algumas semanas, resumindo, com particular felicidade, a passagem de um projecto exaltante, para uma comunidade assente em puros exercícios contabilísticos.

No painel que encerra o nosso dia, estão dois dos mais acérrimos críticos da entrada de Portugal no Euro – Paulo Pitta e Cunha e João Ferreira do Amaral –, aos quais se junta um filósofo como Vasco Soromenho Marques, que muito tem trabalhado sobre a ideia da Europa e, ainda, o economista inglês Stuart Holland, pivô de uma excelente proposta de um *New Deal* para a Europa, que teve o apoio de grandes políticos europeus, como Mário Soares e Jorge Sampaio –, proposta à qual é dada atenção na edição de hoje do *Financial Times*.

Esperam-nos longas horas de trabalho. Estou seguro que todos sairemos daqui mais ricos e informados.

Pela minha parte, quero assegurar que o IDEFF continuará a seguir a evolução económica e financeira, proporcionando um fórum pluralista de debate.

PORTUGAL 2011.
VIR O FUNDO OU IR AO FUNDO?*

Anatole Kaletsky, um dos mais prestigiados comentadores económicos da imprensa britânica e administrador do *Institute for New Economic Thinking*, instituído graças a uma doação de Georges Soros, escreveu recentemente que na caça aos culpados lançada após a quase destruição da economia mundial foram esquecidos eventuais suspeitos: os universitários. Enquanto as atenções do mundo se concentravam nos erros dos banqueiros, dos reguladores financeiros e dos meios políticos, os autores das teorias económicas que estiveram por detrás da situação escaparam às críticas que mereciam.

É um repto que merece sem dúvida ser ouvido. Em Portugal, na blogosfera e, na sequência de uma interrogação colocada por José Medeiros Ferreira, ainda se iniciou um debate sobre o que se ensinava nas universidades depois da crise, mas a questão caiu.

Pela nossa parte, seguimos com atenção os desenvolvimentos da situação económica. A *Revista de Finanças Públicas e Direito Fiscal* publicou inúmeros artigos sobre o tema e várias foram as

---

* Intervenção inicial na Conferência «Portugal 2011. Vir o Fundo ou ir ao fundo?» no dia 31 de Janeiro de 2011.

conferências que organizamos, entre as quais uma dedicada ao PEC – posta hoje à venda – e outra ainda inédita sobre o direito e a economia depois da crise.

Como a jornada que agora iniciamos atesta amplamente, pensamos que direito e economia têm de dialogar em permanência. O Direito não é, não pode ser uma mera técnica. Na sua tarefa de ordenação da sociedade ele não pode deixar de reflectir um determinado projecto e não pode manter-se à margem dos grandes debates da comunidade.

Vimos com profunda tristeza e inquietação que a esperança que se chegou a gerar, designadamente nos meios católicos, de que se pudesse ter iniciado um processo de ruptura criativa de raiz schumpeteriana, que levasse à construção de um novo modelo de sociedade, em que as crises daquele tipo fossem menos prováveis e as suas causas erradicadas, se não confirmou até ao presente.

Foi, igualmente, com tristeza e inquietação que vimos o pessimismo, a acomodação crescerem, bem como instalar-se a tendência para evocar míticos passados, devidamente reciclados.

Impressiona-nos, por outro lado, que não tenha havido qualquer responsabilização dos culpados, como nos recorda de forma especialmente impressiva um filme que muitos terão já visto – *Inside Job* – Podemos, de facto, concluir que nos EUA Madoff foi o único culpado e, para quantos, entre nós, não cessam de elogiar o sistema judiciário americano na sua capacidade para combater o crime de colarinho branco, bem como a sua velocidade, temos de reconhecer que não saímos mal de todo. Pelo menos empatamos. Mas, claro foi um empate num jogo que pagávamos para não ver.

Passada a fase pior da crise, tende a instalar-se um sentimento de que ela foi qualquer coisa de inevitável, apenas um preço a pagar no caminho do crescimento e aumento de bem-estar. Mas, ainda há dias, a comissão de inquérito à crise financeira anunciava em Washington que a crise era evitável e que resultou de «falhas dramáticas» na governação de empresas e gestão do risco em muitas instituições financeiras sistemicamente relevantes, não hesitando em apontar o dedo às autoridades reguladoras.

Mais de dois anos passados sobre o auge da crise, é certo que as coisas não se apresentam tão más como em certo momento se pôde pensar, se as encararmos numa perspectiva mundial, mas o cortejo de dor e desemprego permaneceu.

É certo que nalgumas zonas a actividade económica ganhou uma extraordinária pujança e os níveis de crescimento são iguais ou até superiores ao que eram antes da crise, mostrando bem que a globalização económica resistiu ao seu primeiro grande embate.

Infelizmente, o mesmo não pode ser dito quanto a Portugal e ao conjunto da União Europeia e, em especial da zona euro, em que a inexistência de políticas adequadas e ideias inovadoras é acompanhada de proclamações como a do senhor Van Rompuy (que, recordo, é o Presidente do Conselho Europeu) de que a União Europeia se vai afirmar na cena mundial.

Enquanto a China cumpre a profecia da Alain Peyrefitte, quarenta anos atrás, num livro na altura polémico – quando a China despertar, o mundo tremerá – e se torna quase consensual afirmar que os BRIC vão refazer o mundo nas próximas décadas, a União Europeia lembra cada vez mais a *blague* do treinador de futebol que entusiasticamente declarava: a equipa estava à beira do precipício, comigo deu o passo decisivo.

Num livro recentíssimo, Laurent Cohen-Tanugi assinala que, desde há vinte anos, a Europa falhou os grandes encontros e que agora está contra o muro. Esta é uma ironia suprema, tanto mais quanto se verifica quando caiu o muro que a dividia.

Aquilo que é verdade para a união europeia é-o por maioria de razão para Portugal. Por isso pensamos que era chegado o momento de a Universidade de Lisboa e a sua Faculdade de Direito, filhas do ímpeto modernizador republicano (e passam hoje 120 anos sobre o primeiro movimento revolucionário republicano), se colocarem ao dispor da restante comunidade científica, da comunidade profissional e da sociedade portuguesa no seu conjunto, para criar um espaço de debate apaixonado (e não desapaixonado, como tantas vezes se ouve desejar), militante e empenhado na busca de novos caminhos.

Compreender-se-á que, falando do ímpeto republicano, evoque a Portuguesa e proclame: às armas! Às armas. Naturalmente que as nossas armas não são os canhões. Serão a nossa inteligência, o nosso saber, a nossa capacidade de nos interessarmos pelos problemas da colectividade, em vez de considerarmos que essa tarefa é apenas de políticos, que isolamos como se fossem marcianos desembarcados em Portugal e não aqueles que nós legitimámos e escolhemos livremente.

O vasto grupo de oradores destes dias está longe de ter um pensamento comum sobre o largo espectro de questões que iremos debater. Em muitos casos, irão mesmo confrontar-se ideias totalmente opostas, mas a todos eles há que reconhecer a competência, o empenho, a noção de dever público, a preocupação com a comunidade e com o seu futuro.

Este foi o único critério de escolha.

Formações e vivências muito diversas e gerações também elas diferentes vão aqui dar o seu testemunho.

A enorme adesão ao projecto destas jornadas e a capacidade de tantas pessoas para sacrificarem dois dias de trabalho à discussão destes temas são seguramente um factor de gratificação para quantos trabalharam empenhadamente nesta organização.

Creio que, como nós, todos sentiram, na bela expressão de Sophia de Mello Breyner Andresen, que vemos, ouvimos e lemos. Não podemos ignorar.

É especialmente reconfortante saber que oradores e participantes aceitaram o título provocatório da conferencia – Vir o Fundo ou ir ao Fundo? – e perceberam que ele estava longe de representar qualquer ideia de acomodação ou fatalismo, mas antes um apelo à luta pelo nosso futuro e ao debate sério dos caminhos que nos permitirão segui-lo.

O título é, de facto, deliberadamente provocatório. Na sua ambiguidade procura não esquecer os problemas com que nos confrontamos, mas desafiar também as cassandras da desgraça, que parecem congratular-se com as nossas dificuldades, aparentemente confirmadoras das suas profecias.

Nesta onda pessimismo situacionista esquecemos, por vezes, quanto o país mudou, quanto a democracia contribui para uma vida melhor das populações, para uma melhor saúde, para uma velhice mais digna, quão modernas são as infra-estruturas de que dispomos e, sobretudo, o modo como os nossos cientistas, investigadores, poetas, romancistas, actores, dramaturgos, realizadores, pintores e músicos nos enchem de orgulho na sua criatividade e preparação.

Lisboa é hoje uma cidade com uma actividade cultural ao nível do melhor que há na Europa, mas é, sobretudo, a música portuguesa que nos inspira e estimula. Numa semana, a cidade de Lisboa pôde ver e ouvir Deolinda, Rodrigo Leão, Camané. Que outra cidade não gostaria de se poder gabar de ter como nós tão brilhantes talentos.

E vem, de resto, deles o desafio que nos interpela. Para quem assistiu ao belo concerto dos Deolinda:

> Sou da geração sem remuneração
> e não me incomoda esta condição.
> Que parva que eu sou!
> Porque isto está mal e vai continuar,
> já é uma sorte eu poder estagiar.
> Que parva que eu sou!
> E fico a pensar,
> que mundo tão parvo
> onde para ser escravo é preciso estudar.

A sociedade tem de criar espaço para que quem sai da universidade possa ter o lugar a que tem direito pelo seu conhecimento e o seu esforço, mas seguramente a universidade tem de auxiliar a sociedade a construir esse espaço.

Estamos, aqui, hoje para dizer que não fechamos a porta e que, seguindo o conselho do personagem de um romance de John Irving, estamos atentos quando passamos ao pé das janelas. E, como não anatemizamos, apesar de tudo, as modernas tendências da gestão, não deixamos de olhar a ver se aquela é a janela de oportunidade.

Preocupam-nos, sobretudo, as oportunidades que Portugal pode utilizar. Nesta conferência iremos olhar para essas oportunidades, no quadro da união económica e monetária e do apoio das instituições financeiras tradicionais, mas também no dos novos países que se afirmam.

Temos um pano de fundo de tormenta no país e na Europa. Sabemos que a Europa da cultura de que nos fala George Steiner não soube transformar-se num parceiro económico e político relevante e, se voltarmos à inspiração de Alain Payerfitte, podemos dizer que a China já acordou e todos tremem ou temem, mas que, quando e se, a Europa acordar, provavelmente já ninguém reparará.

O que é pena não por nós, mas pelo mundo que perderá um pólo civilizacional e um modelo social que mereciam pelo menos uma segunda hipótese, que a Europa fortaleza ainda mais comprometeu. É, por isso, que temos de trabalhar.

É nesta conjugação da memória do passado e da energia para encarar o futuro que temos de encontrar forças. Como escreveu Wordsworth num poema que tanto comove muitos de nós e, sobretudo, aqueles que viram o belo filme de Elia Kazan, com a frágil Nathalie Wood.

«...A luz que brilhava tão intensamente foi agora arrancada dos meus olhos, e embora nada possa devolver os momentos de esplendor na relva e glória na flor, não sofreremos, melhor..., encontraremos força no que ficou para trás.»

A FÁBULA DA RÃ E DO ESCORPIÃO*

As minhas primeiras palavras são, naturalmente, para agradecer aos nossos convidados, que se dispuseram generosamente a uma viagem que sobrecarrega, ainda mais, agendas já muito preenchidas, para aqui estarem connosco hoje, discutindo um problema de importância fundamental para o nosso país, bem como para a União Europeia no seu conjunto.

O debate plural e informado é uma primeira condição para mobilizar a sociedade para a busca de uma vida melhor, recusando as concepções que tentam reduzir as escolhas fundamentais de uma comunidade a meros problemas técnicos, ignorando a dimensão política e social.

A discussão das questões da dívida pública em Portugal remete-nos para a nossa história e para alguns dos seus episódios mais traumáticos. Muito do actual debate tem um ar de já visto para quem olha para a história económica portuguesa. O próprio acordo da assistência financeira à República Portuguesa traz-nos à memória imediata a concordata com os credores estrangeiros do início do século XX, durante tantos anos apontada como um exemplo de humilhação nacional e sujeição ao exterior.

---

* Intervenção proferida no âmbito do Seminário Internacional tendo como tema geral «A Crise dos Mercados de Dívida Soberana e o seu Impacto no Sistema Bancário» no dia 19 de Janeiro de 2012.

Só que, através da concordata, como afirmou Armindo Monteiro, «conseguiu-se afastar o controlo estrangeiro, mas foi impossível evitar a consignação dos rendimentos aduaneiros. Eram o penhor do nosso futuro bom-senso» enquanto que, nos nossos dias, mesmo sem consignação de rendimentos aduaneiros que, de resto, já não nos pertencem, é impossível ignorar o controlo estrangeiro.

De resto, não é difícil encontrar em tantos dos nossos *opinion makers* o mesmo zelo no combate à dívida e à despesa que animou nos anos vinte do século passado Salazar e Armindo Monteiro – os dois candidatos à regeneração financeira, numa luta que o primeiro, como tragicamente sabemos, viria a ganhar.

A todos anima a mesma angústia em torno do endividamento do Estado e da realidade subjacente de aumento da intervenção pública.

Como muitos nesta sala saberão, Armindo Monteiro foi o primeiro doutor da republicana Faculdade de Direito de Lisboa, oriundo da própria escola e que se juntaria aos mestres que tinham transitado de Coimbra. Por isso, permitam-me que lhe dê, de novo, voz, ao referir-se de forma bem impressiva ao défice público:

«A história do défice é história das finanças portuguesas. Tem na atormentada vida nacional o papel de Cérbero – o cão das três cabeças que guarda as portas do Inferno.

Nasceu cedo o défice. Chamavam-lhe alcance na linguagem velha, mas quer com um termo quer com o outro quis-se sempre indicar miséria igual. Corram-se os documentos, examinem-se as contas, consultem-se relatórios, ande-se para trás no tempo, penetre-se no segredo dos arquivos, peçam-se informações às memórias, às cartas. Aos escritos de qualquer época – e de todos eles subirá até nós a mesma lástima, a mesma queixa, a mesma angústia».

Em Portugal, o problema do défice praticamente só conheceu resposta em regime ditatorial. O desafio que temos, hoje, perante nós é o de conseguir uma resposta em democracia. O peso da ditadura foi demasiado grande, quer no plano político, quer no económico, deixando-nos um país pobre, ignorante, isolado do mundo e a braços com uma irresolúvel e imoral guerra colonial.

Reparo que me deixei embalar, directamente ou por interposta citação, por um discurso, de tons apocalípticos, em torno das questões morais, éticas e políticas, como sucede quase sempre que se discute a dívida pública.

E esse é o tom que acompanha a dívida desde os mais remotos tempos.

Olhamos a Idade Média e vemos os empréstimos contraídos pelos monarcas, quase sempre sob forma disfarçada, uma vez que a condenação canónica da usura atingia, também, esta modalidade de crédito. Vemos, ao mesmo tempo, a actividade do financeiro perseguida e tendencialmente confinada aos judeus, sendo os usurários ameaçados com a excomunhão e as penas do inferno por venderem um bem – o tempo – que só a Deus pertence.

No Deuterónimo estava expresso o comando «não exigirás do teu irmão juro nenhum nem por dinheiro, nem por víveres, nem por qualquer outra coisa que se preste ao pagamento de juros». Os pregadores medievais tornaram o tema central nos seus sermões, com o usurário inevitavelmente destinado ao Inferno. Alguns, *in extremis*, tentavam a salvação com a entrega a obras pias dos lucros acumulados. Naturalmente não temos informação quanto ao sucesso de tais iniciativas.

Jacques Le Goff, o grande historiador francês, faz o levantamento delicioso destas peças e das penas do Inferno que inevitavelmente aguardavam os usurários no imaginário difundido. No mesmo Le Goff iremos encontrar a descrição das justificações com que a doutrina católica procurará corresponder às crescentes necessidades de aceitar uma prática que na realidade se difundia e seria fundamental para o aparecimento do Estado moderno.

Muito mais tarde, uma das famosas frases de Benjamin Franklin – *time is money* – enterraria quaisquer dúvidas e sintetizaria de modo exemplar a nova ética do capitalismo.

Neste lento processo, irá emergir a figura dos financeiros, expressão que normalmente designa uma classe de pessoas intimamente ligadas aos dinheiros públicos quer quando exercem funções públicas, quer quando actuam como prestamistas do Estado.

Da mesma forma, os Estados vão aperfeiçoando a disciplina jurídica do endividamento bem como os mecanismos de gestão da dívida pública. A Inglaterra fá-lo da forma mais eficaz e, na opinião dos historiadores económicos, este vai ser um factor determinante para a sua superioridade militar. A revolução financeira anteceder-á a revolução industrial e criará as condições necessárias à sua eclosão.

Os excessos do recurso ao crédito das formas de Estado moderno e absolutista irão determinar, no entanto, o aparecimento de uma nova onda de condenação ética e também económica.

Os grandes economistas liberais, com Adam Smith à cabeça, enumeraram os males da dívida: o aumento da despesa pública improdutiva em detrimento da privada; a subida dos preços; a dependência do estrangeiro, a opressão dos mais pobres com o pagamento de juros; a facilidade de lançamento ou manutenção de guerras; a ilusão financeira quanto ao preço do Estado; a criação de uma classe inactiva de prestamistas e a transferência do ónus para as gerações futuras.

Seria, naturalmente, ambição excessiva tentar aqui seguir toda a evolução posterior do pensamento económico e, designadamente, a reabilitação keynesiana da dívida pública, seguida do contra-ataque monetarista e da *public choice*, com esta última escola a repor, pela voz de James Buchanan, o debate moral sobre a dívida.

Arranca daqui a tentativa da escola do constitucionalismo económico de impor limites ao endividamento nas próprias constituições. A revolução económica conservadora transmite-se à acção política e, como bem sabemos, o moralismo da chanceler alemã recebe estas posições de braços abertos.

É curioso verificar que a condenação ou, pelo menos, a preocupação em torno do endividamento público historicamente prevaleceu e se estendeu por períodos muito mais longos do que aqueles em que foi aceite ou desejado como um instrumento financeiro normal e que, no entanto, o endividamento não parou de crescer.

Resultado das crescentes pressões sobre o Estado e da impossibilidade deste encontrar receitas tributárias suficientes? Fruto de uma estratégia deliberada de ilusão financeira? Ou, mais simplesmente, resultado da verificação de que se trata de uma receita adequada a estabelecer formas de justiça intergeracional - contrariamente ao labéu que lhe foi criado - transferindo para o futuro encargos, mas também bens públicos, de que beneficiarão igualmente as gerações vindouras, ou até garantindo níveis de educação e protecção social que só podem ter efeitos positivos no progresso das sociedades cooperativas que todos defendemos?

Da má fama não escapam, no entanto, nem a dívida nem os financeiros. Importa, então, que o Estado a saiba usar virtuosamente e que os financeiros aceitem regras adequadas e que os afastem das penas do inferno, antevistas pelos canonistas.

Quanto à dívida pública, creio que é de recusar a introdução de limites rígidos, que podem dizer tão pouco sobre a capacidade de um Estado para solver os seus compromissos. Há, no entanto, que caminhar no sentido do aperfeiçoamento dos mecanismos de controlo da dívida, conjugando os tradicionais princípios constitucionais, herdados do liberalismo, com técnicas de planeamento financeiro efectivo e susceptíveis de garantir uma manobra financeira de conjunto que maximize as possibilidades de actuação.

A transparência e profissionalização da gestão da dívida são requisitos fundamentais nesse caminho e creio que a legislação portuguesa, em cuja preparação tive o privilégio de colaborar, criou um quadro que o IGCP potenciou de forma diligente e empenhada.

Não acompanharia, completamente, quantos vêem na total monetarização da dívida pública, concentrada nos bancos centrais, a panaceia para todas as dificuldades, mas creio profundamente que a experiência mostrou que se não pode deixar a fixação das condições da dívida nas mãos de mercados, em que movimentos de prudência lógica se misturam com pânicos irracionais, informações distorcidas e especulação impiedosa.

A garantia de que o Estado teria sempre um credor de última instância funcionaria, em minha opinião, quer no sentido de dissuadir os movimentos especulativos, quer de tranquilizar os prestamistas legitimamente preocupados.

Veja-se, de resto, como o, ainda assim, discreto reforço da actuação do BCE nos mercados secundários tem produzido bem melhores resultados do que as sucessivas cimeiras europeias.

A profunda crise da dívida soberana europeia tem alimentado, um sentimento de repulsa popular pelos financeiros, devidamente explorado pelos movimentos populistas, que vão de encontro à revolta de quantos vêem uma parcela cada vez mais significativa dos seus impostos, encaminhada para o pagamentos da dívida e o Estado a apoiar significativamente o sistema financeiro e, menos evidentemente, a actividade económica.

Noutra encarnação – antes da eleição – Barack Obama deu voz a este queixume. Washington protegia *Wall Street* mas desinteressava-se da *Main Street*.

A imagem do usurário medieval retoma - e retomará cada vez mais - um papel de relevo no imaginário popular, sendo de temer que, em tempos em que as penas do Inferno tendem a ser desvalorizadas, cresça um movimento para antecipar o castigo para a vida terrena.

Será, todavia, que este anátema dos credores do Estado se justifica? Quem empresta, de facto, dinheiro ao Estado? Quem dele beneficia e quem dele se serve?

Estas são questões que estão longe de ter resposta simples e que exigem sempre análises cuidadas.

A primeira verificação – que nem por ser uma banalidade deve ser esquecida – é a de que um Estado sem acesso aos mercados de crédito estará numa situação dramática.

A segunda tem a ver com o facto de entre os credores do Estado se encontrarem entidades de muito diversa natureza. Tratados nos últimos anos com grande desinteresse e altivez pelo Estado português, há que recordar, em primeiro lugar, os detentores de pequenas poupanças que prolongam uma tradição forte de procurar a segurança da dívida pública.

São, ainda, em última instância, as pequenas poupanças que alimentam fundos de pensões e de investimento, nacionais e estrangeiros, a ser canalizadas para a divida pública, dentro de uma nebulosa que envolve entidades bem menos respeitáveis como os *edge funds*, cujo contributo para a crise financeira de 2007-2008 foi decisivo.

A crise da dívida soberana não pode ser, de resto compreendida sem recordar a sua origem financeira e o modo como os Estados foram empurrados para o apoio ao conjunto do sistema financeiro, a fim de salvar a economia, bem como o esforço que aos bancos é pedido para manter o mercado da dívida pública.

E estamos, agora, em presença dos grandes actores que contracenam no palco da dívida soberana – e que, não nos esqueçamos, têm direito, como qualquer actor desejaria, a um palco de dimensão mundial. Estados e bancos aparecem unidos num intenso abraço. Resta esperar que a racionalidade dos dois lados, mantendo a percepção da diversidade de alguns interesses, evite cair na tentação do escorpião a atravessar o rio no dorso da rã. É que, nesse caso, as vítimas seriam muito mais e, sobretudo, seríamos todos nós.

CIGARRAS E FORMIGAS*

Devo confessar que não sou especial adepto dos dias mundiais que se têm multiplicado nos últimos tempos e que me parecem comportar sempre uma grande dose de artificialismo e de interesse comercial subjacente como é especialmente patente no dia dos namorados – 14 de Fevereiro – em que se tem assistido, nos últimos anos, à publicitação de ofertas de celebração por somas astronómicas numa exibição obscena da sociedade que criámos e que nos ajuda a perceber as razões porque chegámos onde chegamos.

Quanto ao dia mundial da poupança, não deixa de constituir uma ironia amarga o momento em que é comemorado e, no entanto, talvez se possa dizer que, mais do que nunca, a reflexão sobre o aforro é necessária e com este espírito a devemos encarar. Caídas algumas certezas dos últimos anos e, num momento em que se buscam vias alternativas, esta é seguramente uma iniciativa oportuna que se fica a dever ao extraordinário sentido cívico e à sólida formação cultural do Presidente Oliveira Martins, seguramente, um dos homens que terá um papel importante na discussão económica em curso.

---

* Conferência proferida no dia 31 de Outubro de 2009, no Tribunal de Contas, assinalando o Dia Mundial da Poupança.

Mais do que de poupança, é de crise financeira que hoje se fala, mas se esta coloca em cima da mesa, com clara prioridade, o problema do desemprego e da pobreza, não é menos certo que levanta igualmente a questão da protecção das poupanças privadas num momento em que se assiste a um desaparecimento brutal de riqueza, dia após dia e apesar das várias intervenções públicas.

Da crise falaremos mais tarde, para já fiquemos pela poupança e avancemos com algumas ideias e interrogações cuja resposta é tudo menos fácil.

Como é sabido, o aforro corresponde à parte do rendimento que os agentes económicos renunciam a consumir no imediato, por razões que têm a ver normalmente com a expectativa de virem no futuro a assegurar mais rendimento ou a prevenirem situações de quebra do rendimento disponível.

A passagem do aforro para o investimento é assim fundamental, sendo normalmente efectuada através da cedência dos fundos poupados a outra entidade, tradicionalmente na forma de empréstimo, ainda que o exemplo clássico de Robison Crusoé, que renuncia a comer todo o peixe para usar uma parte como isco, por forma a garantir a possibilidade de acesso a mais peixe no futuro, torne claro que o investimento pode ser feito directamente pelo próprio aforrador.

Não é esta, no entanto, a situação mais comum, assim como tradicionalmente também não o era a canalização do aforro para o investimento através da cedência directa de fundos entre agentes económicos.

Muito pelo contrário, era decisiva neste processo a intermediação financeira, consubstanciada na aceitação de depósitos do aforro gerado pelos vários agentes económicos, destinados a serem aplicados em empréstimos feitos àqueles que necessitem de capitais para investir, sendo os empréstimos efectuados por conta e risco dos intermediários.

A actividade de intermediação financeira desenvolveu-se desde muito cedo, ainda que confrontada em certos períodos com profundas dificuldades resultantes da condenação católica da usura, entendida como um pecado, porque correspondente à venda de um bem que apenas pertence a Deus.

Os estudos de história económica vieram demonstrar a importância que teve no *takeoff* do desenvolvimento económico a existência de sistemas financeiros eficientes e capazes de apoiarem o processo de transformação económico, da mesma forma que as correntes neo-schumpeterianas da economia do desenvolvimento continuam a considerar como motor fundamental do desenvolvimento económico o financeiro, a par com o empresário.

Por detrás de um sistema financeiro eficiente na alocação de recursos parece, no entanto, necessária a existência de capital nacional, dado que as experiências assentes apenas no afluxo de capitais externos comportam riscos excessivos. Infelizmente é aí que estamos.

Nestes dias tristes de um Outono que finalmente se faz sentir e levará à hibernação de tantas espécies, parece especialmente adequado recordar que quando se fala de poupança é muito habitual evocar a fábula da cigarra e da formiga, com a sua moral crítica da cigarra despreocupada e o seu entusiasmo pela diligente e trabalhadora formiguinha – única com capacidade para sacrificar a satisfação imediata à garantia do futuro. O herói, para usar outra terminologia, é a formiga e o vilão a cigarra, justamente punida pela sua incúria.

Na concepção dominante a nossa transformação em cigarras inconscientes está por trás de muitas das dificuldades que sentimos e à aproximação daquele que pode ser *O Inverno do Nosso Descontentamento*, para frasear o belo livro de John Steinbeck que tinha a Grande Depressão de 1929 por pano de fundo.

Serão, no entanto, as coisas assim tão lineares? As imagens a preto e branco são as únicas possíveis nesta história? Não teremos todos direito a ser cigarras alguma vez? Não poderemos dizer como na bela letra de Alexandre O'Neil para Amália Rodrigues: assim devera eu ser, de patinhas no chão, formiguinha ao trabalho, assim devera eu ser, se não fora não querer?

Por mim, tendo a pensar que sim, que uma vida digna de ser vivida pressupõe a existência de espaços de liberdade, de fruição cultural e de capacidade de consumo que nos compensam dos dias e dias de trabalho esforçado. De um ponto de vista mais economicista, também diria que só essas incursões no terreno da cigarra permitem aumentos de produtividade e, ainda, que a manutenção de um nível de consumo razoável é um pressuposto necessário ao desenvolvimento económico – único afinal a poder gerar poupança.

A luta pelo direito aos nossos momentos de cigarra confunde-se com a luta pelos direitos sociais. O reconhecimento do nosso direito a ser cigarra afirma-se com os Estados de Bem-Estar, em que o Estado chama a si toda uma série de tarefas que protegem os cidadãos contra os riscos e os imprevistos, permitindo-lhes afectar uma parcela maior do rendimento ao consumo.

Não deixa de ser irónico verificar que os Estados liberais – assentes numa defesa extremada da liberdade, não permitiam realmente que ela se realizasse em pleno, enquanto que os Estados intervencionistas, tão criticados pela compressão da esfera de liberdade que teriam operado, vão afinal permitir mais e melhores opções de vida aos cidadãos.

Presumo que a defesa da cigarra surge como surpreendente num momento em que parecemos estar a pagar os efeitos da sua imprevidência e, por isso, cria desfazer, desde já, a ideia de que apenas tenha olhos para as cigarras. Muito pelo contrário, o tempo das formigas – como o tempo das cerejas, ainda que muito menos poético – é necessário. A perversão dos mecanismos do Estado Social, a desvalorização do valor do trabalho honesto e do salário merecido, bem como a desconsideração dos efeitos das mudanças demográficas, contribuíram para uma situação em que se torna necessário abrir mais espaço às cigarras.

Toda esta metáfora parece pressupor que a poupança é necessariamente um fenómeno privado, mas nada em teoria o inculca. Sem qualquer valoração ideológica poderá conceber-

-se um sistema em que o Estado chame a si a tarefa da criação da poupança, absorvendo parte significativa do rendimento disponível quer através da assunção de um papel de agente económico directo, quer pela via dos impostos, canalizando para o investimento a poupança assim gerada.

Do mesmo modo, há que não esquecer que, através da emissão de empréstimos públicos, o Estado absorve uma parcela significativa da poupança nacional que vai canalizar para a cobertura da despesa pública.

Nenhuma das vias goza hoje de grande simpatia, mas não nos podemos esquecer que, mesmo no quadro dos defensores de economias de mercado, é possível sustentar a necessidade de criação de poupança pública a fim de ser canalizada para investimento socialmente útil. Naturalmente que a questão da poupança e da taxa ideal da poupança em cada sociedade não pode ser dissociada dos problemas de justiça intergeracional. A abstenção de consumo pode ser feita em nome da nossa tranquilidade e bem-estar futuros, mas pode e é-o mais frequentemente até – assim quero crer – ser feita a benefício da geração que se seguirá e à qual transmitiremos uma herança completiva, tal como recebermos uma da geração que nos antecedeu.

Quem acredita na força da mão invisível dirá que o somatório das opções individuais conduzirá a um resultado necessariamente justo, já quem acredita que partir de situações desiguais na vida não é justo tenderá a entender que o Estado tem um papel central na definição dos equilíbrios intergeracionais e na afectação da riqueza nacional não só a investimentos corpóreos, mas também em larga medida a investimentos imateriais, como a educação, a cultura e a saúde, que deixarão os cidadãos futuros mais equipados para enfrentar os desafios que se lhes coloquem.

Pense-se o que se pensar de toda esta problemática muito vasta e muito complexa, nunca poderá ser ignorado a interferência do Estado na poupança quer através da política de despesas públicas, quer da política fiscal.

Aceite que numa sociedade democrática as escolhas relativas à poupança são essencialmente decisões privadas, importa indagar se o Estado deve tutelar a poupança e em que termos o deve fazer.

Um primeiro aspecto que importa realçar é o de que as formas de aplicação da poupança se diversificaram muito no quadro das sociedades capitalistas, deixando de se orientar exclusivamente para os instrumentos bancários, na forma tradicional dos depósitos a prazo, estendendo-se à subscrição directa de acções das sociedades, primeiro e, depois, a toda uma série de outros instrumentos financeiros, muito aliciantes na sua remuneração mas associados a um risco crescente.

Poderão, aliás, ser assinaladas várias classificações de instrumentos de captação da poupança, consoante o aspecto que se privilegie. Assim pode falar-se, sem qualquer preocupação de ser exaustivo, em aplicações de curto e de médio e longo prazo, em aplicações de remuneração fixa e de remuneração variável e em aplicações com risco e sem risco ou com risco baixo.

As respostas públicas aos problemas das diversas formas de aplicação são naturalmente também elas diversas.

Nos casos em que por definição se trata de instrumentos de aplicação com risco, a garantia de segurança que o Estado pode dar não se prende com o valor da remuneração, mas apenas com a criação de condições adequadas ao funcionamento dos mercados, que permitam uma escolha esclarecida por parte dos aforradores.

O problema essencial que aqui se coloca é o de poder não ser facilmente perceptível ou compreensível pelo aforrador particular que o resultado do investimento neste tipo de produtos não se encontra determinado à partida, dependendo de variáveis de evolução incerta que podem levar à não remuneração ou até à perda de capital investido.

A preocupação essencial do legislador e das autoridades de regulação tem assim sido a garantia de que o investidor tenha acesso a toda a informação pertinente para formular a decisão de investimento, mas a par com ela surge a prevenção e punição das actuações perniciosas de agentes económicos em posições especialmente favoráveis.

Deverá, previamente, perguntar-se se o Estado deve actuar, num primeiro momento, no sentido da criação de poupança e, num segundo, na sua garantia em situações de crise e se a resposta for afirmativa em relação à segunda questão se essa protecção deve cobrir todas as formas de aplicação de aforro ou apenas algumas delas.

A resposta à primeira questão é indubitavelmente positiva. Uma vez que a poupança é necessária ao desenvolvimento das sociedades, aparece como, a todos os títulos, desejável que o Estado crie condições para que o rendimento nacional não seja totalmente afectado ao consumo, mesmo sem esquecer a importância deste e a necessidade de o manter em níveis adequados.

A poupança não pode, no entanto, ser hiper valorizada. Se ela representa a expressão da autonomia económica privada e, como tal, merece tutela num sistema económico como o nosso é, sobretudo, o facto de ela ser um instrumento fundamental do desenvolvimento como parece resultar do artigo 101.º da Constituição que determina a necessidade de tutela estatal da poupança e das suas aplicações, numa disposição que conheceu uma evolução significativa que acompanhou a transformação da constituição económica.

De facto, na versão originária estipulava-se que «o sistema financeiro será estruturado por lei, de forma a garantir a captação e segurança das poupanças bem como a aplicação dos meios financeiros necessários à expansão das forças produtivas, com vista à progressiva e efectiva socialização da economia».

Foi só com a segunda revisão constitucional que se avançou para a actual redacção, prevendo que «o sistema financeiro será estruturado por lei, de forma a garantir a captação e segurança das poupanças, bem como a aplicação de meios financeiros necessários ao desenvolvimento económico».

É, em qualquer caso, nítida a preocupação do texto constitucional português com a tutela da formação de aforro, por razões que têm a ver quer com a protecção da riqueza individual, quer com a necessidade de criar condições para a sua aplicação.

Importa, de todo o modo, sublinhar que a norma do artigo 101º se apresenta como uma mera injunção ao legislador, sendo de afastar qualquer leitura que a aproxime de formas de dirigismo estadual. O Estado deve, com efeito, limitar-se a criar as condições para que da livre escolha das famílias derive o resultado pretendido.

Com esses valores deve ainda ser conjugada a taxa de endividamento das famílias – 129% do rendimento disponível em 2007 – que tem criado preocupações não só de ordem económica, mas também social.

Sublinhe-se que apesar de estar em causa um conjunto de escolhas individuais, formalmente livres, como é normal nas sociedades democráticas, O estado não se deve abster de intervir e deve fazê-lo preferentemente através dos mecanismos de supervisão – cartões com informação falsa, etc.

A margem de actuação pública situa-se esforço de criação de condições que tornem a poupança interessante, à protecção dos consumidores relativamente ao apelo ao consumo em contextos fraudatórios, assim como à garantia de uma informação ajustada sobre as perspectivas de evolução económica global, responsabilizando efectivamente os banqueiros. A regulação e supervisão destes mercados surgem como essencial.

Os últimos tempos têm, em qualquer caso, sido marcados por uma intervenção de diversos Estados no mercado, com um relevo substancial e a questão que se coloca é a de saber se essas intervenções em que é gasto o dinheiro dos contribuintes é legítima ou se se limita a favorecer os interesses das entidades financeiras.

Barack Obama colocou a questão em termos claros e incisivos: o apoio a Wall Street não deve fazer esquecer o apoio à *Main Street*.

Não se poderá, por outro lado, ignorar que se assiste, um pouco por toda a parte, à transição de um período de sacrifício do consumo e da satisfação individual em benefício do aforro, para um outro marcado por alguma desatenção à poupança.

O caso português é, porventura, especialmente significativo na medida em que as transformações sociais e económicas iniciadas sob o influxo da emigração e das tentativas desenvolvimentistas dos finais da década de sessenta do século passado ganharam uma expressão fortíssima após a revolução e a institucionalização da democracia.

A evolução da taxa de poupança em Portugal tem tido um comportamento negativo. Numa análise de longo prazo, esta taxa de poupança das famílias começou por ser influenciada negativamente pelo baixo nível de rendimento individual, situação que se viria a atenuar para atingir valores significativos na década de sessenta, com um máximo de 30,5% do rendimento disponível em 1972, valor que viria a baixar consideravelmente, na segunda metade da década, atingindo-se uma percentagem de 23% em 1980.

Na década de 80 assistiu-se a uma estabilização em valores superiores aos 20%, que conheceriam, no entanto, uma rápida erosão na década de 90, sob o efeito conjugado dos aumentos salariais e da descida da inflação e das taxas de juro, que provocou um enorme aumento de consumo, até se atingir um valor de poupança de 8% do PIB em 2000, que tem evoluído de modo estável (8,3% em 2002, 8,4% em 2003), atingindo um valor de 5,5% do PIB em 2007.

Impressiona, sobretudo, pensar como se passou de uma sociedade que valorizava especialmente a poupança e se bastava com níveis muito baixos de riqueza para a hipervalorização do luxo e do supérfluo. Como vão longe os tempos em que Oliveira Salazar proclamava «graças a Deus sou pobre» se proclamavam as virtudes da «casa portuguesa», pobre mas feliz e os ricos escondiam cuidadosamente a fortuna, substituídos por períodos em que a abundância – ainda que apanágio de apenas alguns – se tornou um guia de vida, perdendo-se nos concursos e nas entrevistas das televisões qualquer réstia de pudor.

A minha geração e outras próximas dela acarretam o fardo de não ter sabido construir um modelo alternativo de sociedade. A ditadura deixou um país pobre e inculto. A democracia não gerou as necessárias solidariedades económicas e sociais nem os mecanismos para evitar a crise que não é só portuguesa, mas também é – entendamo-nos – portuguesa.

Os últimos vinte anos representam um ciclo especialmente curioso e, doloroso – diria também – na história da humanidade. Vinte anos atrás muitos do que se encontram nesta sala recordam a euforia que se seguiu à queda do Mundo de Berlim e ao desmoronamento do Bloco Soviético. Abriu-se, então, um período de enorme optimismo político em torno das perspectivas de uma paz duradoura – quiçá perpétua – sob a benigna tutela da potência que emergira vencedora da Guerra Fria.

A democracia e um conjunto de valores políticos, sociais e económicos impor-se-iam como regra de funcionamento à escala planetária. Paralelamente, a emergência de inovações tecnológicas extraordinárias e da globalização económica gerariam uma riqueza crescente das sociedades e níveis cada vez mais elevados de bem-estar.

Foi no plano político que esse optimismo primeiramente se dissolveu com o desenvolvimento do terrorismo a uma escala brutal de que as torres do World Trade Center ficaram como paradigma emblemático e a percepção de que o mundo se tornara especialmente inseguro com a proliferação de armamento e a continuação ou até agravamento dos conflitos regionais.

Se no plano democrático é certo que se registaram progressos, eles não nos podem iludir quanto à permanência de regimes ditatoriais e, sobretudo, ao desfazer da ideia de que o sistema capitalista implicava necessariamente um regime democrático, como atesta de forma especial o caso da China.

A autoridade moral dos Estados Unidos após a invasão do Iraque esboroou-se, enquanto que o multilateralismo, severamente posto à prova, ainda não conseguiu recuperar. Desenha--se um novo equilíbrio de forças cujos contornos ainda não se vislumbram com nitidez mas onde novos actores aparecerão na ribalta.

Nada neste horizonte é muito tranquilizante ou contribui para um sentimento de optimismo.

Também na área económica se seguiu um caminho bastante semelhante, assente numa onda de euforia sobre as possibilidades de enriquecimento crescente das sociedades, que levaram, mesmo a ignorar alguns sinais de alarme, como a crise de 1997 ou apelos ao bom senso, formulados por autores como Paul Krugman.

No arco de vinte anos, foram muitas as sociedades que experimentaram níveis de riqueza nunca antes experimentados, num quadro de globalização económica e de emergência da nova economia, que criou possibilidades de lucro fabulosas, enquanto os mercados financeiros ofereciam promessas de ganhos sumptuosos.

Ao mesmo tempo, o conjunto de valores e percepções das diversas sociedades alterou-se aceleradamente, com o predomínio de visões individualistas que se vieram sobrepor aos valores solidários que se tinham afirmado no segundo pós-guerra e corporizado no chamado modelo social europeu. Nos países mais desenvolvidos a distribuição da riqueza assumiu aspectos preocupantes, tornando-se claro que as diferenças entre ricos e pobres se aprofundavam – vd. caso de Portugal - e que a exclusão social aumentava significativamente.

A enorme riqueza destes tempos não se estendeu, por outro lado, significativamente aos países em desenvolvimento, onde larga parte das populações continuou a viver abaixo do nível humano, ainda que surgissem pequenas burguesias nacionais com alguma capacidade financeira, agravando-se, também aí, as desigualdades.

Ao tentar caracterizar o modelo económico hegemónico não se pode esquecer o retraimento do Estado, crescentemente substituído pela iniciativa privada, mesmo nas áreas mais intimamente ligadas à soberania ou naquelas que se apresentam como decisivas para a coesão nacional. Foi nesse ambiente que se tendeu a retrair a regulação pública e a revalorizar a lógica interna ao mercado como forma de garantia a lógica de funcionamento da economia.

E, assim, chegámos onde chegámos: a uma crise de dimensões ainda não totalmente definidas, mas em que parece claro que os problemas dos mercados financeiros se transmitiram já à economia real, cujas crescentes dificuldades vão, por sua vez, empurrar os mercados financeiros para baixo, numa escalada imparável.

A ausência ou o enfraquecimento da regulação financeira ou as dificuldades do seu exercício efectivo num quadro de globalização económica, permitiu o desenvolvimento de operações de elevado risco e a supressão da prudência tradicionalmente associada aos mercados de crédito por uma desenfreada corrida em busca do lucro fácil. Multiplicaram-se as operações de engenharia financeira. Os colaterais tornaram-se regra e os bancos de investimento – verdadeiros midas que transformavam em ouro tudo aquilo em que tocavam – operaram num terreno sem garantias e que inevitavelmente teria de conhecer um fim.

A certeza de que a crise de 1929 não se repetiria por força da muito maior informação bancária existente ou da extensão dos mercados cede dia após dia, assistindo-se ao ciclo ordenado de descida dos mercados asiático, europeu e norte-americano.

Tal movimento, bem como a implícita condenação da intervenção do Estado sob qualquer forma, ainda que de mera regulação, inspira-se em pressupostos ideológicos muito marcados que, no entanto, foram claramente adoptados pelas instituições financeiras internacionais, com relevo para o Fundo Monetário Internacional, pelo menos até ao momento em que a multiplicação das crises conduziu a um debate sobre a arquitectura do sistema monetário internacional e fez o FMI passar a uma acção mais enérgica, com operações como as dos anunciados apoios à Islândia, Hungria e Ucrânia.

Trata-se, no entanto, de uma opção reveladora de uma profunda desatenção ou ignorância das lições históricas, que mostram que, desde sempre, o Estado se preocupou de forma especial com a regulação dos mercados financeiros, quer em resultado de preocupações éticas quer de motivações económicas.

O resultado dessa evolução foi, em qualquer caso, o de deixar o Estado com poucos recursos para intervir nesses mercados e assegurar a protecção dos interesses patrimoniais privados, sem que outra entidade dotada dos necessários poderes o tivesse substituído nessa função. E, no entanto, é para o Estado que todos os olhos se voltam.

Quem olhasse para a legislação financeira portuguesa, tal como para a legislação de outros países a braços com a crise teria, no entanto, que admitir a sua modernidade e a ambição dos seus objectivos. O que falhou, então? A resposta não é fácil nem é uniforme. Algum excesso de desatenção por parte dos reguladores, sim, alguma indefinição de zonas de regulação, seguramente, mas sobretudo, a criação de um ambiente de euforia que levou as autoridades financeiras a baixarem guarda e criou nos aforradores um sentimento de que todos os ganhos eram possíveis.

As maiores dificuldades na matéria derivam da circunstância de a mundialização das trocas financeiras não ter sido acompanhada pela produção de normas jurídicas adequadas, antes se tendo desenvolvido na base da convicção de que um mundo sem regras asseguraria um maior bem-estar geral.

O processo de mundialização que, num primeiro momento, parecia destinado a proporcionar índices de rentabilidade nunca antes atingidos pelas aplicações financeiras é, agora, apontado como responsável pelo elevado grau de instabilidade, resultado em larga medida das acções especulativas e da fragilidade de algumas economias, confirmando-se que, independentemente das concepções éticas que se possam ter nesta matéria, o desenvolvimento equilibrado constitui uma exigência de racionalidade económica.

Parece claro que a actual instabilidade é largamente determinada pela abertura total dos mercados, a par com uma inexplicável euforia em torno dos produtos da nova economia, num contexto em que foi dada excessiva importância à componente financeira em detrimento da economia real. Chegou-se, então, a uma situação em que, parafraseando Keynes, se poderia falar de «economia de casino».

Não deixa, aliás, de ser interessante verificar que o próprio legislador nacional acompanhou o movimento de descrença na intervenção pública, escrevendo-se no preâmbulo do Decreto-Lei n.º 486/99, de 13 de Novembro, que aprovou o Código dos Valores Mobiliários, que «embora a lei, só por si, não tenha a virtualidade de transformar os mercados, pode ser uma oportunidade para estimular os agentes económicos».

Não seria, no entanto, porventura tão descrente das potencialidades da lei quanto o próprio legislador, sobretudo se lhe estiver associado um eficaz mecanismo de sanção e se as soluções concretas – como, em minha opinião, ocorre com as deste código – são adequadas.

Assiste-se, aliás, a um reforço dos mecanismos de intervenção e regulação um pouco por toda a parte. Os mais insuspeitos economistas e banqueiros convergem na necessidade dessa intervenção. O pêndulo volta a inclinar-se para o público.

Para quem segue estas matérias há muitos anos e entende que a história é uma permanente fonte de ensinamentos parece claro que se não trata de um movimento definitivo ou, provavelmente, até muito duradouro. Ironicamente, Dany Rodrick, num excelente artigo publicado entre nós no Diário Económico de segunda-feira, escrevia: «... nunca saberemos se as regulações e precauções que os legisladores irão adoptar para evitar que tal situação se repita vão ser verdadeiramente eficazes. Apenas sabemos que, mal esta crise desapareça num lugar recôndito da nossa memória, outra nos virá bater à porta. Pode apostar as suas poupanças em como isso vai acontecer. Aliás, é muito provável que o venha a fazer» e a perdê-las nessa aposta arriscar-me-ia eu a acrescentar.

CORRUPÇÃO E BOAS MANEIRAS*

Nestes dias da ira que vivemos, em que nem o Outono maravilhoso nos chega a aquecer a alma, sujeitos a condições de humilhação enquanto comunidade política que deixou de poder decidir do seu futuro e em que se tenta que a nossa vida colectiva seja apenas o resultado de opções técnicas por nós não discutidas nem legitimadas, é reconfortante estar aqui – no salão nobre da reitoria da Universidade de Lisboa – pela segunda vez no espaço de uma semana para discutir questões essenciais da vida cívica com personalidades com impressionantes *curricula* de dedicação à causa pública e de competência profissional exemplar.

Não é todos os dias que se tem o privilégio de participar numa mesa redonda presidida pelo Professor Silva Lopes, figura maior da vida económica, académica e cívica das últimas décadas que disse presente sempre que a sua intervenção foi necessária.

Da adesão portuguesa à EFTA, à consolidação da democracia no pós 25 de Abril, da actuação decidida no Banco de Portugal em tempos de crise, à modernização do sistema financeiro

---

* Intervenção proferida no âmbito da Conferência «Estado, Administração Pública e Prevenção da Corrupção», organizada pelo Conselho de Prevenção da Corrupção e pelo Tribunal de Contas no dia 18 de Outubro de 2011.

português e ao aperfeiçoamento do sistema fiscal, sempre Silva Lopes deixou a sua marca.

Na minha vida fui abençoado por encontros com pessoas de excepção nos mais variados domínios. Tudo o que de bom tenho em mim é largamente o resultado desses encontros. Como diz Ulisses, no belo poema de Tennyson, «I am a part of all that I have met»;

Creio que foi, ainda nos anos setenta – ou início dos oitenta – numa sessão organizada pelo Instituto de Desenvolvimento Económico, presidido por outro cidadão de excepção, Francisco Salgado Zenha, que aqui recordo com profunda emoção e saudade – que ouvi Silva Lopes falar, pela primeira vez, nos problemas da corrupção e nos seus efeitos na sociedade.

Desenvolveu, na altura, Silva Lopes a *teoria dos trouxas*, explicando como os cidadãos que desenvolviam a sua actividade no cumprimento escrupuloso das leis e das suas obrigações fiscais se viam permanentemente confrontados com os colegas de trabalho ou com os vizinhos de igual ou inferior rendimento que compravam carros cada vez mais potentes, segundas casas cada vez mais luxuosas, viajavam cada vez para destinos mais caros.

Daí ao momento em que os filhos passariam a perguntar ao pai porque era um trouxa, comparado com os pais dos amigos, ou que eles próprios perdessem a coragem moral ia cada vez menos tempo.

Temo que muitos tenham sido aqueles que abandonaram a condição de trouxas. A difusa consciência social sobre o problema, alguns estudos empíricos, ainda que, porventura, não tão fundados como os seus autores gostariam, a actividade de múltiplas organizações e a vasta literatura produzida a este respeito fundamentam esse meu temor, ainda que o procure filtrar pela percepção de que se instalou um sentimento populista e justiceiro na sociedade e na comunicação social que poderá conduzir a resultados perversos.

Falando da literatura produzida a propósito de corrupção não é possível ignorar a figura de Vito Tanzi, autor dos mais fundados e criativos estudos sobre o fenómeno da corrupção – e particularmente de um texto de 1998 que corresponde ainda hoje à melhor grelha metodológica e que tivemos já o privilégio de nos ouvir numa intervenção que nos marcou a todos profundamente e que ajudará o nosso roteiro cívico e intelectual futuro.

Profundo admirador de Vito Tanzi, um dos mais prolíficos e qualificados cultores da das finanças e fiscalidade nos nossos dias, conhecedor do seu contributo para o avanço das ciências económicas, tive o privilégio de mais uma vez o destino me permitir um encontro próximo com o grande mestre e desenvolver uma relação de amizade calorosa – se me permite – com ele e com a sua encantadora esposa Maria.

Com Paulo Pitta e Cunha tive a honra de propor Vito Tanzi para Doutor *honoris causa* desta Universidade, que hoje lhe renova as boas vindas. A ele que, ao aceitar integrar este claustro universitário, honrou profundamente a Universidade.

Naturalmente que nem sempre partilho todas as análises de Vito Tanzi – nem ele o desejaria pela certa – e creio que com ele tenho uma divergência de fundo sobre a qual estou certo que me perdoará a imodéstia no que a mim diz respeito – que me lembra a que separava o seu grande mestre Richard Musgrave, também ele, Doutor *honoris causa* desta casa, de James Buchanan.

Num pequeno mas tão estimulante livro – *Public Finance and Public Choice* – em que se recolhem os trabalhos de uma semana de troca de impressões entre Musgrave e Buchanan sobre as questões fundamentais das finanças públicas. Buchanan – o teorizador da *public choice* e do estado Leviathan – sustentava que a diferença fundamental entre os dois economistas resultava de Musgrave pensar que a presença do Estado na economia era mais vantajosa do que negativa e acreditar nos políticos, enquanto ele – Buchanan – não acreditava nos políticos e sentia a intervenção do Estado como uma ameaça.

Numa visão simplista, com todos os riscos que este tipo de raciocínio comporta, eu diria que, contrariamente a Tanzi, o meu ponto de partida é o da desejabilidade de um modelo de Estado que por facilidade chamarei de social-democrata e a crença que tenho nos políticos

O problema para mim não está, pois, no facto de a intervenção e regulação públicas poderem ser alvo de corrupção, mas no da criação de condições para que não o sejam.

Naturalmente que a confiança que tenho nos políticos é, com frequência, duramente posta à prova.

Só que uma árvore não faz a floresta. Creio que um dos aspectos em que a democracia portuguesa piores resultados produziu foi o de não ter operado uma verdadeira revolução nas concepções de cidadania, conseguindo que a política, entendida no seu sentido aristotélico, ganhasse o lugar central que deve ter em qualquer sociedade.

Não haverá, de resto, muitas pessoas que tenham tido, sempre e em cada momento, a certeza da bondade da acção política. Recordemos um dos *founding fathers* da Constituição norte-americana e segundo presidente do grande país, John Adams e o seu desabafo «Existe tanta velhacaria, tanta desonestidade e corrupção, tanta avareza e ambição, uma tal fúria por lucro e comércio entre todos os níveis e graus de homens até na América que por vezes duvido que haja virtude pública bastante para apoiar a república».

É, no essencial em torno da questão de como a corrupção pode minar os alicerces da República – do Estado Democrático – que a minha intervenção está estruturada. Sobre muitos dos outro inúmeros ângulos em que a corrupção deve ser analisada, muito melhor falarão ou fizeram-no já nesta mesa outros participantes, aos quais rendo as minhas homenagens.

Para cumprir o meu objectivo não poderei, no entanto, deixar de recorrer a uma multiplicidade de abordagens e de metodologias utilizadas normalmente a este propósito. Porque jurista, dificilmente poderei ignorar a componente relacionada com a conduta ilícita e a responsabilização, do mesmo modo que é impossível ignorar as abordagens ligadas à macro e até à micro-economia e que não convirá que esqueça a perspectiva sociológica e de ciência política.

Esta é, de resto, a percepção do Conselho de Prevenção da Corrupção, se bem entendo o programa que nos foi proposto. Da inteligência e cultura do Conselheiro Oliveira Martins não seria possível aguardar uma orientação diferente.

Lutar contra a corrupção ou, como prefiro dizer, prevenir a corrupção é uma tarefa bem difícil, desde logo porque, se às vezes é difícil dar o nome à coisa, outras é difícil dar coisa ao nome. Permitam-me que cite uma afirmação lapidar de Vito Tanzi:

> «Corruption has been defined in many different ways, each lacking in some aspects. A few years ago, the question of definition absorbed a large proportion of the time spent on discussions of corruption at conferences and meetings. However, like an elephant, even though it may be difficult to describe, it is generally not difficult to recognize when observed. In most cases, though not all, different observes world agree on whether a particular behavior connotes corruption. Unfortunately, the behavior is often difficult to observe directly because, typically, acts of corruption do not take place in broad daylight.».

Não quero cair no pecado brilhantemente referenciado por Vito Tanzi, de me enredar numa discussão em torno do conceito, mas ainda assim, alerto que pretendo utilizar uma concepção mais ampla do que aquela que é vulgarmente utilizada e que basicamente se reconduz àquilo que podemos designar por corrupção burocrática, associada à criminalidade dos agentes e funcionários públicos, autores de comportamentos teorizados na doutrina económica como de *rent-seeking*.

São estes os comportamentos de que se nos fala no código penal português – artigo 373.º n.º 1 – ao dispor que «O funcionário que por si, ou por interposta pessoa, com o seu consentimento ou ratificação, solicitar ou aceitar, para si ou para terceiro, vantagem patrimonial ou não patrimonial, ou a sua promessa, para a prática de um qualquer acto ou omissão contrários aos deveres do cargo, ainda que anteriores àquela solicitação ou aceitação, é punido com pena de prisão de um a oito anos».

Aqui se têm concentrado, especialmente, os esforços de luta contra a corrupção. O Banco Mundial, por exemplo, numa definição largamente utilizada fala de «o uso do poder público para obter benefícios privados».

Naturalmente que estas formas de corrupção me perturbam e preocupam, mas outras existem que não podem ser ignoradas. A corrupção, genericamente, corresponde a uma perversão nas decisões e escolhas públicas que deixam de visar o interesse e o bem-público para se colocarem ao serviço de outras finalidades.

A corrupção situa-se no largo espectro de patologias políticas, sendo estas actos e intenções que violam leis, procedimentos e expectativas ideológicos- culturais de um sistema político.

Assim entendida, a corrupção abrange um leque de comportamentos bem mais variados, mas susceptíveis de produzir efeitos sociais igualmente ou, até, superiormente nocivos.

Se a perversão dos comportamentos políticos se destinar, por exemplo, a manter um sistema ditatorial incapaz de assegurar uma vida digna de ser vivida às populações ou a manter uma determinada clique ou oligarquia no poder, não vejo em que medida é que poderemos não considerar que se trata de actos de corrupção, ou considerar tais procedimentos menos gravosos do ponto de vista ético ou penal.

Os autores que se têm ocupado em estudar este tipo de problemática em relação a alguns regimes ditatoriais, com os de alguns estados patrimonialistas africanos, assinalam que os chefes roubam para se manter no poder ou manter os respectivos partidos, induzindo comportamentos paralelos aos pequenos burocratas, que necessariamente se interrogarão porque não hão de eles fazer o mesmo na sua esfera mais limitada de acção e correspondendo aos interesses pessoais de que são suposto cuidar.

A realidade mostra-nos, ainda e infelizmente, outro tipo de comportamentos que não se incluindo no conceito estrito de corrupção, dado que não envolvem benefícios económicos e financeiros imediatos, conduzem aos mesmos resultados. Trata-se daquelas situações em que determinado agente público, por raciocínio próprio ou com a ajuda de algum prestimoso telefonema, se apercebe de que não deverá tomar a decisão mais adequada aos interesses públicos porque ela vai ferir os interesses dominantes instalados e a cuja sombra se sente mais protegido.

Aliás, registo com agrado que a lei que criou o conselho de prevenção contra a corrupção acolheu, de certa forma, uma concepção ampla de corrupção, ao estabelecer entre as suas funções, na primeira parte da alínea a) do artigo 3.º, a «de recolher e organizar informações relativas à prevenção da ocorrência de factos de corrupção activa ou passiva, d criminalidade económica e financeira, de branqueamento de capitais, de tráfico de influência, de apropriação ilegítima de bens públicos, de administração danosa, de peculato, de participação económica em negócio, de abuso de poder ou violação de dever de segredo (...)».

Tal opção exemplifica aquilo que Mouraz Lopes, lucidamente, considera ser o transvase da corrupção que deixou de ser um crime típico matricial para abranger todos os comportamentos que – cito – «colidem com uma administração isenta e imparcial ou mesmo com a gestão adequada e transparente do interesse público».

Torna-se, ainda, necessário dar mais um passo, abandonando a necessária ligação entre a corrupção e o exercício de funções públicas, uma vez que, tal como a crise financeira mundial em que estamos mergulhados veio demonstrar, determinados comportamentos ocorridos no seio do sector privado em nada divergem nas suas consequências ao nível do bem-estar social global dos fenómenos de corrupção do sector público, mostrando-se até potencialmente mais danoso, sobretudo se levarmos em conta a incapacidade demonstrada pelas autoridades públicas para lhes pôr cobro.

Trata-se de um aspecto crescentemente analisado por organizações como a Transparência Internacional ou as entidades que se ocupam da *good-governance* e procuram influenciar o desenvolvimento de novas regras societárias ou a adopção de regras de conduta. Naturalmente que se utilizarmos uma concepção ampla de corrupção se torna mais difícil medir a sua amplitude – um dos problemas clássicos colocados na literatura pertinente - mas, pelo menos, evitam-se as afirmações redutoras e tonitruantes de que na ditadura a corrupção era menor que a democracia.

Num texto que li um dia destes o Dr. Fernando de Sousa afirma – e passo a citá-lo – que «o meu querido amigo e colega Raul Rego, no Parlamento durante vários anos, escreveu um livro, ainda durante o Estado Novo, opondo a ética republicana ao nepotismo da ditadura e à promiscuidade que então existia entre política e economia. Mas, por várias vezes, conversando comigo, confessava desiludido que, depois do 25 de Abril de 1974, ainda era pior».

Neste percurso pelas figuras marcantes da história portuguesa recente não quero esquecer Raul Rego, grande jornalista e político que nos orientou a todos nós, os então jornalistas da República, na luta pela defesa da liberdade de expressão, então fortemente ameaçada, através de uma série de actuações, de que foi emblemático o chamado caso República.

Entristece-me saber que Raul Rego tinha esse sentimento, mas é verdade que o encontrei entre muitos daqueles que lutaram contra a ditadura e daqui tiro a consequência que não temos sabido estar à altura de quantos conduziram essa luta.

Mas, ainda assim, não quero levar a autoflagelação geracional longe de mais e recordo com orgulho que foi a luta pela liberdade de imprensa que permitiu que exista hoje uma imprensa – talvez não tão qualificada e pluralista como gostaríamos – mas em que se abre um amplo espaço para a discussão e condenação da corrupção.

A democracia é, de facto, o quadro político que melhor assegura a luta contra a corrupção, mas todos nós, uns com certezas mais assertivas outros com mais interrogações e pudores ligados com a crença em valores fundamentais do Estado do Direito e da vida em sociedade que nos levam a pensar que só existem crimes depois de provados e os seus autores condenados, temos a percepção que este é um problema que persiste e se desenvolve na sociedade portuguesa.

Como se poderá, então, explicar que assim aconteça e que a democracia não aparente ser capaz de lidar com o fenómeno da corrupção, pelo menos no sentido restrito e técnico?

Várias repostas podem ser ensaiadas: uma primeira e que parece merecer uma especial importância é a de que a democracia abriu portas para toda uma série de novas prestações do Estado, fomentando a descentralização e a multiplicação dos centros de decisão e criando, consequentemente, maiores oportunidades para que possam surgir fenómenos desta natureza.

Poderá, também, admitir-se que houve algum atraso na reacção política e legislativa. Um certo quadro de optimismo quanto às virtualidades da democracia e da transparência associada talvez tivessem levado a pensar numa auto-regulação da sociedade que resolvesse por si só este problema.

Também se não pode excluir a possibilidade de se ter admitido que o quadro democrático facilitasse a denúncia dos actos de corrupção por parte de pessoas que, num quadro autoritário, se sentiriam ameaçadas para fazê-lo. A decisão da Procuradoria Geral da República de aceitar e até fomentar as denúncias anónimas parece atestar que talvez a democracia não seja tão completa como pensaríamos.

Uma questão ciclicamente agitada é a de saber se existem a legislação e os meios adequados ao combate à corrupção. Creio que se trata apenas de um reflexo do totalmente estafado discurso da falta de meios no qual se refugiam entidades incapazes de levar a cabo com êxito as suas funções.

De facto, a multiplicação da legislação sobre esta matéria – e temos muita, ainda que se possa estar de acordo as vantagens de penalizar o enriquecimento ilícito – permite afastar essa hipótese interpretativa.

Talvez que aquilo que, genericamente, se designa pelo excessivo garantismo do processo penal português – reacção ao processo penal da ditadura – possa ter algum efeito negativo, mas esse é um tema sobre o qual pessoas mais habilitadas do que eu seguramente nos irão falar.

Parece-me claro que a evolução tecnológica e a globalização dos mercados financeiros, sem uma suficiente cooperação por parte de algumas jurisdições terão tornado mais difícil a prova e aumentado a sensação de impunidade.

A velha figura do corrupto apanhado com a mala de notas pertence agora ao passado. O que mais se aproximará dela é a imagem do advogado-detective, armado de gravador e recolhendo as propostas desonestas de um empresário candidato a corruptor.

A globalização teve seguramente, ainda um outro efeito em matéria de corrupção que foi o de criar um quadro de sensível aumento de corruptores activos, que não parecem hesitar em desenvolver práticas de que se abstêm nos seus próprios Estados noutros países, considerados como paraísos para a corrupção.

Contra essa tendência o trabalho das organizações internacionais, das Nações Unidas à OCDE, passando pelo Banco Mundial, revestem-se do maior relevo.

Antes de avançar mais, não quero deixar de sublinhar a importância de que se reveste o estudo dos agentes activos de corrupção, normalmente alvo de um algum branqueamento nas análises sobre esta matéria, todas elas muito orientadas no sentido da detecção e punição dos agentes públicos.

Ora, verdadeiramente é preciso não esquecer que – se me permitem a expressão – «it takes two to tango», bem como o facto de que se é certo que os agentes públicos violam directamente regras de lealdade para com a Administração em que se inserem, não é mais virtuoso o comportamento de quantos procuram obter a violação destas regras para seu benefício próprio.

Regressando à área dos mecanismos legais de combate à corrupção não quero deixar de assinalar a importância de instituições como o Conselho de Prevenção da Corrupção que, concebido como uma autoridade administrativa independente, dá corpo a orientações internacionais no sentido da criação destes mecanismos aptos a recolher e tratar o máximo de informação e análise na área.

A criação deste tipo de entidade, criticada por aqueles que apenas atentam à visão repressiva corresponde a uma significativa inovação nesta matéria e a um passo decisivo para a compreensão da importância social do tema.

Creio que é inevitável que quem aborda este tema tente avançar com algumas medidas que poderão ajudar o combate a este fenómeno social perverso. Sem pretensão de ser original, apresento, de seguida, uma lista das causas que, entre nós, como noutros países têm sido avançadas.

Uma primeira causa apontada já aqui hoje, e especialmente desenvolvida por Tanzi, é a da excessiva intervenção estatal na economia que cria um sistema de incentivos para a actividade corrupta no setor público.

Quanto mais intervém o Estado, maior a regulamentação, e maior o poder discricionário de burocratas e políticos, proporcionando mais riscos e oportunidades para o surgimento de procedimentos e mercados paralelos de favores, regulamentação, impostos e subsídios.

Esta análise foi aprofundada, entre outros, por SusanRose-Ackerman que acentua os riscos resultantes do poder discricionário dos servidores públicos e políticos, permitindo que decisões relevantes sejam tomadas sem a necessidade de prestação de contas.

Nessa sequência muitos analistas ligam as causas da corrupção a instituições públicas fracas e políticas públicas mal desenhadas.

Para outros autores é a ausência de um ambiente competitivo que especialmente favorece a corrupção, enquanto que outros apontam a escassa participação política.

Certas operações de redimensionamento entre o sector público e o privado, com relevo para observou processos de privatização podem ser uma fonte de corrupção na medida em que empresas privadas destinem recursos para terem seus nomes incluídos na lista de pretendentes ou de restringir o número de competidores potenciais nos leilões de privatização. Sublinhe-se, aliás, o alerta formulado, a este propósito, pelo presidente do Conselho de Prevenção da Corrupção.

Como já tive ocasião de afirmar, creio que não é tanto o tamanho do sector público, mas a forma como são desenhados os mecanismos de responsabilização e escrutínio das políticas públicas que estão errados e que importa reformular.

A transparência da Administração Pública e a divulgação do máximo de informação são outros passos necessários neste caminho.

Porventura que alguns aperfeiçoamentos legislativos haverá que introduzir e aí penso particularmente nas questões relacionadas com a investigação e o processo penal.

Mas, aqui chegados, não creio que se possa ir muito mais longe.

Nestas férias de Verão, li um livro de uma escritora australiana – Lucinda Holdforth – intitulado *As Boas Maneiras ainda são Importantes?* Seguramente que muitos sorrirão à evocação desta leitura estival, aparentemente enquadrável na mesma categoria da imprensa cor-de rosa ou interrogar-se-ão porquê ler um livro de uma australiana em vez do *Dicionário de Etiqueta* de Paula Bobone, volumes I e II.

Trata-se, todavia, de uma obra profundamente sedutora e que, ao mesmo tempo que nos faz rir nos leva a compreender que os laços em que assentavam as sociedades se têm quebrado e que a mera produção legislativa é incapaz de dar respostas às necessidades da comunidade, para concluir que «(...) nesta época desprovida de boas maneiras, as leis devem parecer um atalho suficiente para alcançar a harmonia social».

Não utilizo – nem a autora o faz – uma noção restrita de boas maneiras – ainda que estas também importem – mas antes a que se reporta à criação de laços efectivos de solidariedade social e de pertença a uma comunidade.

É nesse sentido que Musgrave, por exemplo, dizia que a tributação progressiva corresponde a um mínimo de boas maneiras numa sociedade democrática. Uma razoável distribuição de riqueza é seguramente uma parte integrante destas boas maneiras e que está totalmente ausente da sociedade portuguesa que só não é a mais desigual da União Europeia, porque a Lituânia nos rouba o título.

Naturalmente que esta distribuição perversa do rendimento cria um ambiente favorável à corrupção, assim como cria o baixo nível de salários na função pública que, no entanto, não é verdadeiro ao que soubemos nos últimos dias.

Também o baixo nível de escolaridade é seguramente um factor determinante, como tem sido sublinhado por vários autores, criando a convicção de que esta é uma das áreas em que mais há que apostar em Portugal.

Creio que é, de facto, ao nível da organização social que é necessário pensar as questões da corrupção e dos motivos porque Portugal, assim como outros países do Sul da Europa apresentam níveis de corrupção tão elevados.

Encontro na literatura portuguesa poucas tentativas de explicação global do fenómeno da corrupção. Alguns artigos de Joaquim Aguiar na *Análise Social* e mais recentes trabalhos de Luís de Sousa e João Magone são a excepção mais significativa.

É Joaquim Aguiar que abre, porventura, as pistas mais interessantes ao dialogar com as definições de patrimonialismo e neo-patrimonialismo formuladas por Max Weber para sustentar que a decisão política portuguesa ainda é condicionada por uma série de relações particulares de obediência a grupos de comando.

Trata-se de uma linha de investigação que tem vindo a ser desenvolvida há largas décadas no Brasil – um país com gravíssimos problemas de corrupção, em relação aos quais a atitude de intransigência da Presidente Dilma Roussef é um factor de esperança – mas que reflecte aprofundada e qualificadamente sobre a matéria.

PARTE II
A UNIÃO EUROPEIA SERÁ MESMO ESTÚPIDA?

A Europa será mesmo estúpida? É a interrogação que coloquei num artigo publicado a 30 de Maio de 2011 em face das inúmeras hesitações, contradições, erros estratégicos e recusas de encarar o real que se acumulavam em sucessivos Conselhos Europeus ou declarações de algumas das mais significativas personalidades da nomenclatura europeia.

Outros interrogaram-se sobre a perversidade ou a ambição desmedida de certos líderes, sobre a competência ou a integridade de outros ou sobre a desgraça política geracional.

O resultado, bem expresso nos sucessivos dados sobre a evolução da economia europeia, demonstram que se continua a levar a cabo uma política auto-lesiva que, como dizia Carlo Cippola, caracteriza a estupidez que se não importa com os danos próprios desde que os inflija aos outros.

O problema via bem mais fundo do que as recentes políticas, como sustento no texto UEM, nove ou dez coisas que sei sobre ela. Não se resolverá com as políticas que estão a ser postas de pé, como se demonstra no Manifesto que tive a honra de assinar com outros colegas do Instituto Europeu.

A UNIÃO EUROPEIA SERÁ ESTÚPIDA?*

Há algum tempo e a propósito das conclusões do Conselho Europeu da Primavera, interroguei-me se a rainha iria nua, procurando acentuar aquilo que me parecia ser a divergência radical entre o prometido e anunciado, patente nos escassíssimos e conservadores resultados alcançados. Daí para cá, tenho assistido, atónito, ao espectáculo da multiplicação de declarações, por vezes contraditórias, e quase sempre incendiárias, dos mercados por parte de responsáveis da União Europeia.

Com a sua capacidade analítica ímpar e o brilho da sua inteligência e cultura, o meu amigo José Medeiros Ferreira tem comparado a actual situação europeia ao período final do Império Austro-Húngaro, com o poder caído na mão de uma burocracia desligada da realidade. Creio que tem absoluta razão e que a burocracia da União Europeia, que tanto tem contribuído para afastar os cidadãos da ideia de Europa, se limita a cuidar dos seus interesses, sem cuidar de saber de qualquer projecto europeu.

Quando vejo as declarações de Jean Claude Trichet (e só posso antever que Mario Draghi, obcecado por mostrar aos alemães que é mais teutónico do que eles próprios, se não

---

* Publicado no *Jornal de Negócios* de 30 de Maio de 2011.

afaste muito do que tem sido a posição oficial e oficiosa do BCE) orientar-se no sentido de impor à Grécia medidas claramente insuportáveis, ao mesmo tempo que o Banco Central Europeu começa a subir as taxas de juro, apesar do anémico crescimento da zona euro e da crise dos países periféricos, só posso interrogar-me se a independência dos bancos centrais será uma solução tão boa quanto aquilo que fomos levados a acreditar.

Ainda muito recentemente (Público de 22 de Maio) Dani Rodrik – ele próprio um importante economista – analisava os caminhos que levam os economistas a denegrir o valor da democracia, falando «(...) por vezes como se a alternativa a uma governação democrática fosse as decisões serem tomadas por magnânimos filósofos-reis platónicos – de preferência economistas» para concluir que «esse cenário não é nem relevante nem desejável. Por uma razão quanto menor for a transparência a a representatividade e a responsabilidade de um sistema político mais provável é que sejam interesses especiais a controlar as regras».

Aquilo que me parece verdadeiramente enigmático é, no entanto, a razão que leva os principais dirigentes políticos europeus a insistirem numa receita que ficou já amplamente demonstrado que só pode conduzir a péssimos resultados para os pacientes a quem for ministrada e, em última análise, a eles próprios ou aos interesses que representam.

Não faltam análises para explicar que as vistas curtas e a arrogância da Senhora Merkel e o do Senhor Sarkozy se devem a preocupações eleitoralistas. Como as derrotas da chanceler alemã se sucedem a e popularidade do presidente francês se mantém baixíssima e a reeleição incerta apesar do incidente Strauss-Kahn, sou forçado a não acompanhar a explicação.

Confesso que me esforcei muito por entender qual a racionalidade deste comportamento e que, generosamente, fui até levado a pensar que se tratava de um posição moral, ligada à protecção legitima dos investidores em títulos de dívida pública dos países ditos periféricos mas, ao verificar que se trata de aplicações que, a pretexto de serem de elevado risco, proporcionam uma remuneração muitas vezes superior à de uma aplicação segura, fui levado a concluir que não existe qualquer argumento moral em opor-se a que os credores sacrifiquem uma parte do seus ganhos, uma vez que a aplicação era segura.

Mas será que, não havendo explicação moral, haverá uma explicação de captura dos políticos por interesses financeiros? Também aí parece difícil encontrar racionalidade de comportamento porque, ao insistir em programas de drástica austeridade, que apenas pioram a situação financeira dos Estados e a sua capacidade para respeitar os compromissos, enveredam os políticos europeus por um caminho totalmente lesivo daqueles interesses.

Lembrei-me, então, do brilhante ensaio de Carlo Cipolla «As Leis da Estupidez Humana» e da sua regra de ouro da estupidez – uma pessoa estúpida é aquela que causa um dano a outra pessoa ou a um grupo de pessoas, sem retirar qualquer vantagem para si, podendo até sofrer um prejuízo com isso. A nossa vida – recorda-nos o historiador italiano – «está também recheada de episódios que nos fazem incorrer em perdas de dinheiro, tempo, energia, apetite, tranquilidade e bom humor por causa das acções improváveis de uma qualquer absurda criatura, que surgem nos momentos mais impensáveis e inconvenientes e nos provocam prejuízos, frustrações e dificuldades, sem que a ela tragam ganhos de qualquer natureza».

A questão que me ocorre é, então, a de saber se, transpondo a análise de Cipolla para o plano das instituições, poderemos interrogar-nos sobre se a União Europeia é estúpida?

A menos – claro está – que tudo isto se reduza a uma complexa encenação, em que existe um plano B, cujos objectivos sejam expulsar do clube dos ricos, isto é da zona euro, umas populações mais escuras que, insidiosamente, se infiltraram. E os Irlandeses que, pelos seus olhos e pele clara, iludiram a Europa que, por um pouco, se esqueceu que os costumava tratar como os negros da Europa irá, também, pelo mesmo caminho. Não foram, aliás, eles, as ovelhas negras que votaram não num referendo ao reforço da integração europeia?

E SE FOREM AS AGÊNCIAS DE RATING A SALVAR O EURO?*

As agências de *rating* aparecem, com todo o mérito, como vilões por excelência na crise financeira de 2008 e na subsequente crise da dívida soberana. Ainda hoje, é difícil compreender como é que instituições com o grau de (ir)responsabilidade que revelaram puderam passar incólumes e retomar um papel central na evolução do sistema financeiro.

O ressurgimento das agências de *rating* não fica associado à actividade de credibilização de activos tóxicos, na qual se revelaram verdadeiramente inexcedíveis, mas antes à notação dos Estados, a que têm vindo a proceder com a maior alivez e, aparentemente, com consequências bem nefastas, especialmente evidentes na zona euro. A arrogância dos responsáveis tem levado, aliás, a nem hesitarem em assumir propósitos deliberados de influência na condução da vida económica dos Estados.

Poderá dizer-se que, pela sua actuação na sombra ou às claras, as agências conseguiram afastar o protagonismo dos especuladores financeiros, apresentados como prudentes seguidores das orientações do oligopólio da notação.

---

* Publicado no *Jornal de Negócios* de 30 de Janeiro de 2012.

É certo que vozes tão autorizadas como a de Nicolas Véron, ao intervir no seminário sobre dívida pública organizado pelo IDEFF, colocam dúvidas quanto à capacidade das agências para influenciar o mercado, antes as considerando como passivos receptores de efeitos já sentidos nos mercados e, em relação aos quais, se limitam a transmitir informação sintetizada aos seus potenciais clientes.

A ser consistente essa teoria, como me parece admissível, termos então que admitir que os mercados continuam a funcionar de modo totalmente desregulado e em que nem sequer a perversa «regulação» das agências de *rating* tem a profundidade que se pensaria *prima facie*.

Impressiona, no entanto, a aversão generalizada a estas instituições que, iniciada nos partidos e economistas de esquerda, rapidamente se estendeu às mais respeitáveis instituições e personalidades, que os maldicentes julgriam de braço dado com elas, bem como aos mais fervorosos adeptos da liberdade de funcionamento dos mercados.

Do Presidente da Comissão ao Primeiro-ministro Português, passando por vários comissários e outros políticos europeus multiplicaram-se, de facto, as críticas e julgamentos de intenções à actuação das agências, que abertamente passaram a ser apontadas como responsáveis por todas as dificuldades financeiras.

Num primeiro momento, foram mesmo apresentadas como agentes de um tenebroso plano americano contra a Europa, hipótese que entraria em crise com o *downgrade* da dívida pública americana mas, mesmo então, poder-se-ia ser levado a pensar que se tratou de entrar na arena da polarizada luta política norte-americana.

Não deixa de ser estranha, em qualquer caso, a circunstância de, na ausência da salvadora agência europeia que iria introduzir rigor na actividade, agências chinesas ou japonesas, chamadas a suprir o enviesamento das norte-americanas, acompanhassem no essencial as suas conclusões e recomendações destas.

Nada do que já ficou escrito ou do quanto adiante se escreverá deve ser entendido como uma súbita conversão aos meandros da notação financeira. Continuo a pensar que a profunda desgraça que causaram a tantos milhões de pessoas não tem perdão e que bem andaram os cidadãos que promoveram participações crime contra as principais agências.

Só que a vida ensina-nos que certos unanimismos escondem profundas diferenças de interesse e, ao criarem um ambiente de «óbvio ululante» (para utilizar a feliz expressão de Nelson Rodrigues, a outro propósito), procuram impedir um debate aprofundado e uma apreciação serena.

Foi ao seguir esta linha de pensamento que dei comigo a questionar a aparente e tão assinalada contradição entre as sucessivas descidas do *rating* português por parte de agências que tanto tinham defendido a necessidade de austeridade e o facto de apontarem aos investidores a dívida portuguesa como um investimento eminentemente especulativo, no momento em que levamos por diante, com um rigor tantas vezes elogiado, uma duríssima expiação dos nossos pecados.

E fui, então, levado a interrogar-me: e se as agências estiverem certas e se, afinal, estiverem a emitir avisos quanto às consequências destas políticas?

Relendo as sucessivas comunicações das agências, a hipótese foi-se-me tornando cada vez mais plausível, ao encontrar sempre a fundamentação de que as medidas postas em prática conduziriam a uma recessão profunda, que só agravaria a situação portuguesa.

Particularmente enérgicas foram as reacções ao último e generalizado *downgrade* da *Standard & Poor's*. Do Governo Português e do Partido Socialista ao Comissário Ollin Rehn, do Ministro Francês das Finanças ao (pre)potente William Schauble, todos estiveram de acordo na viva condenação de uma decisão que, na opinião deste último, ignora o muito trabalho que tem sido feito.

A grande surpresa veio, no entanto, da excepção a este coro: Mario Monti, o Primeiro-ministro de um dos países abrangidos pelo corte, congratulava-se abertamente com o comunicado da S&P e ironizava, mesmo, que poderia ter sido ele a ditá-lo, com excepção dos três BBB do ranking italiano.

Para Mario Monti, a posição da agência representa uma ajuda preciosa para a linha que está a procurar afirmar contra o consenso de Berlim, ou seja a de que apenas a austeridade pode acalmar os mercados. Monti – e todos nós encontramos – então, na S&P um inesperado aliado na defesa de que o crescimento e não a austeridade deve ser a prioridade.

Ironicamente, talvez então que as agências de *rating*, com tanta frequência apontadas como coveiras do euro apareçam, afinal, como suas salvadoras. Se não conseguirem, com ou sem o seu apoio, talvez seja Mario Monti, entronizado em Primeiro-ministro da Itália pela chanceler Merkel, quem vai derrubar a cortina de ferro alemã e abrir uma nova esperança para a União Europeia.

A UNIÃO ECONÓMICA E MONETÁRIA: NOVE OU DEZ COISAS QUE SEI DELA*

O Tratado de Roma faz cinquenta anos e a efeméride tem sido amplamente comemorada, mas também se completam quinze anos do Tratado de Maastricht, efeméride que tem passado bem mais discreta, mas que é responsável pelo tema que me foi proposto.

A União Económica e Monetária corresponde a uma das mais significativas realizações da Comunidade no período de cinquenta anos que decorreu sobre a assinatura do Tratado de Roma. Será inútil sublinhar a sua importância simbólica no caminho da plena integração. Trata-se, todavia, de um processo que não deixa de levantar muitas indagações e reparos de que aqui dou, em parte, conta.

Faço-o por duas razões: por que creio que no património genético da cultura europeia está a capacidade de questionar e reflectir e porque estou convicto que as presentes jornadas não se destinam a uma mera evocação daquilo que foi feito à sombra e em desenvolvimento do Tratado de Roma, mas antes se preocupam em debater os caminhos que há que trilhar para melhor concretizar a velha aspiração de uma Europa unida,

---

* Conferência na Faculdade de Direito da Universidade Nova, integrada nas comemorações dos cinquenta anos do Tratado de Roma, em 2009.

capaz de transmitir os seus valores comuns e de resolver os diferendos entre os seus membros, correspondendo ao velho sonho de Imannuel Kant.

Para tanto, a minha intervenção está estruturada em nove/dez pontos que espero se não tornem demasiado fastidiosos e permitam corresponder ao módulo temporal que me foi solicitado pela organização. Em homenagem a Jean Luc Godard – «deux ou trois choses que je sais d' elle» – dei-lhe o título de nove ou dez coisas que sei sobre ela.

Primeira coisa que sei sobre ela:

Ao avançar no sentido da União Económica e Monetária, criando um Banco Central Europeu, única entidade com competência para definir a política monetária, deu-se no Tratado de Maastricht um passo totalmente inovador fora das experiências federais, onde a moeda surge como consequência da integração política.

Não se encontram na Europa precedentes significativos que possam ser invocados a este propósito. Uma vez que os ténues esboços que encontramos sobretudo no século XIX e inícios do século XX mais não representam do que arranjos técnicos entre Estados vizinhos ou com fortes ligações comerciais.

Nesse sentido podem-se referenciar experiências como a União Latina (1865-1914), a União Monetária Escandinava (1873-1915), a Zollverein (1834-1870) e, bem mais recentemente, o Benelux. No caso da União Latina estamos, no entanto, em presença de um acordo destinado a evitar excessivas flutuações cambiais. A União Escandinava um processo em que as notas de cada país podiam ser utilizadas noutro, enquanto que na *Zollverein* se assiste a um maior esforço de integração dominado parcialmente pelas mesmas preocupações com que a Comunidade Europeia se viria a confrontar, ainda que o esforço fundamental de integração se tenha verificado no domínio aduaneiro e o Banco Central – que acabou por ser criado – não tivesse expressão significativa, dada a raridade de utilização da moeda-papel.

Se é, de facto, certo que assistimos a formas de integração monetária, elas foram quase sempre precedidas pela integração política, como sucedeu na Itália (1861) e na Alemanha (1871). Outras experiências, muitas vezes invocadas, não correspondem às características da União Económica e Monetária no quadro da União Europeia.

Segunda coisa que sei:

A União Económica e Monetária não se encontrava prevista no Tratado de Roma, ainda que se possa considerar que, na medida em que era consagrado um processo evolutivo de integração, nele se encontrava o germe necessário ao seu desenvolvimento.

A timidez revelada no Tratado de Roma parece corresponder a um período de nítida influência norte-americana na Europa, iniciada com o projecto Marshall, bem como ao reconhecimento do papel dos Estados Unidos como centro do sistema de Bretton Woods, situação que só se viria a inverter nas décadas de sessenta/setenta.

Em matéria económica e monetária, o Tratado de Roma optava por meros mecanismos de cooperação e coordenação, instando cada Estado a considerar a política económica como de interesse comum. É, ainda, de referenciar a criação de um comité monetário com funções consultivas.

A técnica dos comités seria, aliás, seguida nos primeiros anos, com a criação de comités de política orçamental, política conjuntural e política Económica a médio prazo, fundidos no Comité de Política Económica em 1974. Também no domínio monetário se veio, em 1964, a juntar ao Comité Monetário o Comité dos Governadores dos Bancos Centrais e, já em 1973, foi criado o Fundo Europeu de Cooperação Monetária, com vista a apoiar o funcionamento do mecanismo da serpente monetária com que a Comunidade tentara responder ao esboroamento do Sistema Monetário Internacional do início da década de setenta.

Neste percurso evolutivo importa reter a experiência da serpente monetária, através da qual se procurava criar estabilidade monetária obrigando os Estados presentes no chamado túnel a manter a flutuação das taxas de câmbio entre as suas moedas e em relação ao dólar nos limites de mais ou menos 2,25 e, já nos finais da década e como resultado do Conselho Europeu de Bruxelas de 1978, o Sistema Monetário Europeu que procurou dar uma resposta mais decidida à crise económica patenteada no elevado desemprego e na taxa de inflação.

No essencial o Sistema Monetário Europeu procurou responder às flutuações cambiais, para tanto assentando na criação de uma unidade monetária escritural, o ecu, concebido como um cabaz de moedas, bem como na previsão de medidas de apoio aos países com especiais dificuldades cambiais.

O SME teve um assinalável sucesso na criação de uma zona de estabilidade monetária e aprofundou significativamente a experiência da cooperação das entidades monetárias nacionais, ainda que tenha sido um veículo para a condução da política monetária europeia pela Alemanha. Não se tendo traduzido no aparecimento de uma moeda em sentido próprio criou, de algum modo, um ambiente favorável ao nascimento de uma moeda única.

De facto, se o ecu nunca teve curso legal em qualquer país, ganhou um papel decisivo no relacionamento entre bancos centrais e passou, também, a ser usado em instrumentos de direito privado, sendo possível celebrar contratos em ecu e utilizá-lo nas trocas internacionais. Também os bancos foram autorizados a receber depósitos e realizar empréstimos em ecu, da mesma forma que as emissões de títulos de dívida puderam ser tituladas em ecu.

Foi, assim, a experiência do ecu significativamente mais longe do que ocorrera anteriormente com a Unidade de Conta Europeia destinada puramente a regular as relações cambiais entre os Estados membros da União Europeia de Pagamentos ou a própria unidade de conta europeia surgida já no âmbito da comunidade, em 1962, mas com um valor ainda ligado ao ouro.

Terceira coisa que sei:

A criação de uma moeda única aparece como um objectivo dos meios comunitários, podendo-se referenciar, para além das medidas antes assinaladas, toda uma série de estudos e documentos nesse sentido. Em paralelo com a ideia de moeda única surge, no entanto, a alternativa da mera criação de mecanismos destinados a assegurar a estabilidade monetária, visando a supressão das margens de flutuação entre as moedas. Alguns autores viram nessa dicotomia a expressão de um confronto mais profundo entre o desejo de uma Europa pela moeda ou de uma moeda para Europa.

A primeira opção encontra-se claramente defendida no Relatório Marjolin, de 1962, por vezes injustamente esquecido e que demoraria trinta anos a ser executado, enquanto que o Memorandum Barre de 1968 e a Conferência de Haia de 1969 se inclinam no sentido da fixação da taxa de câmbio.

Em 1970, o Plano Werner preconizava a total convertibilidade entre as moedas comunitárias e a eliminação das margens de flutuação, apontando no sentido da criação de um banco federal, de um centro de decisão para a política conjuntural e da coordenação das políticas orçamentais. Ainda que apontando para a criação da moeda única, não se pode ignorar que o Relatório admitia, igualmente, a solução de supressão das margens de flutuação.

Finalmente, o Relatório Delors – e Delors é verdadeiramente o pai da moeda única – elaborado a solicitação do Conselho de Hannover de 1988, depois de analisar o ambiente macro-económico de convergência criado pelo Acto Único e as consequente necessidade de coordenação das políticas monetária e orçamental, aponta no sentido da criação de uma moeda única, antecedida de um período de fixação irreversível das taxas de câmbio e implicando a criação de um Banco Central com a missão de manter a inflação baixa.

O ambiente dominante em que é criada a moeda única é o da crença nas virtualidades da moeda única: «a Europa ou se fará pela moeda ou não se fará», afirmação de Jacques Rueff dos anos cinquenta, oportunamente recuperada. Daqui a convicção da inevitabilidade da moeda e da sua consideração como um bem comum.

Nunca convencidos da bondade da solução, os ingleses multiplicaram-se em estudos para a contrariar e numa ampla bibliografia que recupera a ideia de De Gaulle da Europa das Nações. Por todos recorde-se John Redwood *Our Currency Our Country*, com o significativo lema «Europe is my continent not my country», ou Bernard Connoly, *The Rotten Heart of Europe*, um texto verdadeiramente panfletário, significativamente traduzido em francês com o título *La Sale Guerre de la Monnaie Européene*.

Com a moeda única ressurge o espectro federalista e naturalmente em França não se fizeram esperar vozes críticas. Gabriel Roubin – anteriormente europeísta convicto – *Un Monde Sans Maître*, ironiza: o comunismo e o europeísmo têm muitos pontos em comum, ambos conduzem à dissolução inevitável do Estado com vista a alcançar a terra prometida. Para os primeiros a sociedade sem classes para os segundos a Europa sem fronteiras.

Quarta coisa:

A União Económica e Monetária surge como um passo lógico da evolução subsequente à criação do mercado único, ainda que se não pudesse afirmar que o espaço da Comunidade correspondesse às características da zona monetária óptima – teorizada por Robert Mundell e especialmente em voga nesses tempos.

A plena liberdade de circulação de mercadorias, capitais e serviços a que entretanto se chegou e que o Acto Único Europeu institucionalizou apresentou-se, de facto, como um factor determinante da evolução em matéria monetária, uma vez que o mercado alargado e a supressão das fronteiras, com vista a assegurar uma concorrência acrescida, não eram compatíveis com alterações das taxas de câmbio que perturbariam os cálculos e as trocas económicas. No plano dos movimentos de capitais o Relatório Padoa-Schiopa, ao identificar o chamado triângulo inconsistente, veio demonstrar a incompatibilidade da perfeita mobilidade de capitais com os câmbios fixos e políticas monetárias autónomas.

A concretização da união económica e monetária parece ter confirmado muito dos benefícios que lhe eram apontados, tais como a redução das taxas de juro, a estabilidade dos preços, a redução dos custos das transacções, a maior transparência e concorrência, o estímulo ao investimento, a diminuição das formalidades burocráticas, a atenuação dos riscos nos câmbios extra-comunitários, o aumento da estabilidade monetária e o reforço da posição europeia face aos Estados Unidos e ao Japão, sem que se tivesse sequer realizado a apocalíptica previsão de um reputado economista norte-americano – Martin Feldstein – de que a introdução do euro poderia conduzir a uma guerra entre a Europa e os Estados Unidos, até porque ninguém podia prever, nessa altura, que guerras existiriam e envolveriam os Estados Unidos, mas seriam outras e bem diversas.

Também tenderia a pensar, com a generalidade dos economistas portugueses e, em especial com José Silva Lopes – figura ímpar da vida económica e cívica portuguesa – que os riscos para Portugal de uma opção por de ficar de fora deste processo eram maiores que os custos, designadamente no plano das taxas de juro e das acções especulativas contra a moeda portuguesa – fortemente atingida na crise de 1992.

Não convirá, no entanto, esquecer que Jorge Braga de Macedo – num trabalho muito recente e que constitui a melhor avaliação dos efeitos da União Económica e Monetária em Portugal – veio demonstrar uma certa inconsistência entre a política orçamental nacional e a política monetária europeia, recordando que a «boleia» da baixa das taxas de juro esteve na base de um aumento do rendimento disponível, traduzido na maior procura de bens e serviços importados ou exportáveis, não tendo servido de base à realização das reformas de fundo.

Não tiraria daqui a consequência de que a política orçamental também deva ser confiscada aos Estados, mas como Braga de Macedo sublinha – num sentido que não é aquele que dou e naturalmente que não o quero co-responsabilizar por aquilo que defendo – não se pode mudar a constituição a partir de fora, uma vez que ela assenta num processo orçamental que é reflexo do sistema político.

Quinta coisa que sei sobre ela:

A União Económica e Monetária, tal como consagrada no Tratado de Maastricht, insere-se na estratégia neo-funcionalista à qual todo o processo de integração tem correspondido. Ao longo da história da união temos assistido em permanência – de harmonia com aquilo que parece ser uma opção deliberada – a avanços mais nítidos da integração económica do que da política, apenas aparecendo a segunda na sua peugada e evocando a primeira como justificação.

A asserção é especialmente confirmada pela circunstância de o Tratado da União Europeia – que consubstancia um projecto de alteração qualitativa no processo de integração – apenas avançar decididamente no sentido da supra nacionalidade em matéria de união económica, enquanto que os restantes pilares são remetidos para o domínio da inter--governamentalidade.

Mas este projecto de integração económica e, sobretudo, monetária será um passo desejável e susceptível de aproximar mais as diferentes nações da Europa – como sucedeu com a criação do mercado único – abrindo caminho a uma mais fácil integração política?

Não se me afigura que a resposta possa ser positiva. De facto vários factores irão jogar em sentido contrário.

Desde logo, as populações conhecem o processo de integração europeia como um processo assente em duras medidas económicas que, ainda que necessárias, por vezes lhes aparecem puramente como resultado de uma imposição de Bruxelas. Será que alguém se reconhece num desígnio nacional de reduzir o défice orçamental a zero, sobretudo quando não são visíveis resultados imediatos e este implica, muitas vezes, o sacrifício do modelo do Estado de Bem-estar em que assentou durante décadas a civilização europeia?

Não seria de exigir que as medidas económicas sejam tomadas por governos legitimados eleitoralmente e decididos na sua acção, sob pena de a União ser confrontada com questões incómodas, como a colocada por Paul Krugman, sobre se a União Económica e Monetária não seria, afinal, o resultado da acção de políticos incapazes de impor disciplina nas finanças públicas nacionais e buscando o apoio de instituições exteriores?

Será uma boa solução transferir as decisões fundamentais em matéria de política económica e monetária para uma estrutura tecnocrática europeia que não está sujeita a qualquer controlo ou forma de responsabilização política efectiva?

Não se estará aqui em presença da concretização dos velhos temores que levaram um vulto com a enorme autoridade intelectual e moral de Pierre Mendès France a manifestar reservas à constituição da Comunidade?

Será que as últimas décadas a não tornaram mais próxima a afirmação de Mendès France – talvez excessiva em 1957 – que passo a ler «Pode-se abdicar da democracia por duas formas, quer pelo recurso a uma ditadura interna, com a entrega de todos os poderes a um homem providencial, quer pela delegação destes poderes numa autoridade externa, a qual, em nome da técnica, exercerá realmente o poder político, porque em nome de uma economia sã acaba-se facilmente a ditar uma política monetária, orçamental, social e finalmente uma política, no sentido mais amplo da palavra, nacional e internacional».

Sexta coisa:

O projecto de União Económica e Monetária, tal como foi formulado, assentou numa separação nítida entre a vertente económica e a vertente monetária, conservando-se a primeira no domínio da intergovernamentalidade e avançando a segunda no sentido de uma federalização técnica

Assim, no que toca à política económica, manteve-se a competência dos Estados – artigos 4.º, 98.º e 99.º do Tratado da Comunidade – ainda que condicionada pela necessidade de actuar de acordo com os princípios de uma economia de mercado aberto e de livre concorrência, favorecendo uma repartição eficaz dos recursos (artigo 99.º). Os Estados devem, por outro lado, considerar as políticas económicas como matéria de interesse comum, coordenadas a nível do Conselho, ao qual são atribuídos poderes para emitir orientações de política económica.

Já no que respeita à política monetária, a responsabilidade exclusiva é transferida para o Banco Central Europeu que a deve nortear pelo objectivo de manutenção da estabilidade dos preços, ficando os Estados sem qualquer competência nesta área.

No artigo 108.º precisa-se, aliás, o estatuto de independência do sistema europeu de bancos centrais, vedando ao banco central europeu, aos bancos centrais nacionais ou a qualquer membro dos órgãos de decisão a possibilidade de receber instruções das instituições comunitárias, dos governos dos Estados membros ou de qualquer outra entidade.

A transição de bancos nacionais centrais para membros do sistema europeu de bancos, bem como a criação do Banco Central Europeu fez-se sem problemas de maior, tendo sido pilotadas pelo Instituto Monetário Europeu – transitoriamente criado – e assentes em prévias adequações dos estatutos dos diferentes bancos.

Esteve, ainda assim, longe de constituir uma opção pacífica, até porque, verdadeiramente, de todos os bancos centrais dos Estados membros apenas o alemão – institucionalizado ainda durante a ocupação norte-americana e, como tal, fortemente influenciado pela experiência do FED e pela preocupação de evitar os velhos espectros inflacionistas da República de Weimar e das suas trágicas consequências políticas – se apresentava como efectivamente independente. Os outros, à semelhança da Banque de France, correspondiam ao estatuto que Napoleão desejava: independentes mas não em excesso.

A isso acrescia, ainda, a dificuldade de definir o que se deve entender por independência do Banco, havendo até quem ironize perguntando se ela pode ser medida ou, pelo contrário e tal como a beleza, se se encontra apenas nos olhos de quem a observa. A beleza do Banco Central Europeu – se de beleza se pode falar a propósito de bancos – resiste, no entanto, ao exame mais rigoroso, porque não só são proibidas as orientações do Estado, como é interdita a concessão de crédito ao sector público, assegurada a estabilidade dos mandatos dos dirigentes e definido um objectivo, aliás, único – o combate à inflação – como mandato do Banco e do Sistema Europeu.

Claro que, em toda essa operação, rejubilaram os que consideram que a política monetária é um assunto importante demais para ser deixado aos políticos, devendo manter-se ao abrigo dos ciclos eleitorais e lamentaram-se os que defendem que deixar a política monetária aos dirigentes bancários é o mesmo que os governos entregarem a condução da guerra aos generais.

Mesmo deixando de parte o debate sobre os prós e contras da independência dos bancos centrais, é difícil não dar alguma razão a quem acha que ela é inútil se houver um governo mau e desnecessária se o governo for bom. Ora, encontramo-nos aqui em presença de uma situação em que o Governo não é bom nem mau. O governo económico europeu não existe, sendo o ECOFIN uma pálida e monetarista sombra. Diferente teria sido a situação se tivesse avançado a proposta de um governo económico europeu avançada pela França nos tempos de preparação da UEM e agora retomada pelos candidatos presidenciais. Mas, assim não sucedeu e veio mesmo a caminhar-se, como veremos, no sentido da política monetária ser absolutamente determinante e condicionante da política económica.

Os termos em foi consagrada a independência do Banco Central Europeu levantam, por outro lado, dúvidas importantes.

A primeira reside no facto de se estabelecer como objectivo único do Banco o combate à inflação, que deveria ter sido conjugado com outros como a luta contra o desemprego ou o esforço de crescimento económico, ainda que se pudesse aceitar a prioridade do objectivo anti-inflacionista. Um mandato deste tipo fazia sentido na Alemanha, onde o objectivo da estabilidade de preços, por razões que já foram evocadas, constituía um princípio fundamental da constituição económica, destinado a proteger a paz civil e indissociavelmente ligado à coesão social. Muito diferente é, todavia, a situação na generalidade dos Estados membros e naquilo que resta das constituições económicas nacionais.

Com total razão e pertinência escrevia, aliás, Miguel Cadilhe: «julgo que há o dever de interrogar as consciências dos políticos: Queremos menos inflação, menos crescimento e mais desemprego? É uma questão de equilíbrio e de grau que se põe com todas a crueza. E trata-se de uma opção profundamente política, antes de ser do domínio da política macroeconómica», para depois concluir que «se há direito a dizer não a uma política inflacionária, também deve haver direito idêntico em relação a uma política deflacionária.»

A segunda tem a ver com a grande distância entre o Banco Central Europeu e os cidadãos e é reforçada pela inexistência de uma efectiva responsabilização/ respondência (*accountability*) dos seus dirigentes, o que leva a queixas recorrentes sobre o défice democrático do Banco, erigido por vezes a peça central do processo de afastamento entre os cidadãos e a União Europeia.

A responsabilização poderia ser entendida, aqui e na ausência de um governo económico europeu, como dirigida ao Parlamento Europeu e à própria opinião pública europeia. No que toca ao Parlamento haveria que assegurar um reforço da ligação com o Banco, assegurando a intervenção na nomeação dos dirigentes e um maior exigência de comunicação e discussão. Quanto à opinião pública seria necessário assegurar uma maior transparência e circulação da informação e a criação de canais adequados para receber os *inputs* das diversas opiniões nacionais.

Não se está sequer a propor soluções particularmente heréticas, mas tão só a procurar que a experiência do FED –

paradigma de referência – possa ser utilizada e, quanto a isso, importará recordar que a nomeação dos membros do Conselho de Administração é confirmada pelo Senado que mantém, através de comissões parlamentares, um relacionamento estreito com o Banco, enquanto que, a partir de 1975, o Presidente do FED deve apresentar perante o congresso, duas vezes por ano, a evolução recente e as perspectivas de evolução a curto prazo das políticas económicas e monetárias.

Também a influência da opinião pública é assegurada pela transparência das decisões e o acesso de todos a uma informação detalhada em que se podem incluir até opiniões discordantes no seio do próprio banco e pela permanente prática de *surveys*, sendo muitas vezes recordado como o FED alterou políticas, em 1980, em face do alarme da opinião pública sobre a taxa de inflação e, em 1982, com o desemprego.

Sétima coisa que sei dela.

A União Económica e Monetária foi alcançada através de um processo faseado em que a chegada à terra prometida da moeda única só se poderia conseguir através do cumprimento dos critérios estabelecidos no texto do Tratado e num protocolo anexo, aos quais se juntava ainda um verdadeiro quinto critério, este de natureza jurídica, relacionado com a consagração da independência do banco central.

Como todos estarão recordados, os critérios de acesso consistiam na inexistência de défices orçamentais anuais superiores a 3% e de um rácio dívida/PIB superior aos 60%, na convergência dos níveis de inflação, na estabilidade cambial, patenteada na manutenção da moeda no SME nos últimos dois anos e na existência de taxas de juro que não excedessem em mais de 2% as taxas do país com taxas mais baixas.

A fixação destes critérios levantou vivas e justificadas críticas expressas, por exemplo, por Paul Krugman para quem se trata de «sheer non-sense» ou por William Buitter, num artigo significativamente intitulado «Should we worry about Fiscal Numerology of Maastricht?».

Se os critérios são em si mesmos inadequados ou insuficientemente justificados, particularmente no caso dos relacionados com as finanças públicas, a experiência mostra que o facto de os valores recomendados terem sido conseguidos através de operações de engenharia financeira, os torna ainda mais irrelevante, na medida em que não traduzem verdadeiramente a situação das finanças públicas dos Estados membros.

Não se pode deixar de assinalar que os critérios são, por outro lado, especialmente inadequados na perspectiva de um país com as características de Portugal. Miguel Cadilhe, em duas brilhantes intervenções de 1997 e 2004, faz uma demolidora demonstração deste ponto de vista.

Oitava coisa que sei sobre ela – e agora começa a tornar-se necessário um estilo mais telegráfico, devido não à menor importância, mas ao facto de o tempo o impor.

A autonomia das políticas económicas nacionais é mais aparente do que real, uma vez que os critérios de convergência em matéria de finanças públicas e, sobretudo, o relacionado com o défice anual diminuem drasticamente a margem de manobra dos decisores nacionais. O Pacto de Estabilidade (e Crescimento – como também é chamado) veio aprofundar esta situação, também potenciada pela crescente limitação da política fiscal, mesmo em matéria de fiscalidade directa.

O Pacto de Estabilidade correspondeu, como tenho defendido, a uma revisão escondida do Tratado, criando uma exigência de política orçamental acrescida, ao perspectivar a exigência dos três por cento numa perspectiva plurianual, que implica que o défice deva tender para o zero. Por outro lado, a imposição da apresentação de programas de estabilidade e convergência veio consagrar a subordinação dos decisores nacionais (Parlamentos incluídos) à Comissão Europeia.

Nem a revisão do Pacto de 2005 veio melhorar significativamente a situação, sobretudo em relação aos países com problemas de desenvolvimento, não acomodando suficientemente as suas exigências de política orçamental, quer no plano do investimento, quer no das reformas estruturais necessárias.

Um passo mais nesse sentido foi dado pelo Tribunal de Justiça, ao limitar as possibilidades decisórias do Conselho, consagrando a necessidade de observância estrita das regras quanto aos procedimentos relacionados com o défice excessivo e confirmando a limitação da decisão política pela decisão técnica da Comissão.

Nona:

O modelo de União Económica e Monetária, consagrado em Maastricht, veio extremar o liberalismo da constituição económica europeia, que já condicionava largamente as constituições nacionais, revelando uma forte indiferença às questões de redestribuição e da satisfação de necessidades por parte das camadas mais desfavorecidas.

Inverteu-se, assim de algum modo o objectivo de coesão social, patente no Acto Único através das medidas relativas aos Fundos Estruturais, bem como na Carta Social Europeia de 9 de Dezembro de 1989, apesar de se ter plena consciência dos efeitos radicais da União Económica e Monetária sobre as condições de trabalho e de protecção social, bem como da possibilidade de consequências negativas do processo sobre certas regiões.

Ralph Dahrendorf – antigo comissário europeu – sublinhou, com especial clareza, que no Tratado de Maastricht não foi dada resposta às questões mais importantes da União que eram as da coesão social e o emprego, em conjugação com o aumento da competitividade. O próprio Jacques Delors interrogar-se-ia, em 1997, «avons nous trahi le projet économique et sociale de l'Europe?»

O devotado europeísta e insuspeito liberal Francisco Lucas Pires – que aqui evoco com saudade e admiração – afirmava categoricamente que para que «a fuselagem possa voar é necessário que tenha duas asas: a Constituição económica e a Constituição Social». Faltou-lhe naturalmente recordar que os aviões com uma asa que, ainda assim, tentam voar, caem.

Há uns anos, reflectindo sobre as relações entre a constituição económica portuguesa e a europeia, escrevi um texto intitulado «que reste-t-il de nos amours?», recorrendo ao título da bela música de Charles Trenet, que servia de *leitmotiv* aos Baisers Vollés de François Truffaut – meu cineasta de cabeceira. Procurava, assim, evocar a metamorfose que sofrera a constituição portuguesa e o desencanto dos que se reconheciam na versão originária do texto de 76. Encontro agora um magnífico texto de Christian Joerges, de 1974, «Cosa resta della costituzione económica europea?», que dá conta do esvaziamento da constituição económica europeia pela união económica e monetária.

Ou seja, foram-se as constituições económicas nacionais, foi-se a europeia e o que virá a seguir?

Depois de percorrer estas várias coisas que sei sobre a constituição económica europeia, o que penso que devemos fazer? Responder à sua soberana insolência com o nosso próprio desdém? Pagar-lhe a cega indiferença aos nossos problemas de cada dia com o voto de que morra depressa?

Por mim a resposta é claramente não. Não ignoro as dificuldades que resultariam do desfazer da União Económica e Monetária e as suas consequências desastrosas para a economia dos Estados membros. Creio, isto sim, que é necessário alterar os pressupostos do seu funcionamento. Torná-la menos cega e mais capaz de dar resposta aos problemas do desemprego e do desenvolvimento.

Num certo sentido, a União Económica e Monetária correspondeu aos tempos que temos vivido, mas traz em si o germe que a destruirá no caso de se prosseguir nesse caminho porque a estrita visão monetarista que a norteia, com indiferença aos problemas do desenvolvimento económico e da acção do Estado, não responderá a um movimento de mudança em que os mais fracos – até agora demasiado ocupados com questões laterais – exijam a reposição dos equilíbrios que asseguraram uma vida decente às populações, sem marginalizar e excluir tantos seres humanos e juncar as cidades dos «cadáveres dos vencidos da exclusão» na impressiva imagem de Jacques Le Goff.

E é com Jacques Le Goff que, como poucos, sabe identificar as forças condutoras da história da Europa e recolher no passado a inspiração para os problemas de hoje, que gostaria de terminar esta intervenção, juntando-me a ele na exortação que se segue e que se encontra no livro *A Velha Europa e a Nossa*:

> «O dinheiro é outro desafio. A Europa do século XIII e, mais tarde, a do século XIX lançaram-se desvairadamente ao lucro e à riqueza, em especial à riqueza monetária. Uma vez mais, as forças morais souberam limitar o apetite e as devastações do dinheiro. De uma maneira geral, a economia, que não existia como domínio próprio, como força reconhecida no passado da humanidade e, em especial no da Europa, tende actualmente a dominar tudo. Não só os Estados e os indivíduos parecem abdicar perante forças económicas obscuras, pretensas leis económicas, mas também a ciência económica, à escuta servil da qual esses Estados se colocaram, não soube até hoje analisar e ainda menos fazer recuar as crises e a sua manifestação mais desastrosa, o desemprego. A Europa deve dar ao mundo o exemplo de repor no lugar a economia e os economistas.»

Assim seja.

AS NOVAS VESTES DA UNIÃO EUROPEIA*

A todos quero desejar as mais calorosas boas vindas a esta conferencia que nos reúne, hoje, dando sequência à reflexão que temos vindo a promover desde que a crise financeira de 2007/8 e os seus subsequentes desenvolvimentos desafiaram todo o Mundo mas, muito em especial, a Europa e Portugal a tomarem decisões capitais para o seu futuro e para o bem-estar dos cidadãos.

A todos quantos nos apoiaram nesta iniciativa expresso a minha mais profunda gratidão. Permitam-me que destaque, em especial, o Senhor Reitor que tem sempre uma palavra de estímulo e ânimo, ao mesmo tempo que representa para todos nós um exemplo de empenho universitário e cívico.

Não me esqueço que esta conferência só existe graças às qualificadas personalidades que, com generosidade e sacrifício, se dispuseram a partilhar connosco a sua visão da actualidade. Encontraremos pessoas que todos respeitamos e que, na diversidade dos seus pontos de vista e áreas profissionais, comungam do mesmo sentido de dever cívico.

É esse mesmo sentido de dever cívico que inspira quantos se decidiram a dispor do dia para estar aqui presentes, num gesto

---

* Intervenção proferida no âmbito da Conferência «Conselho Europeu de 24 e 25 de Março: Novas Vestes da União Europeia?» no dia 4 de Abril de 2011.

que representa a negação da indiferença e a manifestação de que não baixam os braços em relação à realidade que nos rodeia por mais pesada que ela seja.

Como muitos estarão recordados, há dois meses promovemos a conferência «Portugal 2011: Vir o Fundo ou Ir ao Fundo», que teve um enorme impacto e permitiu concluir maioritariamente que havia alternativas diferentes. Dois meses depois, juntamo-nos de novo, num contexto muito mais preocupante e no qual a resposta que vem – ou não vem – da União Europeia é decisiva.

A conferência foi programada num momento em que nada fazia prever a queda do Governo e a crise política. Longe de mim, no entanto, pensar que esses acontecimentos foram neutros ou destituídos de impacto sobre as matérias que hoje vamos debater.

Obviamente que, nalguns aspectos, a evolução política tornou o debate mais premente e mais necessário, até para evitar que engrossem as fileiras dos desanimados. Mas importa que fique claro que este não é um debate sobre as convergências e divergências no seio do sistema partidário português.

O título da conferência foi longamente debatido com o núcleo de pessoas do meu círculo profissional e pessoal que normalmente me ajudam a reflectir e a organizar estes acontecimentos.

Este debate prévio levou a que a conferência fosse mudando de título. Num primeiro momento, chamou-se «E agora, com a Europa» – para destacar o aparente afastamento do Fundo Monetário Internacional e a decisão da União em criar mecanismos sólidos de apoio aos países membros em dificuldade. O que entretanto se passou deu razão aos críticos do título que, mais provavelmente, deveria ser «E, agora, sem a Europa».

E isso é tanto mais verdadeiro quanto o modelo a que a Europa acabou por aderir não só é profundamente subsidiário do FMI, como pressupõe sempre a intervenção conjunta daquela organização internacional.

Uma segunda hipótese de título foi «Novas Vestes para uma Velha Senhora». Neste caso fui convencido pelo argumento que a União Europeia ainda era uma senhora jovem, ainda que nela se pudessem detectar alguns sinais de reumático, segundo alguns, ou de obesidade excessiva, na opinião de outros, enquanto que outros ainda – os optimistas – apenas encontravam manifestações de uma crise de crescimento.

E, assim, acabamos por colocar em título a interrogação: Novas Vestes para a União Europeia?, que seria compatível com um final feliz, em que todos concordássemos que os dirigentes europeus tinham tido a coragem de mudar as coisas ou com um mais pessimista, que se orientasse no sentido de considerar insuficiente ou até inadequada a resposta europeia.

Uma vasta maioria dos analistas considerou os resultados dos Conselhos insatisfatórios, a metodologia incompreensível e os *timings* inadequados. Alguns limitaram-se a pôr a tónica em que os resultados foram, apesar de tudo, melhores do que era a proposta inicial franco-alemã, ponto que creio que fará a unanimidade, mas que não é, em si mesmo, decisivo para a valoração do que saiu da reunião.

Entre aqueles que com maior elegância assumiram a defesa da jovem senhora, há que destacar Lorenzo Bini Smaghi, membro do conselho executivo do Banco Central Europeu e um potencial candidato à sucessão do actual Presidente que, reconhecendo embora, que a crise apanhou a Europa impreparada, sustenta que esta respondeu com uma energia inesperada.

Creio fazer justiça a Bini Smaghi transcrevendo um parágrafo que sintetiza, exemplarmente, as razões que encontra para estar satisfeito com a resposta europeia:

«Em menos de doze meses, a estrutura institucional do euro mudou radicalmente. É interessante olharmos para onde estava o euro há doze meses atrás. Em menos de um ano, os países da área euro aprovaram um pacote de ajuda à Grécia de 110 mil milhões de euros, com contrapartida, num programa de ajustamento estrutural e financeiro drástico; aprovaram a criação de um fundo europeu de estabilidade financeira de 440 mil milhões, inspirado no FMI. O Pacto de Estabilidade e Crescimento foi ajustado para tornar mais rigorosa a política financeira e as sanções mais automáticas. Um sistema de vigilância macro-económica para identificar e contrariar os desequilíbrios na área do euro. Vários países adoptaram medidas de ajustamento financeiro e implementaram reformas estruturais, enquanto que a União Europeia criava três novas autoridades de supervisão: para os valores mobiliários, para os mercados e para os seguros, bem como o Conselho Europeu para o risco sistémico. Outro ponto importante foi o reforço da coordenação ao mais alto nível governamental.»

Fora da esfera política e das instituições comunitárias é, no entanto, claramente mais difícil encontrar quem partilhe o entusiasmo de Bini Smaghi. Tivemos recentemente tomadas claras de posição de George Soros, Wolfgang Munchau, Paul De Grawe, Desmond Lachman ou Paul Krugman (apenas para recordar alguns nomes), apontando os erros e insuficiências da resposta europeia. Ao longo deste dia de trabalho teremos seguramente ocasião de confrontar estes pontos de vista.

Com todo o respeito pelas opiniões diversas que seguramente se manifestarão, encaminho-me no sentido de que a história tem um fim infeliz que, mesmo que não seja definitivo, deixou já atrás de si um impressivo rasto de danos directos e colaterais.

Se pensarmos na oração da serenidade: «Concedei-me, Senhor, a serenidade necessária para aceitar as coisas que não posso modificar, coragem para modificar aquelas que posso e sabedoria para distinguir umas das outras», sou tentado a pensar que seguramente faltou coragem e sabedoria e que se tendeu a confundir serenidade com abdicação.

A União Económica e Monetária representou um passo enorme no caminho da integração europeia, mas constituiu uma experiência em que eram evidentes as debilidades – ocultadas pelos primeiros dez anos de euforia –, que se impunha corrigir.

É por demais conhecida a forma como se desenrolou a unificação europeia, através de uma estratégia gradualista, em que a passos mais inovadores corresponderam respostas adequadas. A criação do mercado interno conduziu à UEM que, simultaneamente, o impulsionou e dele beneficiou.

Já o passo político subsequente, que se deveria ter consubstanciado na Constituição Europeia, acabou por ser substituído pela irrelevância em que se traduz o Tratado de Lisboa.

Ora, como os mecanismos criados pelo Tratado se revelaram desajustados para gerir qualquer tipo de crise, os Conselhos de Março de 2011 apareciam como a ocasião para encontrar soluções que corrigissem os defeitos que vinham sendo assinalados aos mecanismos da UEM, ao mesmo tempo que constituiriam resposta firme à crise das dívidas soberanas, tranquilizando os mercados, como há tanto se esperava.

Nada disso aconteceu. A ideia de governação económica, que aparecia a todos os observadores como uma exigência absoluta para um processo de união económica e monetária, teve uma concretização totalmente perversa, que tolhe as mãos dos Estados, sem criar qualquer contrapartida de natureza federal para compensar a ausência dos instrumentos nacionais.

A obsessão pela introdução de regras rígidas e de controlos por instituições não responsabilizadas democraticamente, ganharam novo e decisivo fôlego, também em matéria de finanças públicas. Pelo contrário, em matéria de solidariedade e entreajuda entre os países da União, continuou a assistir-se ao espectáculo deplorável de hesitações, vagos compromissos e adiamentos, que em nada veio tranquilizar os mercados, ou auxiliar os países em situação particularmente grave.

Em suma, aquilo que sabemos hoje é que a Europa não foi capaz de uma resposta firme e decidida, que contribuisse para acalmar os mercados e estancar a crise da divida soberana. Sem ignorar os factores de irracionalidade ou a vontade especulativa de muitos agentes no mercado, não será razoável aceitar a desconfiança quando se atrasa e adia sistematicamente as decisões necessárias e se trata alguns países como parentes indesejáveis?

Paul de Grauwe aponta, com exemplar lucidez, as razões porque o Mecanismo Europeu de Estabilidade não dará mais estabilidade e vai até piorar a situação.

Na origem dos Conselhos de Março esteve o acordo entre Berlim e Paris em torno de um plano, inicialmente chamado para a competitividade, e que representaria uma ambiciosa e articulada proposta de refundação dos mecanismos do euro.

Por estranho que parecesse, a inesperada convergência de Berlim e Paris poderia conduzir a uma résteadeesperança para quantos recordaram que a unificação europeia se fizera largamente em torno do acordo entre Schuman e Adenauer. Só que no *remake* do filme há novos protagonistas: Sarkozy e Merkel, aos quais, sem lhes questionar qualidades, falta a determinação e a visão de futuro, forjada na terrível experiência da Guerra, agora substituída por taticismos eleitorais.

Alguns de nós, mais idosos, ou mais influenciados pelo pensamento personalista de Jean-Marie Domenach, recordar-se-ão da oposição que ele moveu à criação de uma Europa a seis, que constituísse um pólo de poder que ignoraria o resto da Europa. Somos vinte e sete países hoje, mas a realidade continua a ser a mesma. Berlim domina e, generosamente, aceita que Paris possa juntar-se-lhe. Paris, grato, esquece-se de causas que anteriormente assumira como suas.

Assistimos, então, perplexos, a uma situação em que a chanceler Merkel visita as províncias do império ou chama à capital os indígenas menos relevantes; distribui certificados de comportamento; questiona os decisores nacionais e até interpela as oposições.

Ao mesmo tempo, esquecida a origem da crise, os seus principais responsáveis nem sequer se limitam a tentar passar despercebidos, antes ostentam a arrogância que o sentimento de impunidade lhes permite. As agências de *rating* entretêm-

-se a descer *ratings* aos mesmos países ou empresas com dias ou horas de intervalos, sem que nada justifique a rapidez das oscilações, e, esta semana, até Alan Greenspan, seguramente um dos maiores responsáveis pela crise de 2008, ousou investir contra as tímidas tentativas de re-regulação financeira, do alto da sua sobranceria.

Poderá – é certo – ser-se tentado a ver, no quanto digo e no quanto dizem outros portugueses, a expressão de tresloucadas cigarras que querem continuar a viver à custa das abnegadas formigas teutónicas. Todos os vícios de um lado. Todas as virtudes do outro.

Convirá, então, recorrer ao insuspeito Martin Wolf, cuja voz é bom aqui ouvir porque a sensatez não abunda neste mundo e que, depois de recordar a ligação entre a crise no sistema bancário e nas finanças públicas, afirmou:

> «Seria útil – e honesto – que o governo alemão e os governos dos outros países credores explicassem às suas populações que estão a salvar as poupanças delas ao ajudarem os países periféricos. A alternativa seria aceitar a perda dos empréstimos feitos e recapitalizar directamente os bancos. Admitir isso seria admitir que as suas políticas tinham errado, o que seria sem dúvida uma ajuda.
>
> Na realidade podemos ir mais longe. A admissão de que foram cometidos erros quer pelos virtuosos quer pelos pecadores é uma condição para criar a vontade política de reforçar o sistema. Terriveis desafios mantêm-se à nossa frente e seria mais fácil que todos confessassem a sua contribuição para a confusão. Quer aqueles que emprestaram loucamente quer aqueles que se endividaram loucamente estão implicados. Como disse a ministra das finanças francesa, Christinne Lagarde, 'it takes two to tango'.»

Ainda na passada sexta-feira, Desmond Lachman se interrogava, no *Financial Times*, sobre quão longe teria de ir a recessão em Portugal, Irlanda e Grécia, para a União Europeia e o Fundo Monetário Internacional se convencerem que os problemas dos países da periferia não são de liquidez mas de solvabilidade e, como tal, não podem ser corrigidos só por contracção financeira, num sistema de taxas de câmbio rígidas.

E vem bem a propósito, o seu comentário: «Oscar Wilde escreveu e foi amplamente repetido que se perder um parente pode ser considerado azar, perder dois parece falta de cuidado. E, então, haverá que perguntar o que dizer sobre o Fundo Monetário Internacional e a União Europeia que, depois de perderem efectivamente a Grécia e a Irlanda através da prescrição standard de aperto financeiro draconiano, parecem decididos a perder um terceiro país: Portugal».

Todos notaram que tenho recorrido a várias citações recolhidas na imprensa internacional. Como sabem, Portugal voltou a ter um relevo, nesse meio, que não conhecia desde a Revolução dos cravos ou dos agitados tempos que a seguiram. Alguns textos são grosseiros, a raiar o ofensivo. Não é, por acaso, que a mentira do 1 de Abril do *The Independent* foi a venda de Cristiano Ronaldo à Espanha para amortizar a dívida pública portuguesa.

Noutros casos, as reflexões são interessantes e o humor mais fino. É o caso da suposta carta da Irlanda para Portugal, que costumo citar, publicada no mesmo *The Independent* e da qual me permito ler, uma passagem, no original:

> «Anyway, I notice now that you are under pressure to accept a bailout but your politicians are claiming to be determined not to take it. It will, they say, be over their dead bodies. In my experience that means you'll be getting a bailout soon, probably on a Sunday. First let me give you a tip on the nuances of the English language. Given that English is your second language, you may think that the words 'bailout' and 'aid' imply that you will be getting help from our European brethren to get you out of your current difficulties. English is our first language and that's what we thought bailout and aid meant. Allow me to warn you, not only will this bailout, when it is inevitably forced on you, not get you out of your current troubles, it will actually prolong your troubles for generations to come.
>
> For this you will be expected to be grateful».

Mais duvidosa é a sugestão do *Financial Times* de integração de Portugal no Brasil, que causou viva indignação – até mesmo editoriais – entre nós, e forçou o autor do texto a explicar que o escrevera como provocação intelectual e que reflectia a diferença entre as estimulantes políticas económicas e sociais e brasileiras e as da moribunda Europa, da qual nada haveria a esperar.

É essa sensação da Europa moribunda que me leva a crer que as novas vestes são, afinal as velhas ou, pior ainda que, tal como sucedia no conto de Hans Christian Andersen, que tanto nos divertiu na infância, o Rei ou, mais adequadamente, a rainha saiu à rua, a mostrar as novas vestes e afinal, enganada pelo alfaiate e vítima da própria vaidade e vacuidade, ia nua. Até agora, ainda nenhuma criança o gritou. Mas, mais cedo ou mais tarde, não será esse o grito comum do conjunto das populações europeias? E será que manterão a serenidade para continuar a aceitar sacrifícios violentos e sem qualquer contrapartida, só para garantir o pagamento dos credores externos?

Talvez que os que, mais do que de histórias de infância, se recordam de outras mais recentes e bem mais dramáticas, se lembrem antes da terrível narrativa de Simon Leys, *As Novas Vestes do Presidente Mao* e, mesmo sem acreditarem que o número de vítimas corresponda ao da Revolução Cultural, não deixem de temer que se esteja a procurar uma compressão total do pensamento político e cultural, com a formatação de todos nós em discípulos da austeridade e da indiferença à política social.

Porém, como não quero acabar em tom de pessimismo, vou invocar, de novo, Bini Smaghi, de quem antes discordei, mas que talvez porque tem, afinal tantas dúvidas como eu, acabou o seu discurso, afirmando estar convencido que «nos tempos de crise, a Europa tem qualquer coisa extra que faz com que ela avance na direcção correcta. A combinação de raízes históricas comuns e de diversidade cultural entre os seus países, a mistura de cooperação e competição entre eles tem sido e continua a ser uma fonte de progresso e riqueza. Estou à espera de sabedoria».

A recessão dos países não parece um sinal de sabedoria.

Provavelmente Orwell tinha razão quando afirmou que «ver o que está à frente do nariz requer uma luta constante». Pela nossa parte permaneceremos empenhados nessa luta. Estou seguro que assim o farão todos os que aqui estão e esta é uma razão para ter esperança.

UM ANIVERSÁRIO SEM
HONRA E SEM GLÓRIA*

Felicito o *Boletim OA* pela decisão de analisar os dez anos de existência física do euros, efeméride que, por força das dificuldades que a União Económica e Monetária atravessa, tenderá a passar bastante despercebida – conselho dado, aliás pela própria Comissão Europeia e confirmado pelo sóbrio vídeo comemorativo do Banco Central Europeu.

Ora, se é verdade que nada há de mágico nos números redondos, nem por isso se pode deixar de pensar que estes constituem um pretexto útil para debater os acontecimentos e factos a que se reportam.

Foi num ambiente de enorme esperança e alegria que, no dia 2 de janeiro de 2002, as moedas nacionais de 12 Estados, aos quais se juntaram mais tarde mais cinco, foram substituídas pelo euro, moeda comum de mais de 330 milhões de pessoas, naquilo que parecia ser um percurso rumo ao sucesso e um passo decisivo para uma maior união europeia, quiçá uns Estados Unidos da Europa?

Vídeos da época, hoje facilmente localizáveis no Youtube, esse inesgotável abastecedor de memórias recentes e destruidor das memórias mais antigas, mostram as multidões que celebram,

---

* Publicado no *Boletim da Ordem dos Advogados* n.º 86, no dia 1 de Janeiro de 2012.

o champanhe que se abre, o fogo-de-artifício. Mas tudo isso tem o tom passadista de «por quem os sinos dobram». O champanhe não jorrou e até na passagem do ano o fogo-de-artifício foi vítima de austeridade.

Jacques Rueff profetizara que a união europeia ou se faria pela moeda ou não se faria. Hoje ser-se-ia mais tentado a dizer que a Europa se desfez pela moeda e, todavia, ela constituiu, em diversos aspetos, um fator que contribuiu para aproximar os povos, facilitando as trocas e, sobretudo, a circulação das pessoas, fatores que até fizeram diminuir a intensidade das vozes de alguns eurocéticos, convertidos às comodidades no turismo e nos negócios.

O que é que correu mal, então, nessa caminhada que se anunciava como um desfile triunfal e se converteu numa penosa via-sacra? A incompetência dos dirigentes das instituições comunitárias e dos Estados membros, o projeto hegemónico da Alemanha, o ambiente económico dominante dos dois lados do Atlântico que conduziu à crise despoletada em 2008 e que ainda hoje resiste, a atuação de especuladores, apostados em ganhos rápidos a qualquer custo?

Tudo isso sem dúvida, mas sobretudo, erros na conceção de base da moeda única, que agora, até o pai fundador, Jacques Delors, não hesita em apontar ao filho maldito: o euro assentou numa construção deficiente.

Através da criação do euro avançava-se, de facto, para a criação de condições únicas para uma zona económica que poderia aspirar a tornar-se um parceiro hegemónico na cena económica e política mundial, detentor de uma moeda de refúgio. A descida dos custos do financiamento público e privado jogou, nesse contexto, um papel relevante, qual seria tentando seduzir Ulisses, que se não soube amarrar ao mastro a que, agora, o querem amarrar, quando pensa que melhor fora ser livre para poder manobrar.

Na União Económica e Monetária, tal como foi definida no Tratado de Maastricht, jogava-se uma partida viciada, desde o início, pela assimetria entre a unidade monetária e a económica, a primeira traduzida no confisco da política monetária e cambial aos Estados e a segunda remetida para o puro domínio da intergovernamentalidade.

Numa área geográfica em que os níveis de desenvolvimento eram muito diversos, descurou-se totalmente a necessidade de existência de um orçamento central forte – expressão de um federalismo financeiro de natureza cooperativa – que pudesse acorrer às crises e assegurar uma convergência real das economias. Tudo isto ao mesmo tempo que a dimensão social da integração europeia era marginalizada de harmonia com os novos ventos da economia.

Nesse contexto, as disparidades entre as economias apenas podiam crescer e, enquanto o euro se afirmava como uma moeda forte, as economias frágeis perdiam a sua competitividade e a possibilidade de utilização do instrumento cambial. A facilidade de obtenção de crédito e uma falsa ideia de que existia uma balança exterior comum na zona euro conduziram a políticas mais ou menos laxistas, que asseguraram níveis artificiais de bem-estar, assentes num aumento do consumo, viabilizado pela multiplicação do crédito.

Viria, todavia, a ser a crise nascida no setor financeiro a expor as fraquezas do euro. Muitos foram os Estados que romperam o seu equilíbrio, ou se desequilibraram ainda mais, para auxiliar o setor financeiro, vital para a economia, ao mesmo tempo que o desaparecimento brutal de riqueza financeira, a par com uma redobrada atenção ao risco do investimento, fechava os mercados de crédito. Daí à crise que vai consumindo, uma após outra, as economias dos Estados membros da União foi um passo rápido, auxiliado pela incapacidade ou falta de vontade de pôr de pé uma estratégia efetiva de defesa.

Não sei se daqui a dez anos o euro subsistirá, mas sei que que for ao Youtube então, para saber como foram as comemorações dos dez anos da moeda única, não encontrará festejos como os de 2002, mas o desinspirado vídeo do BCE em que um sorumbático presidente do Banco Central Europeu, Mario Draghi – bem mais efetivo na sua discrição, aliás, do que o anterior presidente –, assegura aos europeus que o Banco Central Europeu continuará a zelar pelo seu mandato essencial de defesa da estabilidade dos preços. Isto é: rigorosamente nada daquilo que os cidadãos europeus queriam ouvir e os poderia motivar para se unirem em torno do euro.

A TERRA DO LEITE E DO MEL*

A 1 de Janeiro de 1986, Portugal passava a ser membro das Comunidades Europeias, depois de um processo de negociação que se estendeu por longos anos após a entrega do pedido formal de adesão, em 1977, por Mário Soares e Medeiros Ferreira, em contraste com o que viriam a ser as rapidíssimas adesões dos Estados da Europa Central e Oriental.

A nossa entrada nas Comunidades correspondeu à concretização de um projecto assumido pelos cidadãos portugueses na sua quase totalidade. Víamos, então, a Europa como aquilo que Alain Minc, ainda há pouco, qualificava como um pequeno canto do paraíso, imagem bem mais fácil de aceitar naquele período do que nos dias que correm.

Nas Comunidades Europeias encontrávamos não só o apoio às nossas instituições democráticas, como o encerramento do período de trevas, consubstanciado no salazarento orgulhosamente sós. Com os pais fundadores da integração europeia acreditámos num espaço de solidariedade e entreajuda mútua que contribuiria para um progresso de todos os povos reunidos.

---

* Intervenção proferida no âmbito do Congresso Internacional «25 Anos na União Europeia, 25 Anos do Instituto Europeu Onde estamos? Para onde vamos?» no dia 28 de Novembro de 2011.

Acreditámos que, à sombra das duas bandeiras, que aqui honramos neste palco, mantendo a nossa soberania e integrando-nos numa união de Estados, iriamos construir uma Europa viva e organizada indispensável para a manutenção de relações pacíficas e que constituiria para todos os países do mundo sem distinção nem exclusão, uma ocasião para a melhoria do nível de vida. Acreditámos porque o tínhamos lido no documento fundador da União – a Declaração Schuman.

Não lemos – ou não prestámos a devida atenção – àquilo para que Pierre Mendès France – a grande referência moral da sua geração – alertara, em 1957: o projecto do mercado comum, tal como ele nos é apresentado baseia-se no liberalismo clássico do século XIX, segundo o qual a concorrência pura e simples regula todos os problemas. A abdicação de uma democracia pode ocorrer por duas formas, ou através de uma ditadura externa assente na entrega de todos os poderes a um homem providencial ou pela delegação de poderes numa autoridade exterior que, em nome de uma técnica, exercerá na realidade o poder político, porque em nome de uma economia sã se acaba por ditar uma política monetária, orçamental, social e finalmente uma política no sentido mais largo do termo, nacional e internacional.

Nas Comunidades Europeias antevíamos a terra de leite e de mel. Do deserto passaríamos para a terra donde jorrava o leite e o mel, sob a mais prosaica forma dos fundos comunitários que, ainda antes da adesão, tinham começado a fluir e a criar condições para um desenvolvimento económico-social nunca antes experimentado.

Faltou-nos, talvez, o Moisés que nos conduzisse à terra sonhada através de todas as provações e, seguramente, o papel dos descrentes que duvidaram da palavra de Deus foi razoavelmente representado por quantos fizeram utilizações fraudulentas dos fundos comunitários e neles viram uma ocasião para melhorar o bem-estar individual e não o colectivo.

Não esperávamos, seguramente, que a ira de Deus fosse substituída pela teologia da culpa da chanceler Merkel. Atordoados, reconhecemos: nossa culpa, nossa máxima culpa, porque pecámos por pensamentos palavras, actos e omissões. Confessámos e dispusemo-nos à expiação. Começamos a percorrer a via-sacra, com a vaga suspeita de que nos esperam bem mais do que catorze estações, e cada vez menos crentes na ressurreição.

Apóstolos devotos, como Jean-Claude Juncker, vindos até nós para pregar o novo/velho credo, garantiram-nos que a crise não era do Euro, mas apenas de uns tantos países malcomportados. Tanto zelo e tanta fé não conseguiram - é certo - convencer uns tantos infiéis impenitentes.

Como na história de Andersen, alguns começaram, todavia, a suspeitar que o rei ia nu e quando as dificuldades antes experimentadas pela Grécia, pela Irlanda e por Portugal se estenderam a Itália, à Espanha e, por fim até à própria Alemanha, o clamor começou a ser geral.

Que querem e que pretendem, então, aqueles que pedem e reclamam: a dissolução do Império? A destituição do Rei ou da Rainha? Alguns seguramente que sim, mas a maioria, a vasta maioria e – estou certo – quase todos os que se juntaram hoje nesta sala, uma coisa muito mais simples.

Queremos recuperar a nossa voz, reafirmar as bases das sociedades democráticas, desafiar o pessimismo inerte, a morte anunciada, substituindo-a por um novo pacto fundador da aliança entre os povos da Europa que possa devolver o Continente à sua antiga condição e poder e até permitir ao rei – ou a rainha – um muito maior esplendor.

Não nos conformamos com a ideia de que a Europa se torna num continente irrelevante, olhado apenas como uma fonte problemas. Um continente que, incapaz de ordenar a casa e resolver os seus problemas, olha atordoado para os países emergentes a quem implora um pouco de força, ou de dinheiro.

A nossa humildade para reconhecer que estes países são parceiros iguais deve correr de mãos dadas com a nossa decisão de compreender as razões do seu sucesso ou com a coragem de aceitar o que nos dizem países como o Brasil que, em certo momento, aceitaram políticas como aquelas que tomaram conta da Europa e só vieram a crescer quando se livraram desse jugo.

Mas é, sobretudo, no interior da Europa que se devem posicionar as nossas energias e capacidade de inovação. Até agora o que fez a Europa, assolada por uma crise de dimensões gigantescas? Como respondeu Martin Wolf, fez demasiado pouco e fez demasiado tarde. É, pois, tempo de tentar outras alternativas.

O anúncio de que os Tratados irão ser revistos, saído de mais uma das inúmeras cimeiras entre a Alemanha e a França, para decidir do nosso destino, poderia abrir a esperança de que a Europa estaria decidida a seguir esse caminho.

Já sabemos, no entanto, que respostas económicas tais como a maior intervenção do Banco Central Europeu ou a criação de obrigações europeias, defendidas por um número crescente de personalidades, com relevo para o nosso Presidente da República, não estarão em cima da mesa.

Mas, o que é, porventura, mais preocupante é que tudo indica, a julgar pelo método que está na origem da revisão dos Tratados que, mais uma vez, se irá tentar fazer uma alteração que não leva em conta a voz dos cidadãos europeus e em que o debate político é sacrificado.

Mais ainda: a maior integração para que se pretende caminhar parece estar apenas focalizada na garantia de controlo dos países em dificuldade, obrigando-os, de forma ainda mais inequívoca, a políticas de austeridade e empobrecimento. Seguramente que um orçamento central europeu não se destinará, nem terá os meios, para cumprir as clássicas funções de Musgrave: alocação, estabilização e redistribuição.

E, no entanto, pelo menos desde os anos setenta que o Relatório Macdougal, sustenta a necessidade de um orçamento mais forte que permitisse às economias mais débeis a participação plena na integração económica, privilegiando a protecção dos desempregados e o apoio às regiões mais débeis.

Pouco antes de morrer, o grande intelectual português Vitorino Magalhães Godinho alertava – com uma actualidade que só aumentou ante o anúncio da revisão dos Tratados: «fala-se muito em refundar a Europa, em levá-la a um novo arranque – mas só se propõem estafadas soluções que evitam atacar o mal, e teima--se em tratar de tudo em circuito fechado, sem participação dos cidadãos, escamoteando a vontade geral».

A circunstância de a representação da Comissão Europeia e do Gabinete do Parlamento Europeu em Lisboa terem apoiado esta realização leva-nos a ter esperança que estas práticas ainda possam ser invertidas. Do mesmo modo, Senhor Secretário de Estado, a sua presença nesta sessão, que saúdo e agradeço vivamente, o empenho demonstrado pelo Ministro Paulo Portas em tentar estar presente apesar da sua intensa agenda internacional, bem como a sua participação no livro e o apoio institucional do Ministério dos Negócios Estrangeiros revelam uma abertura e preocupação ao debate científico e cívico que muito me apraz registar.

O apoio recebido da Fundação de Ciência e Tecnologia representa também uma demonstração de que a Fundação pretende uma Universidade activa e empenhada na busca de respostas para os problemas da colectividade. De tradicionais parceiros do IDEFF veio uma ajuda para a viabilização da conferência, que agradecemos igualmente.

A velha ideia de que a Europa se fará pela moeda ou não se faria fundamentou a introdução do Euro. Também creio que a Europa unida exige uma moeda, mas a unidade europeia, essa, só se pode fazer com base no sentimento das suas populações, ao qual há que dar maior espaço de expressão.

É isso que tentamos fazer com este Congresso e com o livro *25 Anos na União Europeia. 125 Reflexões* e muito nos orgulhamos da resposta que recebemos. Em torno dele mobilizámos centenas de pessoas e de boas vontades. No espaço de pouco mais do que um mês 125 pessoas disponibilizaram-se para partilhar as suas reflexões sobre a Europa.

O extraordinário livro que daqui resultou estará à venda na quarta-feira, editado pela Almedina, a nossa parceira tradicional, sempre disponível para a edição jurídica que a celebrizou, mas também para os textos de reflexão sobre a economia e a sociedade.

Universitários, políticos, intelectuais, artistas, homens de religião e agentes económicos sociais juntam-se numa reflexão transversal, que atravessa o espectro político e junta gerações muito diferenciadas. A leitura do livro confirma uma ideia que tenho expressado muitas vezes e que é a de que é imensa a qualidade dos nossos universitários, dos cientistas, dos nossos escritores, dos nossos pintores, dos nossos músicos e de tantos outros que se impõem ao respeito do Mundo.

Reunimos, neste congresso, mais de sessenta oradores e moderadores. Inscreveram-se e por cá passarão por estes dias, centenas de participantes.

Procurámos, também, captar o sentimento da sociedade portuguesa, promovendo uma ampla sondagem de opinião, cujos resultados figuram na brochura do congresso e nos serão apresentados esta tarde.

A sondagem revela uma população informada e preocupada, com opiniões maioritárias que reforçam a convicção de que devemos defender a nossa manutenção na União Europeia e no euro, ao mesmo tempo que lutamos por novas e melhores soluções.

O grande esforço e sacrifício pessoal que está por trás desta realização foi amplamente recompensado.

Orgulho-me, especialmente, de poder dar continuidade ao trabalho do Professor Paulo Pitta e Cunha que há vinte e cinco anos fundou o Instituto e o manteve ao longo de todo esse período como um impressionante polo de reflexão e difusão dos estudos europeus. Para ele vai a minha homenagem e o meu agradecimento pelo exemplo, pelo apoio, pela confiança.

É a sua obra e, sob a sua orientação, que vamos continuar. Entre muitos outros méritos, Paulo Pitta e Cunha teve o de nos ensinar a importância de ter ideias em matéria de integração europeia e de as defender a todo o custo.

Vitorino Magalhães Godinho, já anteriormente referido, recordava a propósito de Portugal, a célebre interrogação de Antero de Quental, «Mas, Ex.mo Senhor, será possível viver sem ideias?» Seguramente a questão coloca-se, com mais pertinência ainda, a propósito da Europa. São, no entanto, muitos os que, em toda a União, pugnam para que assim não seja. Fazemos parte deste intenso movimento.

Continuaremos a fazê-lo e, em cada momento e pelas formas adequadas, saberemos identificar a forma de fazer ouvir as nossas ideias.

Neste dia em que celebramos a consagração do fado como património mundial imaterial da UNESCO e, consequentemente, como algo que partilhamos com os restantes povos, graças aos grandes cantores e cantoras do passado mas, porventura, especialmente àqueles que renovaram a canção e nos ensinaram que ela não é só sofrimento e resignação, alegro-me de concluir com um belo texto que Cristina Branco escreveu para nós:

Que União Europeia queremos? – penso se alguma vez senti isto com o discurso de um político, um religioso, um filósofo, um pensador. Penso nos sonhos de sonhadores como Jean Monnet que nos trouxeram até uma ideia de Europa perdida nos caudais que se evaporam dos ideais românticos. Penso que tenho tanto de desesperançada a ver esta Europa em *via crucis*, desgovernada, presa a contas e dívidas, a balanços e balancetes, a novelas de histórias políticas mal contadas, a eternos jogos de poder, a golpadas, uma Europa infantil que soube fazer estradas mas não soube crescer e acautelar o seu futuro. Uma Europa que não tratou do seu ser como quem cuida de um filho ou de um casamento. Há também a Cristina romântica que quer acreditar numa Europa pacificada, atenta, esclarecida, lúcida, livre, criativa, onde os seus filhos possam crescer, estudar, percorrer as suas vidas. Uma Europa que não se esgota nos seus países membros mas nas pontes que a ligam historicamente a todo o mundo. Uma Europa que aprendeu as lições da arrogância, da hipocrisia, da usura e já não precisa de ajoelhar-se em penitência pelos seus erros. Uma Europa que acolhe os seus membros como eu fui acolhida em todos os sítios em que cantei».

Assim seja. Que a Cristina continue a cantar e a acreditar.

UM TRATADO QUE NÃO SERVE A UNIÃO EUROPEIA*

1. Introito

A 30 de Janeiro de 2012, 25 dos 27 Estados-membros da União Europeia aprovaram um projecto de tratado internacional designado «Tratado sobre a Estabilidade, a Coordenação e a Governação na União Económica e Monetária».

O projecto dá expressão a decisões que haviam sido adoptadas na Cimeira de Chefes de Estado e de Governo da União Europeia de 9 de Dezembro de 2011. Logo aí, ficou a saber-se que o Reino Unido não iria participar em tal tratado. No dia 30 de Janeiro soube-se que também a República Checa tomou a mesma opção. E alguns sinais permitem afirmar que não se pode excluir a possibilidade de mais Estados-membros ficarem pelo caminho.

O projecto de tratado em questão gerou, como seria normal, avaliações muito diversas. Os principais promotores saudaram-

---

* Um Manifesto elaborado em Fevereiro de de 2012, no âmbito do Instituto Europeu, em co-autoria com José Renato Gonçalves, Luís Máximo dos Santos, Nuno Cunha Rodrigues e Sérgio Gonçalves do Cabo. O Manifesto recebeu a adesão, entre outros de José Silva Lopes e Viriato Soromenho Marques.

-no como um relevante êxito. Sustentam que a matéria que constitui o seu cerne – o denominado «compacto orçamental» – consagra uma genuína «união orçamental» e, nessa medida, contribui para a resolução da crise das dívidas soberanas. Largas correntes de opinião, pelo contrário, avaliam-no de forma profundamente negativa, designadamente por potenciar a fragmentação da União muito para além do que seria aceitável e insistir numa errada terapia para a saída da crise em que vive há, pelo menos, dois anos, e cujo fim não se divisa no horizonte.

Da sondagem promovida pelo Instituto Europeu resulta que existe em Portugal uma ampla maioria favorável ao Tratado Intergovernamental. Também por isso o debate se justifica. Para aferir da validade dos pressupostos da adesão à solução que o Tratado pretende instituir.

Os signatários entendem, ainda assim, que é fundamental discutir, em todas as suas incidências, este projecto de tratado de forma a auxiliar o Governo e o Parlamento nas decisões de assinatura e ratificação do Tratado.

A situação de dependência financeira em que o País se encontra não pode ser motivo de exclusão da discussão. Até nas situações de guerra se avaliam as possíveis estratégias para a ganhar. Portugal não pode ter *medo de existir*. A anomia social é um caminho para o insucesso e não para o êxito. A própria procura de consensos alargados e operativos requer a discussão dos problemas e não a supressão do debate.

Só com uma estratégia de envolvimento colectivo poderemos reunir energias que, mais do que nunca, não podem ser desprezadas e exercermos plenamente a cidadania, sem a qual tudo perde sentido.

É indispensável, por isso, debater as posições que melhor defendem o interesse nacional e o interesse da União Europeia. Só assim se honra o espaço de pluralidade e liberdade que lhe é matricial. A metodologia da «Europa confidencial» ou da «integração furtiva», em que muitos objectivamente apostaram desde há demasiado tempo, é aliás uma das causas da decadência do processo de integração europeia. A participação acrítica na actual fase do projecto europeu pode parecer vantajosa no imediato mas comporta elevados riscos num contexto altamente imprevisível e susceptível de rápida mutação.

É, assim, à luz destes propósitos que os signatários deixam à consideração dos seus concidadãos as reflexões que seguem.

2. O conteúdo do Tratado

Pressionada pelas críticas quanto à ausência de instrumentos para lidar com a crise, designadamente no que diz respeito à existência de um efectivo governo económico europeu, em Novembro de 2011 (cf. JO L 306, de 23.11.2011) a União Europeia publicou vários regulamentos e uma directiva tentando formular uma estratégia de reacção.

Pouco depois, veio a prevalecer o entendimento de que uma intervenção ao nível do direito derivado seria insuficiente, aventurando-se no projecto de um novo tratado.

O projecto de novo Tratado – que não constitui uma revisão dos Tratados em que se funda a União Europeia – vem exigir aos Estados participantes a consagração nas respectivas Constituições, ou em normas de valor equivalente, do princípio do equilíbrio ou excedente orçamental estrutural, o qual apenas admite desvios temporários em circunstâncias excepcionais, devendo sempre regressar-se a uma situação de equilíbrio ou excedente orçamental (art. 3.º, n.º 2, 1.ª parte). Vem igualmente impor a instituição, a nível nacional, de mecanismos de correcção automática dos desequilíbrios orçamentais com base em princípios comuns a propor pela Comissão Europeia, designadamente quanto ao papel e independência de instituições responsáveis, a nível nacional, por controlar o cumprimento das regras orçamentais (art. 3.º, n.º 2, 2.ª parte), bem como a obrigação de redução da dívida pública à razão de 5% ao ano

(1/20) sempre que esta exceda 60% do PIB (art. 4.º). É igualmente imposta a obrigação de implementação de um programa de reformas estruturais (económicas e orçamentais) vinculativo em caso de défice excessivo (art. 5.º) e a apresentação antecipada ao Conselho e à Comissão dos planos de emissão de dívida pública nacional (art.º 6.º). O projecto de Tratado consagra ainda a regra de votação por maioria qualificada «invertida» (art. 7.º) e atribui ao Tribunal de Justiça de poderes de controlo quanto à consagração a nível constitucional ou equivalente do princípio do equilíbrio ou excedente orçamental estrutural e respectivos mecanismos de correcção automática, incluindo a sua vertente institucional (art. 8.º). Prevê ainda a figura da convergência e competitividade reforçadas de forma a melhorar o funcionamento da UEM (art. 9.º), a cooperação reforçada em matérias essenciais para o funcionamento da área do euro, sem pôr em causa o mercado interno (art. 10.º) e a prévia coordenação das reformas económicas a implementar em cada Estado-membro (art. 11.º), institucionalizando as cimeiras da zona euro (art. 12.º) e as conferências orçamentais entre as comissões pertinentes do Parlamento Europeu e dos Parlamentos Nacionais (artigo 13.º). Finalmente, para entrar em vigor, basta que o novo tratado intergovernamental seja ratificado por doze Estados, muito embora apenas se aplique àqueles que procederam à respectiva ratificação (art. 14.º), salvo quanto aos mecanismos institucionais criados (cimeiras da zona euro e conferências orçamentais a nível do Parlamento Europeu e dos Parlamentos nacionais) que são aplicáveis a todas as partes contratantes, mesmo que não tenham ratificado o Tratado (art. 14.º, n.º 4). Estabelece-se ainda uma cláusula de '*opt in*' para os Estados membros da União Europeia que não sejam partes contratantes (artigo 15.º) e prevê-se uma futura fusão deste Tratado com o Tratado da União Europeia (TUE) e com o Tratado sobre o Funcionamento da União Europeia (TFUE), o mais tardar cinco anos após a data da sua entrada em vigor (artigo 16.º).

3. Um Tratado desnecessário

Não obstante identificadas desde o seu início, nunca se verificou da parte dos Estados-membros uma vontade de colmatar as lacunas existentes na arquitectura da União Económica e Monetária, pelo menos pela via da revisão dos tratados institutivos da União e da Comunidade Europeia. Pelo contrário, as sucessivas revisões pós-Maastricht deixaram essa matéria sempre intocada.

Num momento que é de urgência, em que os problemas da zona euro se jogam no curto prazo, é paradoxal que se tenha apostado em despender energias na elaboração de um projecto de tratado, para mais numa circunstância em que se verificou não haver consenso para isso entre os 27 Estados-membros, o que só por si enfraquece a solução encontrada.

A surpresa é tanto maior quanto nada do que está consagrado no Projecto de Tratado aprovado pelos 25 Estados-membros é verdadeiramente inovador. E o que verdadeiramente justificaria um tratado de revisão está ausente no projecto agora aprovado.

Com efeito, o que se verifica é, no essencial, uma tentativa de elevar ao nível de tratado o fracassado (não por acaso) Pacto de Estabilidade e Crescimento como contrapartida da criação do Mecanismo Europeu de Estabilidade (MEE). Aliás, no considerando 23 deixa-se mesmo expressa a existência de uma directa ligação entre a concessão de assistência financeira no quadro de novos programas ao abrigo do Mecanismo Europeu de Estabilidade e a entrada em vigor do Tratado, por um lado, e a consagração em regras vinculativas e de carácter permanente, de preferência a nível constitucional, das disposições de reforço da disciplina orçamental, por outro.

As soluções consagradas não traduzem qualquer passo num avanço em sentido federal, ao contrário do que já se tem procurado fazer crer. A esse nível, as disposições do Projecto, embora implicando uma disciplina mais rigorosa sobre as finanças públicas dos países contratantes, não introduzem qualquer inovação significativa. Nem poderiam fazê-lo sem a assunção pelos 27 Estados-membros.

Em matéria de coordenação das políticas económicas e convergência não se vai além de expressões genéricas permitindo a um núcleo mais restrito de Estados o aprofundamento da integração. A nota mais saliente é a referência, algo vaga, despida de qualquer especificação, à disponibilidade das Partes Contratantes para recorrerem ao mecanismo das cooperações reforçadas, o que pode, aliás, ser um factor de divisão acrescida no interior da União.

As alterações introduzidas quanto à governação da área do euro são de importância reduzida. Passa-se completamente ao lado da questão central. Não se esboça uma tentativa séria de abordagem diferenciada.

O Projecto de Tratado não encerra um qualquer plano credível para a resolução dos problemas da zona euro. Não se delineia uma perspectiva de acção, para lá da insistência na disciplina orçamental e na previsão de sanções para os que a incumpram. É pouco, muito pouco. O próprio Jean Claude Juncker, Presidente do Eurogrupo, afirmou já que o conteúdo do Tratado «é amplamente insuficiente».

O projecto induz uma desanimadora sensação de *déja vu*. Os desequilíbrios da zona euro, antes de serem financeiros, são económicos. Não se resolvem com *technicalities*, como a criação de uma espécie de indicador de divergência orçamental, susceptível de automaticamente desencadear um mecanismo de correcção.

4. Uma inaceitável metodologia de elaboração

Apesar de formalmente aprovado por 25 Estados-membros da União Europeia, existe uma convicção generalizada de que estamos basicamente perante um projecto de tratado que reflecte a estratégia perante a crise de um só Estado: a Alemanha, ainda que apoiada pela França, que só numa fase inicial esboçou alguma reacção ou desagrado. Nada na actual cooperação entre estes dois Estados recorda anteriores momentos de cooperação que contribuíram de forma decisiva para a criação das Comunidades e para o seu progresso.

Pode, é certo, adicionar-se como genuínos aderentes à causa alemã alguns Estados da sua órbita económica (Holanda e Áustria) e outros aliados menos frequentes (Suécia e Finlândia), mas a esmagadora maioria das adesões reflecte a ausência de pólos alternativos e, sobretudo, posições de extrema fraqueza e até dependência, por parte de um elevado número de Estados-membros.

Este factor é preocupantemente novo na história da integração europeia. A hegemonia de um Estado-membro da União rompe radicalmente com a sua matriz fundadora.

A metodologia de elaboração deste Tratado, mesmo quando comparada com a dos mais recentes tratados, deixa muito a desejar. Este não é um Projecto de Tratado elaborado de forma participada. A inaceitável metodologia que conduziu à sua elaboração reflectiu-se, como não poderia deixar de ser, no seu resultado.

5. Um Tratado que divide

O Projecto de Tratado sobre a Estabilidade, a Coordenação e a Governação na União Económica e Monetária consuma um caminho europeu à margem dos mecanismos da União Europeia, apesar do propósito, expresso no artigo 16.º, de o incorporar no quadro jurídico da União, o mais tardar, cinco anos após a sua entrada em vigor.

É assim impossível não o ver como um instrumento de divisão. Existem, para já, dois Estados-membros que estão de fora. E obviamente as instituições da União Europeia saem inevitavelmente marginalizadas.

Em abono desta metodologia, pode invocar-se o Tratado de Schengen e é verdade, também, que uma integração de geometria variável ou a várias velocidades tem estado presente em diversos momentos da integração europeia, devendo igualmente reconhecer-se a legitimidade das cooperações reforçadas.

Mas a matéria da UEM é demasiado nuclear no quadro do projecto europeu para ficar submetida a semelhante metodologia. É certo que em si mesma a UEM comporta uma divisão fundamental, ou seja, a que se verifica entre os países que adoptaram o euro como moeda e aqueles que não querem ou não estão ainda em condições de aceder a essa fase. O que é bem diferente de passar a admitir-se (como sucede com o Tratado em questão) no regime jurídico da UEM regras diferenciadas para além das que são inerentes a essa diferente condição.

É dramático ter de reconhecer que a moeda única, em que sempre se viu um instrumento decisivo para a construção da unidade europeia venha a ser raiz de divisões tão profundas: países do euro e países de fora do euro; países do Norte e países do Sul; países ricos e países pobres; países virtuosos e países pecadores, de acordo com uma visão maniqueísta totalmente inadequada a um modelo de integração económica e política.

O Projecto de Tratado contém, pois, um alto potencial para acentuar uma dinâmica de divisão da União Europeia.

6. Os maiores riscos do Tratado

O Projecto de Tratado reincide no erro de instituir um regime económico sem flexibilidade, em resultado do ainda maior espartilho decorrente das regras orçamentais. Os Estados-membros mais frágeis – já bastante condicionados pela dependência de financiamentos de instituições da União – ficam totalmente desprovidos de instrumentos de política económica para prosseguir os seus objectivos específicos. E não podem sequer beneficiar, como nos Estados Unidos, dos instrumentos próprios do federalismo (designadamente de um poderoso orçamento redistributivo ao nível da União), ficando assim no pior de dois mundos.

A estratégia adoptada é orientada num sentido único. Desvaloriza-se a circunstância de o problema de fundo residir mais no nível dos desequilíbrios nas balanças de pagamentos do que propriamente nos desequilíbrios orçamentais (a Espanha tinha excedentes orçamentais apesar do enorme défice externo): os fundos provenientes dos países com excedentes na balança foram intermediados pelo sistema financeiro para financiar os países com défices na balança. Daí a necessidade de uma visão mais abrangente, mais de conjunto, ao nível da zona euro.

A estratégia seguida secundariza o vector do crescimento, pois pretende ajustamentos em períodos muito curtos. Ora, a intensidade do ajustamento pode comprometer o crescimento e gerar uma espiral recessiva. Então, como já alguém disse, em vez de uma união de estabilidade e crescimento teremos uma união de instabilidade e duradoura estagnação.

7. Ultrapassar a divisão

O projecto de integração económica europeia nasceu de uma forte motivação para assegurar uma sólida estabilidade política, impedir as guerras e afirmar os valores democráticos. E foi com esse referencial que se desenvolveu um caminho – nem sempre linear e coerente – mas que não pode deixar de nos orgulhar a todos nós, europeus.

Porventura, o sucesso do processo de integração europeia e o longo período de paz dentro das fronteiras da União – apesar da proximidade da tragédia dos Balcãs e da proliferação de situações menos satisfatórias do ponto de vista democrático – adormeceram as consciências, ao mesmo tempo que a crescente prosperidade económica (nos últimos anos, no entanto, mais aparente do que real, pelo menos em alguns países) nos fez esquecer as obrigações de solidariedade fundadoras da afirmação de um pacto social em que os cidadãos se reconheçam e pelo qual se disponham a sacrificar.

A União Europeia precisa de reconhecer a necessidade de renovação do contrato original para, nessa diferença, continuar a assumir um papel decisivo na cena internacional. A Europa unida foi durante demasiado tempo um exemplo para o mundo para que possa dar-se ao luxo de se transformar num parceiro indiferenciado e incómodo, mero factor de perturbação, incompreensível para tantos que deixaram de encontrar qualquer lógica nas suas opções.

8. Resolver os problemas de curto prazo. Construir uma solução sólida e estável.

A ultrapassagem das dificuldades económicas e financeiras por parte da União Europeia implica, em nossa opinião, uma solução assente num quadrilátero virtuoso, cujos ângulos são *austeridade* (como instrumento e não como fim), *crescimento*, *solidariedade* e *defesa intransigente da democracia*. Os passos políticos que têm vindo a ser dados neste sentido são incipientes, timoratos, receosos, em contraste com as inúmeras propostas e sugestões de economistas, financeiros e outros cientistas sociais.

Assim e pese embora o facto de Portugal ter uma margem de escolha apertada por precisar desesperadamente de financiamentos da União, a adesão ao Tratado deveria ser acompanhada da defesa de uma estratégia deste tipo, o que implicaria a introdução de correcções nas insuficiências identificadas.

8.1. Austeridade

Desde o início da crise da dívida soberana - e em claro contraste com as medidas de forte apoio estadual que, um ano antes, tinham sido preconizadas pelo Conselho Europeu e postas em prática -, que a única resposta da União tem sido a insistência na austeridade, acompanhada de medidas de assistência financeira a alguns países sujeitos a programas de estabilização desenhados de acordo com os modelos tradicionais do FMI, mas muito mais agressivos para os cidadãos, por força da impossibilidade de utilização dos mecanismos cambiais.

E, no entanto, foi o apoio estadual, semelhante, aliás, àquele que foi posto em prática em todo o Mundo, que permitiu que a crise dos mercados financeiros desencadeada nos Estados Unidos não se tivesse transformado numa depressão semelhante à de 1929.

Como notou Amartya Sen, se os dirigentes políticos europeus fazem apelos ao sangue, suor e lágrimas dos cidadãos dos seus países, têm de os motivar. Estamos muito longe, do contexto do apelo de Churchill em defesa da democracia e da liberdade.

A austeridade é, obviamente, necessária nos países com fortes desequilíbrios externos e orçamentais, mas é perigosa a sua adopção em países como a Alemanha que, pela sua forte posição excedentária, têm larga margem de manobra para aplicar políticas orçamentais expansionistas indispensáveis à manutenção da zona euro e ao seu crescimento económico.

Nos países em que deva ser adoptada, a austeridade deve traduzir-se, designadamente, num combate sem quartel ao desperdício e à corrupção e na racionalização e reorientação da despesa pública visando maximizar a sua eficiência. Não pode ser imposta a qualquer preço, sem qualquer ponderação das circunstâncias concretas de cada economia, com o estabelecimento de prazos irrealistas e prosseguindo metas que constituam sacrifícios intoleráveis para os cidadãos.

As políticas de austeridade têm penalizado, de forma especialmente gravosa, os membros mais vulneráveis da sociedade. Este facto, confirmado por estudos da Comissão Europeia, põe em crise os valores essenciais da União.

Uma das maiores debilidades do Projecto de Tratado consiste, precisamente, em criar um modelo único de resposta para todos os países da União sem levar em conta os diferentes graus de desenvolvimento, ou a natureza das dificuldades com que estão confrontados. A austeridade nos países deficitários deveria sempre ser compensada por políticas expansionistas nos países excedentários, de forma a permitir uma expansão das exportações daqueles.

A prioridade das regras fixas – ainda que com algumas confusas e ligeiras possibilidades de escape – traduz a consagração de uma forma de pensamento rígido, assente na desvalorização da política e na afirmação da perversidade implícita em toda a decisão de política económica. As regras, em vez de terem um enviesamento no sentido das políticas orçamentais restritivas, que limitam o crescimento económico, deveriam não só permitir, mas até impor, políticas orçamentais expansionistas aos países com excedentes substanciais e persistentes, de modo a reduzir os desequilíbrios financeiros no interior da zona euro e a facilitar o ajustamento nos países com maiores défices externos.

Por outro lado, sem prejuízo de imposição de normas orçamentais mais rigorosas em países com crónicos défices e elevada dívida pública, deve ser admitida uma margem de flexibilidade que permita levar em consideração eventuais agravamentos da situação económica, em especial nos casos em que se deva a acontecimentos externos.

De Franklin Roosevelt e Harry Truman aos pais fundadores da União Europeia e à grande geração de políticos europeus do segundo pós-guerra, ficou evidente a importância das decisões de política económica para contrariar as situações de crise económica.

A política de austeridade deve ser definida a nível político, com respeito pelas competências parlamentares, e objecto de constante actualização. O avanço para um governo económico europeu não pode ser antecedido pelo prévio confisco dos poderes desse Governo.

8.2 Crescimento económico e competitividade

O Projecto de Tratado nada diz quanto ao crescimento económico, sendo certo que o crescimento e a competitividade constituem os objectivos cruciais, tanto para Portugal como para a Europa no seu conjunto. É urgente prosseguir uma verdadeira estratégia para o crescimento, em detrimento do reforço da austeridade, que só pode conduzir a mais recessão.

Não bastam metas de simples reajustamento dos profundos desequilíbrios financeiros actualmente existentes. Nem tão pouco serão suficientes programas, mais ou menos testados, de reformas estruturais, cujos resultados, sempre dependentes de uma multiplicidade de factores, só se poderão manifestar solidamente no médio e no longo prazo.

Para além das medidas de austeridade, nos casos em que se imponham e de reformas estruturais inteligentes, é necessário adoptar imediatamente um programa que garanta, ao fim de pouco tempo, um crescimento económico robusto e devolva a esperança às pessoas, tornando menos difícil suportar os sacrifícios do período de transição. Só com taxas de crescimento sólidas se tornará possível uma quebra significativa das altas taxas de desemprego, indo ao encontro das expectativas dos jovens.

Um programa de crescimento não se confunde com uma mera proclamação política de aposta no crescimento, por maior solenidade que esta envolva, antes devendo abranger instrumentos financeiros robustos, capazes de debelar com eficácia a praga do desemprego, nomeadamente entre os jovens, ao conjugar todos os recursos disponíveis, e ainda capazes de dinamizar a economia num contexto difícil de crescente interdependência entre países à escala planetária.

A eficácia dos diversos instrumentos de uma política de crescimento dependerá sobretudo dos objectivos específicos que lhe forem concretamente cometidos e, igualmente, dos recursos financeiros que lhe forem alocados.

Em razão da dimensão sem precedentes dos problemas económicos e sociais que hoje enfrentamos e do seu previsível agravamento, justifica-se tanto um reforço do poder financeiro dos diversos instrumentos de crescimento já existentes e em funcionamento – desde os fundos da União Europeia ao Banco Europeu de Investimento (BEI) – como a respectiva diversificação, para além da extensão a novos instrumentos, tanto de afectação como de financiamento, incluindo o recurso à já debatida emissão de euro-obrigações.

A limitada capacidade do Orçamento da União – que impede acções substanciais capazes de responder satisfatoriamente à ocorrência de graves choques assimétricos, como os manifestados nos últimos anos, típicos das unificações monetárias – e a ausência de vontade política europeia para alterar a situação, para além da extrema rigidez das restrições orçamentais impostas aos Estados membros, com barreiras acrescidas sobretudo aos Estados financeiramente mais débeis, convocam, em alternativa a reafectação, diversificação e reforço dos fundos e de outros instrumentos financeiros europeus já existentes e, por outro lado, o recurso a novos instrumentos financeiros, ampliando--se a margem de actuação da União, em benefício dos Estados membros que dela mais necessitem.

A observação dos resultados alcançados com a aplicação das políticas de austeridade evidencia um aumento brutal do desemprego e a penalização dos juros pelos mercados, receosos de que a ausência de crescimento económico inviabilize o cumprimento dos compromissos assumidos pelos países com elevados níveis de endividamento externo.

Torna-se, pois, necessário mobilizar todos os recursos para o crescimento económico. Assim o exigem a defesa da dignidade humana, da manutenção da paz social e da continuidade da União Europeia.

A austeridade deve ter como limite a asfixia do crescimento económico, crescimento que passará pela garantia do financiamento da economia. São obviamente bem-vindos os esforços que o Banco Central Europeu (BCE) tem vindo a desenvolver, mas impõe-se o seu aprofundamento.

Indispensável se torna, também, que os instrumentos actualmente existentes (fundos comunitários, BEI) sejam utilizados em todas as suas potencialidades.

E, vivendo-se uma fase recessiva, não se poderá contar exclusivamente com a iniciativa privada para manter os níveis de investimento adequado, justificando-se a manutenção de um nível apreciável de investimento público.

8.3. Solidariedade

Foi-se afirmando, desde a década de setenta do século passado, a impossibilidade de subsistência de uma união económica sem um orçamento central capaz de corrigir as assimetrias existentes no seu seio. A passagem para o modelo da União Europeia e da UEM e os sucessivos alargamentos – que conduziram ao aumento das disparidades económicas entre os Estados membros – tornaram ainda mais premente a exigência um orçamento forte. A necessária reformulação dos Tratados encontra aqui um vector essencial.

Outra alteração, essencial, respeita aos Estatutos do BCE que não pode continuar a ignorar no seu mandato objectivos de política económica como o da prossecução do pleno emprego, nem estar impedido de funcionar como prestamista de última instância, à semelhança do que acontece em outros bancos centrais de países industrializados, como os Estados Unidos e o Reino Unido.

Sublinhe-se, a este propósito, que têm sido as hábeis formulações que o BCE tem encontrado para financiar indirectamente a dívida pública, actuando activamente no mercado secundário e proporcionando liquidez aos bancos, ancorada em colaterais de dívida pública, que permitem àqueles ocorrer a emissões de títulos públicos em valores aceitáveis, o que impediu a explosão que esteve iminente, com o alastramento da crise à Espanha, França e a outros países.

Justifica-se, com esses objectivos, a revisão do Tratado da União, concertadamente com a adopção de iniciativas de efeito imediato e que podem ser consagradas no Projecto de Tratado. A primeira dessas iniciativas consistiria no reforço substancial do Mecanismo Europeu de Estabilidade Financeira. A plena utilização deste Mecanismo pressuporia, no entanto, a revisão dos Tratados da União Europeia, assegurando a possibilidade de, em situações excepcionais, como a que actualmente atravessa a zona euro, se admitir uma intervenção limitada do Eurosistema nos mercados primários de dívida pública para impedir a manipulação especulativa das taxas de juro que actualmente ocorre nos mercados secundários e de derivados de crédito.

Também a emissão de títulos de dívida pública europeia, *eurobonds*, se configura como uma solução que importa reter. Não se ignoram as dificuldades de operacionalização deste mecanismo – uma vez que os países que beneficiam de taxas de financiamento mais baixas teriam que suportar taxas mais elevadas. No entanto, se ponderarmos esta opção no quadro do reforço do orçamento comunitário e se ligarmos a emissão de dívida da União à execução de políticas comuns que contribuam para o desenvolvimento de iniciativas concretas que beneficiem a integração económica, social e mesmo cultural entre os Estados e entre os povos da União, teremos, porventura, uma solução de longo prazo para a crise que agora atravessamos.

No quadro do reforço do orçamento comunitário, faria todo o sentido integrar o financiamento dos actuais programas de ajustamento nesse orçamento, em lugar de os manter nos orçamentos nacionais e só parcialmente no orçamento comunitário através do MEEF. Só a integração do FEEF e do futuro MEE no orçamento comunitário poderia deslocar o debate em torno do financiamento dos programas de ajustamento do plano nacional para o plano europeu.

8.4. Defesa dos valores democráticos e do Estado de Direito

Ficou já assinalada a total inadequação do processo de preparação do Tratado. As circunstâncias em que este processo foi desencadeado e se desenvolveu contribuirão, do nosso ponto de vista, para agravar substancialmente o divórcio entre os cidadãos e as instituições europeias. Na sua versão actual, o Projecto representa a consagração da ideia de que a integração económica é uma questão meramente técnica e ignora a sua significativa dimensão social e política.

A evolução dos textos dos tratados tem sido feita, em geral, com a preocupação de valorizar a democracia e os direitos de participação. Importa, pois, que se não deixe esquecer os Tratados e se reforce a cidadania e a participação.

Do mesmo modo, torna-se necessário que a União Europeia actue de forma totalmente determinada quanto a práticas e soluções legislativas e até constitucionais, como sucede no caso da Hungria, que possam pôr em causa direitos fundamentais e o respeito pela democracia.

O Governo Português deve ser intransigente na defesa de que a União accione todos os mecanismos previstos no Tratado em relação aos Estados que violarem os valores do respeito pela dignidade humana, da liberdade, da democracia, da igualdade, do Estado de Direito e do respeito pelos direitos do homem, incluindo os direitos das pessoas pertencentes a minorias, consagrados no artigo II do Tratado.

9. Nota final

Este Manifesto é divulgado no dia em que o Instituto Europeu organiza mais uma da série de conferências através das quais procura contribuir para o debate das questões europeias e, em especial, daquelas que nos afectam directamente. Estamos certos que desta conferência, ampla e qualificadamente participada, sairão contributos da maior relevância para a ultrapassagem da difícil situação que atravessamos, em conjunto com a União Europeia.

Aos responsáveis políticos, aos quais apenas queremos transmitir uma visão académica e cívica, pedimos que continuem e aprofundem o debate, procurando melhorar o texto do projectado acordo e que se batam, simultaneamente, pela adopção das outras medidas que aqui ficaram elencadas e que estamos certos que serão úteis para todos nós. As dificuldades deste caminho só podem servir de estímulo para o prosseguir, porque será ele a assegurar o nosso futuro como Nação livre e independente, no quadro de uma União Europeia reforçada pelo reencontro com os seus valores estruturantes e capaz de se afirmar num mundo globalizado.

PARTE III
OLHANDO NOUTRAS DIRECÇÕES, PENSANDO OUTROS PROBLEMAS

Todos nós, em maior ou menor grau, sofremos de um eurocentrismo que acabará por destruir aquilo que poderia ser um grande projecto de integração de um continente com tantos motivos para orgulho num mundo mais globalizado e mais justo.

Pouco olhámos para além do nosso continente e pouco apreendemos ou desejámos partilhar com outros povos e outros continentes.

Aqui se dá conta de uma pequena parte do esforço que fiz para partilhar as minhas reflexões noutras latitudes e para outras latitudes.

NAVEGAR É PRECISO*

As minhas palavras, que não são de mero agrtadecimento, vão para o Professor Vera-Cruz, um exemplo vivo da ideia central desta conferência. Poucos como ele reúnem em si uma herança e uma vivência pessoal que passa por Angola, Cabo Verde, Portugal Continental e Madeira, pontos de uma geografia que nos remete para o passado português, quando sulcámos os mares e começámos a criar condições para que o Atlântico nos unisse.

Naturalmente que não caberia aqui um julgamento histórico sobre a forma como se processou essa primeira globalização que liderámos e que, lido com o nosso conhecimento e sensibilidade de hoje, assentou numa ideia de supremacia de um modelo civilizacional sobre outros, de uma religião sobre outras, de uma nacionalidade sobre as outras.

Sabemos que o Atlântico, que hoje nos une, foi há algumas décadas rota de passagem para tantos milhares de jovens portugueses obrigados a defender uma concepção de Império que recusava o direito dos povos à auto-determinação e independência e fez com que o Atlântico nos desunisse.

---

* Intervenção na Conferência «O Atlântico que nos Une», organizada pela Câmara Municipal de Oeiras / Faculdade de Direito da Universidade de Lisboa / Governo Provincial de Benguela no dia 17.06.2011.

É, pois, verdadeiramente impressionante que o Atlântico seja, hoje, um factor de união e passagem de um enorme fluxo de mercadorias e de cidadãos dos diversos países unidos pela língua portuguesa, esse factor fundamental, entre todos poderoso, de construção de uma parceria assente na igualdade entre Estados.

Que a generosidade com que estes países nos acolhem, sem curar de saber de feridas antigas, seja retribuída por uma igual hospitalidade do Estado e da sociedade portuguesas, é um voto que seguramente unirá, ele também, todos os participantes nesta sessão.

Para todos nós, como para qualquer estrangeiro, que se interesse por Portugal, um factor de profunda estranheza é a escassa importância de que as actividades económicas relacionadas com o mar se revestem, com uma irrelevante participação do sector das pescas para o PIB e com uma frota marítima praticamente inexistente.

Procurando uma explicação para esta situação, Tiago Pitta e Cunha, um dos mais dinâmicos estudiosos e activistas portugueses da causa dos oceanos, encontra-a na circunstância de a revolução de 1974 ter acarretado consigo a necessidade de cortar com alguns símbolos do Antigo Regime.

Trata-se de uma interpretação interessante e que se respalda na circunstância de a ditadura se ter procurado apropriar da história marítima e colonial de Portugal num esforço de confundir a antiga glória portuguesa coma a manutenção da defesa da Fé e do Império.

Como escreve Tiago Pitta e Cunha «... durante o Estado Novo (...) assistiu-se à utilização do imaginário dos Descobrimentos e dos navegadores como principal emblema do país (...) gerou-se, sem dúvida, algum valor por dar a Portugal uma imagem consistente de país marítimo e em fazer dessa imagem a marca principal da nação. Todavia, a sua projecção, quase exclusivamente virada para o passado, e a sua associação às políticas de domínio colonial, bem como a tese de um país de visionários «orgulhosamente sós», desencadeou na oposição ao Estado Novo e, depois do 25 de Abril, na generalidade da sociedade portuguesa, uma atitude de rejeição que (...) quase se pode comparar a uma reacção alérgica político-ideológica a toda essa simbologia.»

Naturalmente que é difícil estabelecer uma correlação automática entre a Revolução de 25 de Abril e o «abandono» do mar por parte dos portugueses. Não se poderá, de resto, esquecer que no pós-revolução se firmou uma corrente doutrinária terceiro-mundista forte, que encontrava em Ernesto Melo Antunes, que aqui evoco comovidamente e em preito de gratidão, o seu mais esclarecido teórico.

É, também, da mais elementar justiça recordar que um dos mais prestigiados especialistas do mar a nível mundial – o Professor Mário Ruivo – conheceu o exílio por razões políticas e tem-se batido constantemente pela causa dos Oceanos, com o patrocínio, aliás, de Mário Soares que, já na década de noventa, viria a assumir um papel de especial destaque como Presidente da Comissão Mundial Independente para os Oceanos.

A democracia criou, de resto, o ambiente propício a um debate intenso sobre a matéria, com destacadas intervenções de estudiosos como Medeiros Ferreira ou Loureiro dos Santos e a emergência de uma nova geração de estudiosos das relações internacionais de que é emblemático Nuno Severiano Teixeira e, mais recentemente, o próprio Tiago Pitta e Cunha.

No que respeita às opções terceiro-mundistas, há que assinalar que, com motivações profundamente diversas – é certo – apresentaram-se, de algum modo, como as sucessoras das antigas posições atlantistas, norteando-se, ambas, por uma posição de subalternização da aproximação de Portugal às instituições europeias, através da afirmação de uma identidade própria, reforçada e assente num relacionamento privilegiado com as antigas colónias.

É sabido que não foi essa a linha política que prevaleceu e que as eleições de 1976 vieram a permitir a criação do primeiro governo legitimado constitucionalmente que, quase de imediato, apresentou a proposta de adesão às Comunidades Económicas Europeias, após um trabalho prévio de visita às capitais comunitárias por parte do Ministro dos Negócios Estrangeiros, Medeiros Ferreira, tal como Mário Soares, um europeísta convicto, ainda que dotado de uma rara sensibilidade para a dimensão atlântica de Portugal, fruto talvez da sua origem açoriana, mas sobretudo da sua mundividência esclarecida.

A Revolução de 25 de Abril fizera-se com o lema dos três D – Democratizar, Descolonizar e Desenvolver – que Medeiros Ferreira teorizara anos antes, em mensagem ao Congresso da Oposição Democrática de Aveiro.

A adesão às então comunidades europeias, então ainda identificáveis como um espaço de solidariedade, aparecia como um instrumento fundamental para a consolidação da Democracia e para o desenvolvimento económico. Foi, portanto, lógica a opção e, quaisquer que sejam as dificuldades actuais do processo de integração europeia, devemos continuar a felicitar-nos e a sublinhar o que essa opção representou para a modernização e crescimento económico do País.

Não deixa, todavia, de ser um tanto irónico assistir a uma certa vitória póstuma do terceiro-mundismo, entretanto praticamente varrido da cena política europeia, quando vemos Portugal a procurar crescentemente novos caminhos, no seu relacionamento com países como Angola e o Brasil, alternativos a uma Europa sem ideias, sem paixão e sem futuro.

Recentemente, Eduardo Souto Moura, um daqueles portugueses sobre os quais devemos construir o nosso orgulho nacional e a nossa esperança de um futuro digno, ao receber o prémio Pritzker (o «Nobel da Arquitectura»), dizia: «com dez séculos de história, Portugal encontra-se hoje numa crise social e económica, como já aconteceu em vários períodos anteriores. Hoje como ontem, a solução para a arquitectura portuguesa é emigrar. Em África e noutras economias emergentes não nos faltarão essas oportunidades. O futuro é já aí».

Creio bem que Souto Moura expressou, de forma exemplar, aquilo que muitos portugueses hoje sentem, ao olhar para uma Europa encerrada sobre a sua auto-glorificação, incapaz de resolver os seus problemas e de se empenhar na procura de novas formas de relacionamento entre Continentes e civilizações.

Mas, claro está que há oceanos fáceis de atravessar num sentido, mas que se tornam bem mais encapelados quando se fala de tomar o rumo inverso.

Aqui chegados convém, no entanto, fazer um ponto de situação para precisar que, de modo algum, considero contraditória a integração europeia com a política de aproveitamento dos mares.

Haverá, apenas, que notar que a Europa tardou a encontrar os caminhos de uma política marítima europeia que ainda se encontra largamente na fase proclamatória e seguiu vias ínvias a nível da política comum de pescas, deixando-se capturar pelos interesses de alguns países.

Não se poderá também deixar de pensar que Portugal aceitou de forma por vezes excessivamente passiva as orientações comunitárias (o síndrome do bom aluno), num processo que conduziu a uma redução drástica da frota pesqueira, impulsionada – é certo – por outros factores, como a deterioração dos recursos vivos marinhos e o crescente encerramento das águas territoriais de outros países.

O retrato que hoje encontramos nesta matéria é, todavia, profundamente desolador, com um constante crescimento do défice da balança de produtos pescados com o exterior, a atingir os 800 milhões de euros, resultante do facto de mais de 60% do peixe que consumimos ser importado, enquanto assistimos à impressionante diminuição do número de pescadores, que não ultrapassará hoje os vinte mil.

É de assinalar particularmente – ainda que haja que levar em conta a possível deslocalização de registo de navios –, que apenas existam doze navios de marinha mercante detidos por armadores portugueses.

É em presença deste quadro profundamente negativo que importa reflectir sobre o peso e a importância que o oceano pode ter para Portugal, num contexto de profunda mudança da sensibilidade europeia e mundial para as questões da economia e do direito dos mares.

Importa, desde logo, reconhecer que existe um crescente interesse por esta matéria, que se deve a um conjunto variado de factores, entre os quais é possível destacar a crescente sensibilização para os problemas ambientais gerais, a crise económica, a percepção da escassez dos recursos energéticos na superfície terrestre o reforço das reivindicações dos países costeiros, os progressos tecnológicos e, naturalmente, o processo de globalização.

Há, por outro lado, que assinalar que, no último quartel do século XX, se desenvolveu um «novo regime dos oceanos» que tem como ponto central a Convenção das Nações Unidas sobre o Direito do Mar, à qual se junta toda uma série de outros instrumentos jurídicos de vinculatividade variável, de origem regional, nacional ou mundial, aspecto que melhor será abordado noutro painel.

A convenção constituiu, no meu julgamento, um instrumento de grande importância histórica, traduzindo uma equilibrada ponderação dos interesses em presença, traduzida na atribuição de direitos e deveres aos Estados e abrindo importantes vias de cooperação internacional por forma a construir uma «governação dos oceanos» realista e partilhada.

Alguns aspectos importantes da Convenção nunca foram, no entanto, desenvolvidos, enquanto que a vertiginosa evolução científica e tecnológica tornou outros obsoletos.

O avanço no sentido da criação de uma verdadeira «Constituição dos Oceanos» apresenta-se como fundamental, num contexto em que, como sublinha Mário Ruivo, se verifica que «as correntes recentes tornam claros os impactos agressivos da fase final da revolução industrial nos oceanos, acentuada pelo processo de globalização».

Um aspecto muito favorável de toda esta evolução tem sido o empenho de inúmeros agentes públicos e privados e a crescente consciencialização da sociedade civil sobre a importância do tema não só para a satisfação das necessidades presentes, mas também como forma de respeito para com as gerações futuras.

Seria fastidioso enumerar aqui os múltiplos *fora* sobre oceanos surgidos nos últimos anos, de iniciativas ainda em curso, ou já concluídas, mas permito-me aludir apenas ao emblemático relatório *O Oceano, o Nosso Futuro*, elaborado sob a égide da Comissão Mundial Independente para os Oceanos, bem como aos Relatórios anuais sobre os oceanos e o Direito do Mar, apresentados pelo Secretário-Geral das Nações Unidas.

Do profundo debate, da reflexão política e científica, do trabalho desenvolvido a nível nacional e internacional pode-se tirar a conclusão de que hoje é consensual a necessidade de uma aproximação global à política do mar, traduzida na criação de *clusters*, aqui entendidos como um conjunto de sectores com fortes relações económicas e tecnológicas, susceptíveis de um potencial de inovação e de capacidade de gerar riqueza que, cada um deles isoladamente não poderia ter.

Foi esse consenso que acabou por se transmitir de forma decidida à Comissão Europeia que elaborou o Livro Verde «Para uma futura política marítima da União: Uma visão europeia para os oceanos e os mares» e o Livro Azul que apresenta as conclusões da consulta sobre o Livro Verde.

Nestes documentos é apresentado um conjunto de orientações com vista à definição de uma política marítima europeia que seja integrada, competitiva e sustentável, seguindo a orientação da Estratégia de Lisboa.

Defende-se, consequentemente, a preferência por uma abordagem integrada da política marítima, propondo-se uma maior comunicação e «clusterização» dos sectores económicos que exploram os recursos marinhos.

Na lógica da Comissão, esta integração permitirá uma maior eficiência das economias marítimas, aumentando a sua competitividade que deverá ser reforçada através da investigação e desenvolvimento de tecnologias marítimas e pela formação especializada que deverá ser dada aos cidadãos nesta área.

Paralelamente, a Comissão preconiza a defesa da sustentabilidade deste sector económico, nomeadamente através do recurso a energias alternativas de origem marítima, do reforço da segurança dos mares e das zonas costeiras e do reforço da protecção dos ecossistemas.

É nesse mesmo sentido que se está a caminhar em Portugal, num percurso cujo início se poderá simbolicamente situar na Expo 98 e que se traduz na actual existência de um vasto consenso na sociedade portuguesa quanto à necessidade de uma maior atenção ao mar que, mais uma vez, concentra as nossas esperanças.

É aqui especialmente adequado prestar uma homenagem de saudade e respeito a Ernâni Lopes, a quem se fica a dever o excelente estudo, «O Hypercluster da Economia do Mar. Um domínio de potencial estratégico para o desenvolvimento da economia portuguesa», que teve profunda influência em todo este processo.

Mário Soares, cujo papel justamente sublinhei já, fornece-nos um excelente ponto de situação, escrevendo:

«... Surgiram novos – e excelentes – especialistas em matéria oceanográfica. Várias Universidades abriram, em Portugal, por exemplo, cursos especializados dedicados ao estudo do mar e reforçaram as suas capacidades de investigação nesta área. Muitos portugueses tomaram consciência do que temos no oceano – não apenas as tarefas tradicionais das pescas e da marinha mercante (que deixamos cair em decadência, espero não irremediável) mas as riquezas prometedoras dos fundos marinhos, dada a nossa zona económica exclusiva e uma plataforma continental – das maiores da Europa. Tem sido chamada a atenção para essa «janela de oportunidades», como dizem os economistas, que é o nosso mar, sendo de registar o interesse demonstrado neste domínio ao mais alto nível. Mas sempre com mais retórica do que acção coordenada e eficaz».

Na minha terra natal – os Açores – bem no meio do Atlântico, a Universidade e o Governo Regional desenvolvem cursos e projectos desses a que alude Mário Soares. São iniciativas que orgulham os açorianos e, sobretudo, que me levam a pensar que o Atlântico deixará definitivamente de ser para eles a enorme barreira que os separou do desenvolvimento e do bem-estar, ou que tiveram que atravessar em busca da terra prometida, condenando-os a ser, na expressão de João de Melo, gente feliz com lágrimas.

Que possa o Atlântico ser para todos nós o mar que nos une em harmonia e felicidade. Já estivemos mais longe. Seremos capazes dos passos que faltam? Esta conferência e os seus desenvolvimentos posteriores são um factor de esperança numa resposta positiva.

TEMPO DE ÁFRICA?*

Há cinquenta anos, Basil Davidson publicou *Mãe Negra*, um livro que rapidamente se tornou uma obra de referência para todos quantos, num ou no outro continente, se interrogaram sobre as relações entre Europa e África e procuraram que elas se estabelecessem e perdurassem de um modo diferente daquele que, ao longo dos séculos vários séculos que durou a colonização, permitiu que a Europa enriquecesse com o comércio com África, ao mesmo tempo que se afirmava um sentimento de superioridade racial.

Logo a abrir o livro, escreve Basil Davidson:

«Já decorreram cerca de quinhentos anos desde que a Europa e a África – o continente africano, a terra dos negros – se encontraram pela primeira vez e deram início a contactos comerciais.

Depois deste primeiro encontro, africanos e europeus conheceram quatro séculos de amizades e hostilidades várias, o bom e o mau, os lucros e as perdas; e, durante todos esses anos, os destinos da África e da Europa foram-se entretecendo numa tessitura cada vez mais apertada. Veio depois a escalada das conquistas europeias e agora, já nos nossos dias, o fim do

---

* Intervenção na Conferência do Dia de Africa «Parceria entre Portugal e o continente africano na actual crise», a 25 de Maio de 2012.

sistema colonial e o dealbar da África independente. E assim se completa o ciclo. As relações de igualdade e de respeito próprio que prevaleceram nos primeiros tempos desta longa ligação estão restabelecidas ou em vias de o serem».

A história dos últimos cinquenta anos demonstra que não foi tão fácil o estabelecimento de relações de igualdade, quanto previa Davidson. A conclusão do processo de descolonização foi um factor da maior importância, lamentavelmente complicado pela posição intolerante do governo ditatorial português.

Nesses tempos desenvolveram-se, de todos o modo, importantes relações entre os dois Continentes. A política de cooperação para o desenvolvimento conduzida pela Comunidade Europeia e que beneficiou basicamente países africanos, apesar de todos os aspectos mais questionáveis, representou uma alternativa mais independente do que aquela que provinha dos blocos envolvidos na Guerra Fria.

Não se deverá esquecer a importância de que se reveste a cooperação com África no próprio Tratado de Roma nem a menção explícita da Declaração Schuman ao desenvolvimento do continente africano, entendido como uma das tarefas fundamentais da Europa. Em 1963, a celebração da convenção de Yaoundé corporizou um modelo especial de relacionamento entre os dois continentes.

Quando Portugal aderiu às então Comunidades Europeias veio, aliás, a encontrar as suas antigas colónias entre os Estados membros da convenção de Lomé que substituíra a de Yaoundé.

O alargamento da União Europeia a países sem tradição de relacionamento com o continente africano, a aposta em horizontes geográficos diferentes e um certo desencanto com os resultados da política de cooperação levaram a uma menor intensidade do relacionamento.

Provavelmente que, neste ano de 2012, estamos bastante mais perto de o conseguir do que no período em que a descrença nas possibilidades de desenvolvimento do Continente Africano mais não fez do que alimentar o sentimento de superioridade que, ainda há poucos anos, o então presidente francês, Nicolas Sarkozy, expressou de forma particularmente desastrada numa intervenção que ficou conhecida como o discurso de Dakar, em que apresentou o homem africano como um ser desinteressado do progresso e da História.

As condições para o desenvolvimento de um relacionamento mais igualitário ficam a dever-se à conjugação de várias circunstâncias. Por um lado, a Europa debate-se com uma crise que tem conduzido à sua fragilização na cena internacional, com a consequente crise do eurocentrismo. Por outro e, como iremos ver, o Continente Africano foi progredindo de uma forma nem sempre perceptível mas com sinais de consolidação nos últimos anos.

Países membros da União Europeia interrogam-se, então, sobre se não se encontrará no relacionamento privilegiado com a África uma possibilidade mais efectiva de resposta a uma crise com que a União Europeia não consegue lidar.

Saúdo, pois, entusiasticamente a iniciativa dos Senhores Embaixadores Africanos e, particularmente, da Embaixadora Decana, Senhora Embaixadora de Marrocos, ao procurarem a Universidade para comemorar o dia de África e consagrarem o debate às relações entre os dois continentes, retomando a tradição dos grandes intelectuais africanos.

A Universidade de Lisboa é, graças à acção decisiva do Reitor Sampaio da Nóvoa, uma universidade aberta ao mundo e às diferentes culturas.

No dia 9 de Maio – dia da Europa – juntos, atestámos que a Europa que nos interessa é a da abertura aos outros continentes e às outras culturas, a Europa da solidariedade e da justiça. Hoje, 25 de Maio, Dia de África, acolhemos a festa do grande continente africano, com o orgulho de sermos uma das universidades europeias que mais coopera com universidades de África e que mais alunos acolhe com origem nesse continente.

Houve, sempre, um caminho para fazermos juntos. Não aquele que impusemos pela violência e pelo preconceito, mas aquele que construímos na luta comum contra a opressão política e colonial e na afirmação da idoneidade dos nossos valores.

Sujeitos a uma especial vigilância por parte da polícia política portuguesa, com o financiamento dos estudos dependente da tutela colonial, nem por isso a generalidade dos estudantes africanos deixou de cerrar fileiras com aqueles que nesta Universidade tanto contribuíram para abalar o regime, como foi devidamente recordado nesta Reitoria nas comemorações dos cinquenta anos da crise académica de 1962.

Com grande felicidade, o génio criador de Medeiros Ferreira, um dos principais dirigentes associativos de então, definiu como objectivos para a Revolução Portuguesa a Democratização, Descolonização e Desenvolvimento. Estes foram objectivos comuns que os estudantes anti-fascistas portugueses e anti-colonialistas africanos adoptaram e no seio do qual forjaram inesquecíveis amizades e solidariedades.

O convite que me foi dirigido para intervir nesta cerimónia honrou-me, sobremaneira, e estou muito grato àqueles que o estimularam, bem como àqueles que o concretizaram. Ele permite-me reencontrar problemáticas que sempre me interessaram, revisitar memórias perdidas, actualizar conhecimentos às vezes um pouco parados no conforto das certezas de certas épocas e prosseguir diálogos que, nalguns casos, como no do meu amigo-irmão Renato Cardoso, um dos mais promissores políticos cabo-verdianos, a morte estúpida e violenta interrompeu.

Com mais ou menos dificuldades, Portugal cumpriu os três D: descolonizou, democratizou e desenvolveu.

A insatisfação, a certa altura patente em sectores da sociedade portuguesa, quanto ao modelo de descolonização não deixou qualquer rasto significativo que ultrapasse a nostalgia de tempos de vidas irreais e conforto fácil.

A democratização, mesmo quando confrontada com a actual crise da democracia representativa ou com as imposições de uma cada vez mais opressiva limitação da soberania, é inegável. O desenvolvimento, assente, é certo, numa distribuição desigual de riqueza e na acentuação da natureza da sociedade dualista portuguesa, é inquestionável e só a ignorância ou má-fé podem justificar as loas que por vezes se ouvem aos bons velhos tempos. Que eram, de facto, velhos mas não eram bons.

Em paralelo, o que se passou com a África e, em especial, com as antigas colónias portuguesas?

A promessa das independências cumpriu-se. Nalguns casos, foi acompanhada da manutenção ou eclosão de sangrentas guerras civis, noutros de uma instabilidade política e social que tarda a extinguir-se. Neste contexto, a democratização e o desenvolvimento não foram fáceis, mas é deles que é preciso falar e é sobre eles que importa reflectir.

Como nos recordava Renato Cardoso, em 1986, a África teve de resolver problemas prévios, «resolveu a questão do 'ser'. Ser entidade, ser país, ser parte na história».

No caso das antigas colónias portuguesas não se pode, de resto, esquecer que, dada a persistência da colonização, a independência não teve lugar no período dos anos 60 em que houve sinais de optimismo e de crescimento económico.

Os africanos explicarão as razões que estiveram na base de décadas de estagnação. Ha-Joon Chang, professor de economia de Cambridge e um dos mais estimulantes pensadores alternativos na interessante monografia *23 coisas que nunca lhe contam sobre a economia*, explica de modo convincente que as políticas erradas conduzidas pelo FMI e Banco Mundial levaram aos péssimos resultados económicos do Continente, sujeito a aplicação de regras únicas e de forte condicionalidade. Em Stiglitz podem-se encontrar algumas explicações que se não afastam muito da mesma matriz.

A última década do século passado corresponde a um período especialmente negativo para a África, com um sentimento generalizado de descrença a atingi-la, parecendo que os benefícios que a globalização trouxera a outros continentes não chegariam até ela. Em 2000, a *The Economist*, numa das suas célebres capas – esta a preto e branco – não hesitava em falar no «Hopeless Continent» (O continente sem Esperança).

Diversamente, a Europa vivia uma época de aparente expansão e auto-satisfação. Ultrapassada a divisão do Continente, prosseguido com aparente sucesso o reforço da integração económica, criada a moeda única num conjunto significativo de países, pode falar-se num euro-optimismo em vivo contraste com o afro-pessimismo.

Coerentemente com as ideologias dominantes, a Europa procurou, sobretudo, criar uma rede de protecção para o exterior, aproximou-se crescentemente do modelo espelhado no consenso de Whashington, enquanto que a generosidade da sua política de apoio ao desenvolvimento desceu significativamente.

Não se deverá, todavia, esquecer que, na viragem do século, 55% da ajuda ao desenvolvimento e dois terços das doações a África provinham da União ou dos seus Estados membro.

O continente africano conheceu, contudo, uma significativa evolução ao longo da primeira década do século XXI, que acabou por ser exuberantemente reconhecida pela *The Economist* que, quase doze anos volvidos, intitulou uma capa bastante mais colorida e com a bela imagem de uma criança brincando com um papagaio «Africa is Raising» (A África está a Descolar), alertando os distraídos para uma discreta evolução que, entretanto, ocorrera e que teve como sinal mais visível o facto de a Europa ter resistido à crise financeira melhor do que outras áreas geográficas e, sobretudo, a Europa.

Aquilo que a *The Economist* fez foi trazer para o grande público um movimento que vinha sendo assinalado em múltiplos relatórios económicos, análises de consultoras e instituições financeiras internacionais, incluindo o muito recente estudo do FMI de Abril deste ano.

Impressiona na interessante cobertura que a revista britânica faz das transformações em África a especial importância que é atribuída ao facto de o *tycoon* do cimento nigeriano, Aliko Dangote, ter passado a ser a pessoa de raça negra mais rica do mundo, ultrapassando a afro-americana Oprah Winfrey. Com objectivos mais ou menos sensacionalistas, vários órgãos de informação têm dado conta da existência de um significativo conjunto de grandes fortunas africanas que parecem indiciar o sucesso das políticas de *black empowerment* levadas a cabo em diversos países.

Se este tipo de informação parece favorecer a leitura de que o modelo de desenvolvimento que está a ser implementado em muitos países africanos assenta numa profunda desigualdade na distribuição do rendimento, ele representa simultaneamente a imagem mais visível de um fenómeno que justifica muito do optimismo económico em torno do continente, ou seja o aparecimento de uma classe média com um apreciável poder de compra que atrai investimento estrangeiro e cria emprego.

Algumas previsões apontam, aliás, para que em 2015 a classe média africana possa atingir a dimensão da classe média indiana, o que não deixa de representar uma boa notícia, num domínio em que todos gostaríamos de passos espectaculares mas em que temos, provavelmente, que nos alegrar com pequenos passos.

Mesmo que, no contexto do investimento directo, África continue a ser destinatária de uma pequena parcela, que em pouco excederá os cinco por cento, os inquéritos conduzidos junto de empresários mostram um consistente optimismo quanto ao futuro.

Dois factores merecem ser especialmente realçados: o primeiro consiste no facto de começar a existir investimento africano feito no próprio continente e não apenas no exterior, o segundo traduz-se na diversificação do investimento, que deixa de se concentrar nas áreas tradicionais das indústrias extractivas e das infra-estruturas para se estender às áreas dos serviços, das telecomunicações e da agricultura.

De repente, parece ter-se acordado para que 60% da área de terras aráveis se encontra em África e que a sua exploração permitirá aliviar extremamente o problema da escassez alimentar. Importará, claro está, que o investimento no sector se não destine apenas à exportação mas sim a satisfazer as carências alimentares africanas.

O desenvolvimento, relativamente recente, do comércio inter-africano está também a constituir uma das explicações para o sucesso africano e a contribuir para a até agora demonstrada resiliência à crise financeira ocidental.

A expensão do sistema financeiro africano, assente numa acrescida sofisticação tecnológica e o desenvolvimento de mercados de capitais tem vindo a criar condições progressivamente mais favoráveis ao investimento.

A entrada em força de um novo *player* – a China – que reavivou os seus laços com África, especialmente a partir de 2006, aproveitando o vazio criado pela distracção de outros investidores, diversificou e aumentou radicalmente as possibilidades de financiamento e de atracção de investimento. A apreciação dos problemas que o investimento desta origem cria e que têm sido alvo de tão acesa polémica em meios de comunicação ocidental, não podem naturalmente aqui ser apreciados, tal como não o podem os dos restantes investimentos.

Num cenário em que o optimismo quanto ao futuro económico da África praticamente só conhece reticências relacionadas com a evolução da economia mundial e, especialmente da Europeia, tem sido assinalada a alta taxa de crescimento da África subsaariana, acima dos cinco por cento em 2011.

Muitos dos que aqui estão presentes pensarão – sei de trocas de impressões com alguns que pensam – que o retrato que aqui se apresenta é demasiado cor-de-rosa, avivando ainda mais as cores da já bastante colorida capa da *The Economist*. Não ignoro a manutenção das múltiplas dificuldades e das situações de miséria e fome que interpelam a nossa consciência. Não esqueço o espectáculo dos Estados falhados, das tensões étnicas, das perseguições cruéis.

Mas, por uma vez, há fortes e continuados sinais positivos. O Banco Mundial considera necessário aumentar o crescimento para mais de 7 por cento ao ano para eliminar a pobreza mas, apesar de toda a tradicional prudência, considera que a África pode estar no limiar de um *takeoff* semelhante ao da China de há trinta anos ou da Índia de há vinte.

A referência e comparação é, de resto, necessariamente a Ásia e, desse ponto de vista, é bastante sugestiva a referência que crescentemente vem sendo feita nos meios económicos aos leões africanos em comparação com os tigres asiáticos do século passado.

Provavelmente, eles estão apenas em movimento, como afirma um relatório muito recente de uma prestigiada consultora económica internacional. Mas quem nos diria a nós e àqueles que pensavam que o homem africano se tinha desinteressado do progresso, que a imagem dos leões.

FISCALIDADE E DESENVOLVIMENTO*

Permitam-me que manifeste o meu apreço a todos os intervenientes neste colóquio, entre os quais se encontram tantos amigos, bem como pessoas que, sem conhecer pessoalmente, admiro pela sua obra, saudando muito em especial os representantes das administrações tributárias.

Estou certo que o envolvimento como consultores neste processo de reforma de qualificados fiscalistas da Faculdade de Direito de Lisboa poderá auxiliar a que as reformas fiscais em curso se não reduzam à mera transposição acrítica de modelos definidos exteriormente e que não levem em conta as condições de cada país e as orientações dos seus decisores políticos.

Sei, no entanto, que a reforma fiscal não é fruto do trabalho de consultores externos, mesmo quando especialmente qualificados – recorde-se, a este propósito, a assessoria de Richard Musgrave à reforma colombiana – mas, antes da vontade política dos decisores nacionais, ainda que condicionados por diversos aspectos que adiante irei abordar.

---

* Intervenção proferida no âmbito do Painel 4 – Níveis de tributação e desenvolvimento e o papel dos Bancos Centrais na promoção do desenvolvimento económico (Mesa redonda) nos primeiros Encontros Fiscais da CPLP que tiveram lugar no dia 8 de Outubro de 2008.

Mas se tenho a noção de que o trabalho dos consultores externos é sempre um trabalho difícil, não deixo de ponderar do mesmo modo a minha própria intervenção. As visões do exterior são sempre limitadas e, por isso, tentarei apenas abordar aspectos gerais da problemática sem qualquer pretensão de manifestar certezas quanto àquilo que está feito ou em preparação, antes expressando algumas preocupações de ordem geral que me ocorrem.

Naturalmente que tanto não significa que a comparação de experiências e problemas não seja um factor chave para o êxito de qualquer reforma fiscal e, nesse sentido, esta conferência, ao permitir a análise conjunta de experiências que, muito variadas embora, partem de uma matriz comum – a fiscalidade portuguesa – e se reportam a países com uma problemática comum, para além das suas naturais especificidades, representa uma iniciativa do maior interesse.

Pediram-me os organizadores que me debruçasse sobre dois temas: níveis de tributação e desenvolvimento e política monetária. Se qualquer um deles, só por si, seria já demasiado amplo e complexo para o breve tempo desta intervenção, a ambição de juntar os dois é sem dúvida excessiva e, na medida em que esta mesa-redonda se insere num colóquio sobre fiscalidade, permitam-me que privilegie as questões de política fiscal em relação à da política monetária.

O relacionamento entre estas duas políticas deixou, aliás, de ser tão evidente nos últimos anos, com a consumação do divórcio entre os bancos centrais e os ministérios das finanças e a garantia da autonomia dos bancos para conduzirem a política monetária segundo critérios exclusivamente técnicos e imunes aos ciclos e às orientações políticas, de harmonia com um mandato expresso e muitas vezes consagrado na própria constituição ou, pelo menos, na lei orgânica de cada banco, que em geral, relaciona apenas a política monetária com o nível de inflação.

Seria fastidioso revisitar a forma como essa orientação central da política económica das últimas décadas representou o triunfo da ortodoxia monetária, mas limito-me a recordar o intenso debate que se tem travado em torno da política seguida pelo banco central europeu e daquilo que para muitos aparece como sendo a insensibilidade do banco aos problemas do desemprego e da coesão social. Uma solução deste tipo em países com problemas graves de desenvolvimento afigura-se, por maioria de razão, muito arriscada.

A actuação dos responsáveis pela política monetária, até uma data recente, com a excessiva concentração na estabilidade dos preços, ainda que vista como um meio para permitir o desenvolvimento, faz pensar que se decidiu esquecer a célebre e aparentemente cínica frase de Keynes – «in the long run we are all dead», por uma passiva aceitação de que – «in the short run we are all dead».

A percepção desta situação terá, aliás, levado a uma posição bem mais intervencionistas dos bancos centrais, vide o caso do FED e dos europeus, ainda que haja que lamentar a ausência de uma posição comum.

E, aqui chegados, estamos num ponto absolutamente central que é o que se reporta aos efeitos que se virão a verificar em consequência da actual crise económica no tema que aqui nos ocupa.

Da crise financeira, cujos contornos e dimensão ainda não são claros, resultarão efeitos profundamente negativos expandidos pelas ondas da globalização, ao mesmo tempo que levarão a uma reavaliação das políticas económicas.

Tais efeitos far-se-ão, desde logo, sentir na questão da independência dos bancos centrais, como se pode, razoavelmente, inferir do protagonismo acrescido da congresso e do secretário do tesouro nos Estados Unidos, assim como o do futuro presidente, uma vez que do actual, minado pelo descrédito das suas acções e pela impopularidade das suas políticas o melhor que se pode esperar é que termine discretamente o seu mandato, uma vez que cá estaremos todos nós para pagar e por muitos anos, como sustenta Stiglitz, os seus erros de política económica, sem falar sequer nos de outras políticas.

Mas terá, sobretudo, efeitos no equilíbrio entre o mercado e o Estado, tudo indicando que o pêndulo que, nos últimos anos, se orientou para a minimização da intervenção do Estado, vai agora avançar no sentido inverso. Ora tal evolução condicionará fortemente as concepções sobre a fiscalidade e seus objectivos.

Quer do lado da política monetária quer do da fiscalidade e finanças públicas tudo indica que será revalorizada a possibilidade de decisões autónomas, em vez da compressão da margem de decisão a que se tem assistido.

Antecipando um pouco os pontos que me proponho abordar, é igualmente razoável pensar que as reformas fiscais deixarão de ser motivadas – como o foram nos últimos anos – por estritos objectivos de eficiência económica, que não contemplem as questões de justiça e distribuição da riqueza. Este foi um movimento que, tendo começado nos países mais desenvolvidos, se tem vindo a estender aos países em desenvolvimento.

Não é, no entanto, seguramente fácil falar hoje de uma realidade que tem um pano de fundo em movimento.

Que razões podem apontar para a necessidade de reforma fiscal?

Uma primeira resulta da verificação de que os sistemas fiscais, apesar de algum alento reformista na década de noventa, com resultados significativos no plano da simplificação e da qualificação técnica permaneceram desajustados e desactualizados, tendo-se conservado, no essencial, a estrutura herdada do colonialismo, apesar da supressão de algumas figuras como o imposto geral de defesa de Angola, ou a revogação da pauta aduaneira favorável aos produtos de origem portuguesa, acompanhada da criação do imposto de resistência popular e o imposto de reconstrução nacional.

De tudo isto resultou um sistema confuso, ineficiente, incapaz de gerar receitas em nível suficiente para as necessidades do Estado e que constituía um constrangimento ao desenvolvimento económico.

A incerteza e falta de transparência do sistema contribuíram para a criação de administrações tributárias pouco eficientes e nas quais foram, em muitos casos, detectados importantes focos de corrupção.

Não se deverá ignorar, em qualquer caso, que a introdução do IVA se fez há já alguns anos em muitos dos países em desenvolvimento. As reformas agora em curso aparecem como um aprofundamento do trabalho já realizado.

Uma segunda razão prende-se com a importância dada nos últimos anos à criação de instituições sólidas, sujeitas a processos de responsabilização, «*accountability*», transparentes e aceites pelos cidadãos.

Uma terceira razão prende-se com a necessidade de os Governos reforçarem a sua legitimação junto dos cidadãos, tarefa que passa necessariamente por um pacto fiscal, assente na clara percepção das receitas existentes, na garantia da justiça na sua aplicação, bem como da percepção das prioridades da despesa pública.

Uma quarta razão corresponde à necessidade de adequar o sistema – muito tributário da fiscalidade externa, na sua vertente importações e exportações – às exigências das regras da Organização Mundial do Comércio e, sobretudo aos processos de integração regional, bem como aos futuros acordos com a União Europeia.

Coloca-se, aqui, a questão, naturalmente demasiado vasta para que se possa sequer aqui abordar, dos benefícios e inconvenientes do processo de globalização para os países menos desenvolvidos e dos vencedores e perdedores desse movimento.

Do ponto de vista da fiscalidade há que ter presente que a drástica redução de direitos aduaneiros implica necessariamente a compensação por outras formas de tributação, sendo clara a importância da tributação geral do consumo, preferentemente através de um imposto geral sobre o consumo do tipo do IVA.

A necessidade de cumprir compromissos internacionais representa, pois, um primeiro constrangimento à liberdade de escolha dos decisores financeiros nacionais. Ela não é, no entanto, a única, já que importa ter em consideração outras limitações, porventura não tão evidentes mas igualmente pesadas.

Está aqui em causa sobretudo a influência das organizações internacionais e, particularmente, do Fundo Monetário Internacional sobre o modelo de reforma a adoptar, questão debatida desde há largos anos.

O meu querido amigo e Doutor *honoris causa* por esta Universidade, Vito Tanzi, na altura director do Departamento Fiscal do FMI, colocado perante a questão da influência do Fundo nas reformas fiscais nacionais, escrevia em 1994: «... as missões do Fundo não recebem qualquer directriz quanto ao tratamento a dar às políticas tributárias, assim como não existe uma abordagem específica proposta pelo Fundo em matéria de Reforma Fiscal. Todavia, seria de algum modo falacioso afirmar que não existe uma forma de tratamento da problemática da Reforma Fiscal própria do Fundo. Ao longo dos anos foram-se desenvolvendo dentro da instituição certas tradições, que influenciam inevitavelmente o modo como as missões do Fundo abordam a questão da reforma fiscal, e que determinam em certa medida as recomendações propostas».

E se é certo que, em escritos posteriores, Vito Tanzi, responsável por alguns dos mais interessantes contributos nesta área, manteve uma linha de equilíbrio quanto à intervenção das organizações internacionais, na prática essa influência foi cada vez mais evidente e mais imposta unilateralmente.

Trata-se, porventura, de uma área em que se poderão verificar evoluções significativas nas organizações internacionais em resultado conjugado da crise financeira e de uma eventual vitória democrata nos Estados Unidos. A fazer fé em quanto escreveu Stiglitz sobre o relacionamento com Summers e Rubin, secretários de estado de tesouro da administração Clinton e, agora, importantes consultores de Barack Obama, não se deverão levar estas expectativas longe de mais.

Tem sido também notado o modo como o desenvolvimento de uma classe de fiscalistas – economistas e juristas – normalmente formados no exterior, integrados em empresas internacionais de consultadoria e com uma qualificação académica superior às dos quadros públicos tem constituído um factor decisivo para a aceitação das orientações veiculada pelas organizações internacionais.

Os constrangimentos à reforma fiscal resultam, também e em larga medida, de factores que têm a ver com as próprias características das economias ou com a organização do poder político.

Assim, não nos podemos esquecer que se trata de países com níveis de rendimento pessoal disponível muito baixos, com áreas não monetarizadas e com economias paralelas muito importantes ou, noutros casos, assentes em mono exportações.

A coincidência, registada em muitos casos, entre a classe política e os cidadãos com o maior nível de riqueza, dificulta igualmente uma reforma que penalize esse tipo de contribuintes.

Tornou-se claro, neste ambiente em que se recusam formas de organização supranacional, mas em que se tenta a homogeneização das políticas económicas e das instituições (bancos centrais, por exemplo) dos países desenvolvidos e em desenvolvimento, que as reformas fiscais correspondem todas ao mesmo padrão, assentando nos mesmos pressupostos, postos já em prática – recorde-se – em muitos países desenvolvidos.

Assim, os pressupostos fundamentais da acção reformadora foram a recusa da utilização da fiscalidade para fins de política económica ou social, a defesa extremada das vantagens da simplificação dos sistemas e o estímulo à actividade privada em detrimento da canalização de recursos para a acção pública.

Três pontos, que iremos passar rapidamente em revista, corporizam esta inspiração de base, que comporta obviamente aspectos positivos e outros que o são menos: criação do imposto sobre o valor acrescentado; simplificação do sistema e melhoria da administração fiscal.

No que respeita à introdução do IVA, já concretizada nalguns dos países presentes, que se incluem nos trinta países que adoptaram um modelo a que os Estados Unidos não aderiram.

A introdução do IVA na generalidade dos países mais desenvolvidos correspondeu a um duplo desiderato de aumento de receita e facilitação do comércio internacional. Parece, no entanto, ter sido este segundo objectivo o que foi fundamentalmente prosseguido nos países africanos, derivando-se das taxas externas para a tributação interna. A circunstância de se tratar de um imposto de difícil administração, que exige contabilidade, corresponde a dificuldades, mas eventualmente constituiu um estímulo à capacitação técnica. Experiências positivas parecem encontrar-se em Moçambique e Cabo Verde.

A simplificação dos sistemas fiscais conseguiu-se através da concentração num número reduzido de figuras fiscais de carácter global, em detrimento de uma multiplicidades de impostos e da adopção de alterações procedimentais e processuais relevantes.No que toca às administrações fiscais, a proposta de criação de administrações tributárias autónomas insere-se na linha de pensamento que levou à criação de bancos centrais independentes, ou seja a afirmação do potencial carácter negativo da intervenção dos políticos.

As administrações tributárias independentes têm vindo a crescer rapidamente e contam-se já um pouco mais de trinta nos países em desenvolvimento, desde a criação da primeira no Peru de Fujimori. Significativamente, todos os Estados que aqui debatem as suas reformas estão dotados de administrações deste tipo. Portugal fez uma experiência, mas abandonou a ideia, pelo menos durante algum tempo, face às dificuldades de conciliação entre a DGCI e a DGIEC.

Ainda que não seja fácil a sua definição, o grande traço comum que se pode encontrar com maior facilidade é o da independência destas unidades em relação ao Ministério das Finanças, na tarefa de recolha dos impostos e na gestão e estruturação do sistema, envolvendo normalmente a possibilidade de contratar técnicos e definir salários.

O ponto, porventura, mais criticável é o que se prende com a cisão entre a entidade que tem a seu cargo a recolha dos impostos e toda a informação com ela relacionada e os responsáveis pela decisão política e pelas alterações legislativas. Não se trata, no entanto, de uma dificuldade insuperável, uma vez que podem e devem ser criados os adequados mecanismos de transmissão da informação.

Outra fonte de dúvidas, respaldada, aliás, na experiência do Peru é a da possibilidade de, na prática, as administrações tributárias autónomas acabarem por depender directamente do presidente que as pode usar para fins de perseguição política aos adversários, pelo que se exige um envolvimento de várias entidades na nomeação dessas administrações.

Não se poderá, por outro lado, pensar que a simples autonomia resolve todos os problemas com que anteriormente os serviços fiscais se debateram, uma vez que a potenciação dos seus efeitos só se pode conseguir no quadro de uma revisão global dos mecanismos de incentivos, assim como das modalidades de sancionamento, que se traduza numa responsabilização efectiva dos agentes tributários. A autonomia também não poderá contribuir para a desresponsabilização dos agentes políticos.

A acrescida facilidade de recrutamento e remuneração de quadros é, sem dúvida, um argumento que pesa a favor da criação deste tipo de entidades, dentro de um esforço de qualificar especialmente o pessoal.

Sem aprofundar a questão fica como aspecto mais positivo deste movimento no sentido da autonomia a sua inserção num esforço de capacitação técnica e de reforço e aperfeiçoamento das instituições que aparece como um dos aspectos mais importantes das orientações mais recentes em matéria de desenvolvimento económico, gerando um amplo consenso entre as várias sensibilidades.

A discussão do modelo de gestão tributária vai, por outro lado, de par com a revisão legislativa do sistema processual e de procedimento, tudo na mesma linha de capacitação das instituições, que contribuirá para criar um maior segurança dos contribuintes e reforçará a justiça do sistema.

Implementadas as reformas fiscais com as características assinaladas pode-se dizer que passará a existir um «ar de família» comum à fiscalidade dos países desenvolvidos e dos países em desenvolvimento. Não convirá, no entanto, enfatizar excessivamente as semelhanças, na medida em que por trás da frieza da legislação existem formas muito diferentes de interpretação e aplicação e, sobretudo, questões económicas e sociais radicalmente opostas.

As reformas dos últimos anos parecem claramente privilegiar um desenvolvimento induzido a partir da actividade privada, procurando atrair investimento internacional que esteja na origem da criação de emprego e do afluxo de divisas, objectivo prosseguido não só através da configuração geral do sistema, como também da concessão de inúmeras isenções, nuns casos expressamente previstas na lei e que funcionam automaticamente, noutros através de um tratamento preferencial estabelecido por via negocial e fortemente limitativo da soberania fiscal.

Trata-se de uma aposta que não tem revelado resultados especialmente positivos e que induziu uma verdadeira corrida para o fundo limitando seriamente a arrecadação de receitas públicas sem uma contrapartida significativa na criação de emprego ou em transferência de tecnologia.

A esperança de que a fiscalidade só por si possa funcionar como factor determinante da localização do investimento tem-se revelado inadequada, sabendo-se que factores como a qualificação da mão-de-obra ou a estabilidade política ou social pesam de forma bem mais decidida. De resto, Mesmo no plano fiscal não faltam os países mais desenvolvidos disponíveis para viabilizar projectos de investimento internacional.

Os países africanos continuam, de facto, a ser destinatários residuais no intenso fluxo de investimento internacional e, muitas vezes, os projectos que para eles se dirigiram comportam problemas ambientais ou outros igualmente nocivos. Uma avaliação cuidadosa desta matéria parece, pois, impor-se.

Uma vez mais há que esperar que a poeira assente até que se possa perceber correctamente os efeitos da crise actual sobre a circulação internacional de capitais e sobre as suas prioridades geográficas.

No quadro actual diria que diversos cuidados devem cercar as reformas fiscais:

Primeiro: aferição rigorosa da adequação das propostas à problemática de cada Estado e cuidadosa aferição do seu impacto em termos de receita.

Segundo: ponderação de modelos de tributação que não correspondam àquele que é inspirado pelo Fundo Mundial como, por exemplo, o do Chile que parece apresentar uma linha de alguma originalidade.

Terceiro: criação de condições de estabilidade do sistema, diminuindo a necessidade de alterações permanentes e reduzindo a possibilidade de criação de excepções.

Quarto: determinação de um nível fiscal adequado ao grau de desenvolvimento.

Cinco: percepção de que a reforma fiscal não é uma mera questão técnica, mas antes envolve questões políticas de fundo.

Sexto e fundamental: necessidade das alterações fiscais serem acompanhadas de uma profunda transformação dos Estados no sentido de assegurar uma participação reforçada dos cidadãos, assegurando a liberdade de imprensa, fomentando a existência de tribunais independentes e onde a justiça seja aplicada de forma célere justa e promovendo políticas sociais para desenvolvimento do capital humano, em áreas como educação e saúde que favoreçam, a longo prazo, a possibilidade de recrutamento de quadros a partir de uma força de trabalho com capacidade.

PORQUE NOS DEVEMOS PREOCUPAR COM OS IMIGRANTES*

Quando pensamos no diálogo de civilizações, é óbvio que de imediato nos vem à ideia o tema da migração como sendo um dos que podem facilitar este diálogo e garantir uma troca de experiências útil para todos.

Infelizmente, sabemos que a realidade é bem diferente e que a imigração tem causado tensões e problema de cariz social por todo o lado, ao mesmo tempo que vemos revelarem-se os piores aspectos da humanidade. Por medo e por raiva, muitos cidadãos de países desenvolvidos recusam-se a partilhar o seu dia-a-dia com gente de países, raças, culturas ou religiões diferentes.

Alguns políticos não hesitam em recorrer ao tema do racismo e da xenofobia. Quando um cigano romeno foi morto em Roma, o ministro da Administração Interna italiano chegou a afirmar que os imigrantes teriam de estar cientes que os italianos estavam determinados a ser maus para eles.

Como é óbvio, não podemos esquecer o trabalho de quem dá o seu melhor para ajudar os imigrantes, correndo até riscos ao fazê-lo, perante uma política de imigração cada vez mais rígida.

---

* Intervenção na sessão de Outubro de 2009 do World Public Forum: Dialogue of Civilizations, em Rodhes.

Alguns artistas também se preocupam. Poucos dias antes de chegar a Rodes, tive a oportunidade de ver *Welcome*, um filme excelente sobre a situação trágica com que os imigrantes têm de lidar na Europa.

Na véspera da minha partida, as Nações Unidas consideraram Portugal o país que melhor acolhia os imigrantes. Para fim, isto foi bastante inesperado. Se, por um lado, me dá algum consolo, por outro, interrogo-me que tratamento recebem eles noutros países.

Há boas razões para pensar que Portugal deve ter especiais cuidados nesta questão.

Antes de mais, por causa do seu envolvimento centenário com outras civilizações e culturas, e também porque durante muito tempo fomos um país de muita emigração.

Foram muitos os Portugueses que na América do Sul e do Norte, em vários países europeus, em África e na Austrália se estabeleceram e criaram os seus filhos, que por sua vez iriam à escola e obter graus académicos que os pais nunca lhes podiam ter dado na sua terra natal.

Esta emigração tinha motivações essencialmente económicas, devido às débeis condições económicas do país, mas também políticas. Muitos dos opositores à ditadura saíram do país ou foram obrigados a fazê-lo, assim como muitos jovens que recusaram o recrutamento para a tropa, para ir para a guerra nas colónias.

A democracia e a integração europeia asseguraram níveis de desenvolvimento até então inéditos no país (embora ainda assim insuficientes para que Portugal se juntasse ao clube dos países europeus ricos), criaram mais empregos e oportunidades para os Portugueses. Mesmo o regresso em massa dos retornados após a independência das antigas colónias não causou problemas de monta, após um período de transição, e há boas razões para crer que os retornados representaram um factor de forte dinamismo para a economia portuguesa, em especial no sector dos serviços.

Nas últimas três décadas, a emigração portuguesa abrandou de forma impressionante, embora recentemente tenham surgido novos indícios de saídas do país, relacionadas com a liberdade de circulação na União Europeia, a crise económica e a estabilização de Angola – que, com a sua imensa riqueza e oportunidades, se tornou novamente um *Eldorado* para muitos portugueses.

Entretanto, a sociedade portuguesa viu-se confrontada com um novo problema: a chegada de muitos imigrantes que julgavam ter descoberto a Terra Prometida. Vinham de muitas regiões: Europa Central e de Leste, África (das antigas colónias) e do Brasil.

Para se entender plenamente o problema da imigração de uma perspectiva portuguesa, permitam-me recordar-vos alguns dados sobre a economia portuguesa.

Portugal tem uma população de quase 11 milhões e uma população activa de 5,5 milhões. Os emigrantes portugueses ainda constituem um décimo do total da população. A densidade demográfica é de 114 habitantes por Km^2 e o PIB *per capita* está ligeiramente abaixo dos 15 000 euros por ano. A distribuição da riqueza é bastante desigual e 30% dos trabalhadores portugueses ganham 360 euros por mês. Estamos a assistir ao envelhecimento da população, que tem aumentado e representa metade da população.

Os imigrantes são cerca de 700 000, ou seja, mais de 5% da população portuguesa, e 10% da população activa.

Gostaria de salientar dois ou três pontos sobre o contexto legal da imigração: primeiro, os limites à decisão nacional numa área em que a União Europeia desenvolveu os seus poderes; segundo, a relação especial com o Brasil, que permitiu a entrada mais fácil em Portugal; terceiro, a não adopção de políticas semelhantes para as antigas colónias africanas.

Em resultado, nos últimos trinta anos a comunidade imigrante mudou bastante: há menos recém-chegados de África, embora haja uma segunda geração grande, muitos dos quais se tornaram cidadãos portugueses. Os brasileiros passaram a ser cada vez mais, e após algum tempo os europeus de Leste passaram a ser menos, em virtude do desenvolvimento das economias dos seus próprios países.

Embora o legislador português tenha mantido o poder de decisão em questões relacionadas com a imigração e a nacionalidade, é evidente a importância crescente das orientações europeias.

A sociedade portuguesa tem vivido razoavelmente com este movimento e, felizmente, até hoje não existem movimentos racistas ou xenófobos de monta, embora alguns grupos de *skinheads* tenham estado activos, em especial nas escolas e nos subúrbios de cinturas industriais junto das principais cidades, onde mora a maioria dos imigrantes.

Tal como em muitos outros países europeus, em Portugal há poucos estudos sobre o seu verdadeiro impacto em termos económicos. O debate político sobre este assunto não tem sido muito abrangente e tende a seguir as linhas gerais definidas pela União Europeia.

A União Europeia tem-se vindo a tornar cada vez mais intransigente nesta matéria, fechando as suas fronteiras à emigração e aceitando medidas como as que o governo italiano adoptou, que são um insulto aos valores da civilização europeia. Embora em documentos recentes a União Europeia pareça compreender melhor a importância da imigração para o seu futuro, ainda mantém um controlo estrito dos recém-chegados.

A crise que vivemos e o desemprego crescente não deixam margem de manobra para qualquer esperança de mudança. De certa forma, é irónico pensar-se que, quando a União Europeia começou, os pais fundadores desejavam criar um espaço euro-africano onde a mão de obra africana se misturaria com as competências europeias, assim como na generosidade da cooperação europeia para o desenvolvimento que se manteve por décadas.

Tudo isto desapareceu.

O tema tornou-se tão controverso que é quase impossível adoptar-se um registo neutro. A emoção, o populismo e o medo tomaram conta do debate. Mas do medo e do ódio nunca veio nada de bom.

Todavia, eu diria que há motivos económicos de monta para que o assunto seja discutido. O primeiro tem a ver com a ordem económica internacional, o outro com questões internas.

Seja como for, como meu ponto de partida sustento que a imigração é, em geral, um movimento que não é feito de forma voluntária, mas sim em resultado de más condições de vida, religiosas e de intolerância étnica. Não irei abordar a imigração de alto nível, que, de qualquer forma, suscita problemas delicados, em especial a fuga de cérebros.

Imigração com motivação política à parte, nos fenómenos migratórios os aspectos económicos são decisivos e resultam da desigualdade da evolução da riqueza, tanto a nível internacional como nacional.

A prosperidade imensa e ilusória das últimas décadas foi em grande parte acompanhada pelo crescimento da desigualdade entre países, deixando os menos desenvolvidos numa situação crítica, embora algumas economias emergentes tenham beneficiado bastante do alargamento dos mercados que a globalização trouxe.

Como resultado, cerca de 200 milhões de pessoas vivem fora do seu país natal, ou seja, cerca de 4% a 5% da população mundial. Mesmo que este número não pareça impressionante, devemos ter em conta que há uma concentração evidente de imigrantes nuns poucos países e que esses imigrantes vêm eles próprios de um pequeno número de países.

Enfrentamos uma situação em que é nítido que os mecanismos da nova ordem económica global não estão aptos a lidar com a gravidade da situação, como o reconheceram as organizações internacionais e muitos políticos e cientistas políticos.

Todavia, a verdade é que este tipo de raciocínio, que trata mais de considerações morais e éticas, nunca foi dominante e o debate faz-se apenas em moldes económicos.

Como já foi dito, a avaliação, necessariamente precária, da globalização mostra que os resultados económicos foram diferentes consoante o país, mas que, a curto prazo, em geral o alargamento dos mercados tem sido claramente positivo para os países desenvolvidos, embora talvez um crescimento mais rápido do produto interno dos países menos desenvolvidos tivesse ajudado a manter um maior consumo, impedindo assim algumas das razões da crise.

Mas o que se pode dizer do balanço para os países desenvolvidos e menos desenvolvidos?

Não considerando países emergentes como o Brasil, a Rússia, a Índia ou a China, que se tornaram parceiros globais que já não podem ser ignorados – embora ainda se debatam com problemas económicos internos complexos –, é bastante evidente que a emigração não foi um movimento positivo para os países menos desenvolvidos.

É certo que em pelo menos alguns casos a emigração ajudou esses países a obter divisas estrangeiras e aliviou tensões, mas teve um impacto negativo na situação demográfica, com a saída de muitos jovens e a perda dos cidadãos mais activos e criativos. Também aqui a fuga de cérebros se fez sentir, e bem.

A questão que hoje nos interessa particularmente é, contudo, o impacto nos países de destino. É óbvio que irei analisar a situação de uma perspectiva portuguesa, ou, quando muito, europeia.

Os aspectos negativos da imigração são particularmente evidentes na relação difícil entre as comunidades imigrantes e os cidadãos do país de acolhimento. A ausência de integração amiúde leva a situações de exclusão social e à emergência da tendência para culpar os estrangeiros por todos os problemas sociais, pela insegurança e pelo crime.

A dificuldade cada vez maior no mercado de trabalho também gera tensões entre trabalhadores do país de acolhimento, apoiados pelos sindicatos, e trabalhadores estrangeiros. Recentemente pudemos ver em Inglaterra o caso de uma empresa britânica que, após várias greves e manifestações, foi obrigada a substituir trabalhadores estrangeiros por britânicos.

O mais interessante nesta situação é que os trabalhadores estrangeiros eram italianos, portugueses e espanhóis, ou seja, cidadãos nascidos em países-membros da União Europeia, o que nos permite constatar a debilidade da integração europeia e das regras comunitárias sobre a livre circulação de trabalhadores.

Ainda assim, houve alguns aspectos da imigração salientados como positivos.

Em primeiro lugar, tornou-se evidente que os imigrantes estavam dispostos a aceitar vários trabalhos que os naturais do país já não queriam fazer e que tinham importância social. Também várias obras públicas e privadas não teriam sido feitas não fora o contributo dos imigrantes. Nos anos 90, o contributo dos imigrantes para o crescimento da economia tornou-se claro. Foram especialmente importantes para a agricultura, tendo em conta a dificuldade de encontrar trabalhadores portugueses.

Há estudos económicos que mostram que o contributo dos imigrantes para o PIB andará na ordem dos 7%, e esses mesmos estudos salientaram a importância do seu contributo para manter o nível da procura.

Alguns sociólogos têm vindo a salientar que a imigração se tornou um instrumento importante de desenvolvimento local, pois é possível fixar imigrantes em determinadas áreas rurais de onde os naturais do país há muito partiram. Estes estudos sociológicos também realçam a importância do movimento de imigração para a renovação de populações envelhecidas com baixa taxa de natalidade.

Em Portugal, há estudos que demonstram que para se manter o rácio actual entre populações activa e a envelhecer seria necessário que entrassem quase mais 200 000 imigrantes por ano do que actualmente.

Tem sido salientada a influência positiva para os sistemas de segurança social. De facto, se os sistemas de segurança social do Estado enfrentam um problema de sustentabilidade, os contributos dos imigrantes ajudaram a minorá-los a curto prazo, pois são contribuintes líquidos. Representam 5% da receita do sistema e apenas 3% da despesa.

Talvez uma das questões mais contestadas sobre a imigração seja a do chamado multiculturalismo, que resulta, na Europa, da presença de milhões de imigrantes com diferentes tradições culturais e diferentes culturas.

O multiculturalismo tem sido amplamente discutido, em especial em França, e confronta a sociedade com questões e decisões políticas difíceis. Muitas decisões judiciais também foram objecto de polémicas acaloradas.

Pode dizer-se que não há fundamento sólido para este tema, que lida com liberdade pessoal, contextos históricos e culturais e a existência de um importante núcleo de valores que são, desejavelmente, património comum da humanidade.

Ao referir-se à Finlândia, e ao afirmar que o impressionante desenvolvimento no ramo tecnológico se devia em grande parte a uma sociedade multicultural e tolerante, o grande sociólogo Manuel Castells apresentou um argumento interessante. Também chamou a atenção para os riscos resultantes da criação de movimento xenófobos na sociedade finlandesa e do fecho das fronteiras.

Em suma, não creio que a imigração seja um fenómeno que possa ser apenas analisado de uma perspectiva económica, por causa das suas implicações morais e políticas; mas afirmo que, por isso, é um factor essencialmente positivo, que pode levar a uma distribuição mais correcta das populações e da riqueza. Para que este raciocínio seja válido, é contudo essencial que seja um movimento puramente voluntário.

A análise da economia portuguesa e do papel dos imigrantes é, de longe, positiva. O facto de as Nações Unidas considerarem Portugal um exemplo de bom país anfitrião irá certamente ajudar quem acha que podemos ir mais além e deve demonstrar que é possível ter mais solidariedade e audácia do que a União Europeia actualmente.

MODELO ECONÓMICO EUROPEU:
*E PUR SI MUOVE**

Começo por expressar a minha honra em participar neste painel em que estão presentes pessoas que admiro profundamente e são autoras de reflexões especialmente interessantes sobre as questões que aqui são abordadas, como acabamos de confirmar pelo teor das magníficas e diversificadas exposições. A circunstância de ser o último interveniente neste painel cria--me, pois, um natural desconforto. Colocado nessa situação tentarei fazer aquilo que defendo para o Estado social europeu, isto é, aproveitar as lições para procurar uma melhoria de resultados.

Esta conferência parte do pressuposto de que nos encontramos num mundo em mudança acelerada, que se confronta com questões novas e comuns e, por isso mesmo, começamos pela análise das perspectivas da sociedade de informação e o seu impacto sobre o modo como iremos viver. Parte, também, do pressuposto de que existem diferentes formas de aproximação aos desafios económicos e que essas diferentes formas originam modelos económicos e sociais diversos. Com toda a

---

* Intervenção na conferência «Portugal, a União Europeia e os EUA – Novas Perspectivas Económicas num Contexto de Globalização», Setembro de 2010.

razão, Pisany-Fery recordou a importância de não esquecer o eixo Ásia-Europa nesta reflexão. Verificar em que medida é que esses modelos convergem ou se afastam é, em grande medida, o projecto fundamental deste painel e não o ignorarei mas, numa área em que as generalizações são sempre perigosas, procurarei concentrar-me um pouco no caso português.

Ao terminar a semana e depois de termos analisado as diferentes respostas dadas dos dois lados do Atlântico em relação a toda uma série de questões de importância fundamental estaremos, aliás, bem melhor colocados para extrair conclusões desse debate.

A primeira ideia que ocorre quando se pensa em modelo económico e social europeu é a de um regime económico que reconhece um papel económico fundamental ao Estado sobretudo em matéria de protecção e garantia dos direitos económicos e sociais, saúde, educação, segurança social, apoio no desemprego, absorvendo o sector público uma vasta fatia do Produto Interno Bruto através de impostos ou outras formas de contribuição, com a consequente redução das desigualdades sociais.

Historicamente, este modelo de Estado assentou, também, na criação de vastos sectores empresariais públicos, utilizados como instrumentos de política económica e, como tal dotados de uma escassa autonomia de gestão, condicionada pela necessidade de prosseguir objectivos de protecção dos consumidores ou de combate ao desemprego. As empresas do Estado constituíram, por outro lado, uma forte alavanca de sindicatos fortes e determinados a aprofundar a protecção social assegurada pelo Estado.

Esta tentativa de definição sofre do problema comum a qualquer forma de generalização, uma vez que, na realidade, se pode falar de diferentes modelos, dos quais é normal isolar pelo menos quatro: o anglo-saxónico, o continental, o nórdico e o mediterrânico.

O sistema anglo-saxónico é aquele que assegura um nível de protecção menos elevada, na sequência das profundas reformas introduzidas nas últimas décadas. No modelo nórdico encontramos uma carga fiscal especialmente elevada e que assegura uma contra-prestação expressiva do Estado em bens públicos. O modelo francês, tal como o mediterrânico, concentra-se especialmente na protecção do desemprego, apresentando como traço original a existência de um conjunto elevado de serviços públicos de interesse geral, enquanto que o segundo se preocupa essencialmente com a protecção contra o desemprego, mantendo as prestações públicas em níveis baixos.

Paralelamente, assiste-se a uma verdadeira busca do Santo Graal, aqui identificado com o modelo económico europeu ideal. Para Olivier Blanchard o modelo ideal é o da Holanda. Robert Kuttner, num artigo publicado no último número da *Foreign Affairs*, escolhe a Dinamarca, que junta o melhor do mercado livre com o melhor do estado de bem-estar. Por mim seria tentado a pensar na Finlândia, onde foi possível construir uma sociedade de informação especialmente dinâmica com forte influência pública, contrariamente à experiência norte-americana, mantendo elevados níveis de protecção social.

A ideia de Estado de Bem-estar afirma-se no período pós-guerra, ainda que possa reivindicar herdeiros bem mais longínquos, como a experiência de protecção social de Bismark. Corresponde, por outro lado, à tradição cultural europeia de larga dependência dos poderes estatais e da transferência para o Estado de toda a protecção dos riscos.

Quando, pelo contrário, se aborda o modelo económico norte-americano parte-se de uma perspectiva fundamentalmente individualista em que o sucesso é possível para todos e assenta na protecção da esfera privada contra a intervenção do Estado, assim como dos poderes económicos na pureza dos princípios resultantes da oposição aos monopólios consagrada no *Shermann Act*.

Livres para concorrer os agentes económicos gerarão tanto mais riqueza quanto menores forem os constrangimentos a que estão sujeitos. São esses mesmos agentes económicos que deverão, através das suas escolhas definir qual a parcela de rendimento que estão dispostos a afectar a finalidades de cobertura da educação, saúde e protecção na velhice.

Nem sempre assim foi, no entanto. Recorde-se que, ainda que a efeméride não esteja a ser particularmente celebrada, decorrem este ano setenta e cinco anos sobre o lançamento do New Deal que, apesar de afastar os dogmas clássicos do liberalismo americano constituiu uma experiência de mobilização social que projectou a sua sombra sobre um período alargado de tempo.

A ruptura dos consensos e alianças que estiveram por detrás do New Deal e a radical modificação do ambiente económico, particularmente sentida a partir do início da década de oitenta, justificarão este aparente desinteresse e, no entanto, não falta quem nos Estados Unidos apele a um New Deal, como é o caso paradigmático de Paul Krugman no seu último livro *The Conscience of a Liberal*.

Também na fascinante campanha eleitoral norte-americana verifica-se, da parte dos candidatos democratas, um especial apelo a soluções que encontram a sua inspiração mais remota no New Deal e, mais próxima, no modelo do Estado de Bem--Estar europeu.

Um tanto paradoxalmente, tudo isto sucede no momento em que a Europa, ou pelo menos uma larga camada de europeus, descrê do Estado de Bem-estar e vê os caminhos do futuro no modelo económico americano, vendo mesmo nessa aproximação a única possibilidade de futuro da Europa, como sucede com Alesina e Giavazzi.

A derrocada soviética fez emergir um conjunto de governos e opiniões públicas fortemente motivados por soluções económicas baseadas no modelo económico norte-americano e bastante indiferentes – o que não deixa de ser paradoxal – aos direitos dos trabalhadores e à protecção social.

A falência do modelo soviético parece ter tido também consequências na crise de entidade dos partidos socialistas e social-democratas que, ainda que por vezes tenham revelado alguma simpatia pelo sistema jugoslavo, marcaram quase sempre distâncias em relação àquelas experiência, não foram capazes de, libertos da carga odiosa do socialismo de Estado, formular alternativas válidas de política económica.

Os governos de esquerda ou centro-esquerda no poder uma década atrás cederam, assim, o poder a governos dominados por um ideário individualista e dispostos a reformas radicais no modelo económico-social.

Sublinhe-se, no entanto, que a defesa do Estado de Bem-estar europeu esteve longe de ser apanágio dos partidos de esquerda. Muito pelo contrário, como o atesta a França gaulista ou a Itália dos tempos da democracia cristã.

Em todo o caso, há que assinalar que depois de décadas em que os Estados Unidos foram encarados de forma arrogante pelos europeus, as elites europeias acabaram por admirar a capacidade dos Estados Unidos para liderarem a revolução tecnológica, cativando os melhores quadros Europa órfã, e assegurando uma produção muito rica nos domínios da ciência política, da filosofia e da economia, em contraste com a decadência da produção europeia.

A América que emergira da guerra-fria como grande triunfadora vai juntar ao prestígio militar e económico o prestígio intelectual, de que nem sempre gozou na Europa. A imagem da terra prometida em que o sucesso pessoal depende apenas do engenho e da capacidade de assumir risco começa a minar a busca de garantias por parte do Estado. O domínio avassalador dos *think tanks* de matriz liberal consolida a ideia que ecoa nas mais prestigiadas escolas de economia e gestão. A eleição de Nicolas Sarkozy é, porventura, a mais espectacular demonstração dessa sensibilidade que muda, impressionando especialmente por se verificar num país onde a intervenção pública encontra uma especial tradição. Sintomaticamente, Jacques

Atali, antigo conselheiro de Mitterand, preside à comissão que produz o relatório sobre a libertação do crescimento francês, que se alarga por um impressionante conjunto de sugestões de diminuição ou supressão da intervenção pública.

Aqui chegados importa, todavia, reconhecer que, se a nível das intenções e declarações políticas como das opiniões públicas poucas dúvidas parecem restar quanto ao empenho reformista, qualquer tentativa séria de levar por diante tais reformas se confronta de imediato com resistências profundas. Um recente artigo da *Newsweek* elencava o conjunto de governantes substituídos pelos eleitores, depois de um programa intenso de reformas e daqueles que se tinham visto compelidos a parar as reformas a fim de evitar tal destino.

A integração económica europeia que conheceu avanços impressivos viera, por seu turno, criar um ambiente propício à alteração do modelo social europeu ao definir um conjunto de liberdades económicas que obrigaram, em larga medida, à redução do instrumentário político-económico dos estados membros e, sobretudo, por via da política da concorrência – a grande ignorada em tantos países europeus – que arrastou o desmantelamento dos monopólios do Estado e a prática impossibilidade de utilizar o sector empresarial público para fins de política económica e social.

É, no entanto, com o Tratado de Maastricht e a prioridade dada à convergência nominal sobre a convergência real, bem como o confisco da política monetária e a forte limitação da política orçamental, que se abrem bases decisivas para a destruição do modelo social europeu, com o claro preço do não no referendo do Tratado da Constituição francesa nos referendos francês e dinamarquês e com a consequência de eliminar um instrumento fundamental para os ajustamentos a efectuar nas economias europeias.

Para além de muitos outros aspectos que aqui não é possível abordar importa assinalar de uma forma especial a circunstância de o mandato conferido ao Banco Central Europeu se cingir apenas ao combate à inflação, omitindo o problema do emprego. Dificilmente se podem, pois, encontrar aqui traços do modelo de bem-estar europeu.

Na Europa procura-se, pois, em larga medida o desmantelamento ou a reformulação do modelo do Estado de Bem-estar social, enquanto que em certos sectores políticos e intelectuais norte-americanos se procura inspiração europeia para fazer face às dificuldades. Não deixa, aliás, de ser irónica a circunstância de os organizadores da conferência terem mais facilidade em encontrar norte-americanos defensores do modelo europeu do que europeus motivados por essa mesma causa.

Trata-se de um diálogo que só pode trazer vantagens a um e outro lado do Atlântico, uma vez ultrapassadas as opiniões mais radicais e mais embebidas politicamente.

Para compreender onde nos situamos é necessário sintetizar as críticas mais profundas ao modelo social europeu que se reconduzem fundamentalmente à sua insustentabilidade financeira, aos seus efeitos sobre o empreededorismo e o trabalho e sobre a carga fiscal. Algumas delas são naturalmente críticas formuladas no interior que visam a melhoria de funcionamento do modelo, enquanto outras preconizam a própria substituição do modelo, considerado como insustentável em tempos de globalização.

As críticas formuladas em nome da sustentabilidade das finanças traduzem-se normalmente em posições tremendistas, assumidas entre nós pelo Compromisso Portugal ou por economistas como Medina Carreira que, em nome das finanças sãs, apontam a necessidade de redução drástica do nível da despesa social.

Mais importantes são as críticas relativas à ausência de espírito de empreendedorismo que aparece como uma consequência do modelo social europeu em que a existência de uma teia de cobertura pública contra o risco, induzindo uma diminuição do esforço pessoal. Bush não hesitou, mesmo, em afirmar que o mal dos franceses era a sua língua não ter uma expressão própria para *entrepreneurship*. Não me recordo de ter havido uma reacção séria por parte dos *entrepeneurs* franceses, mas o equívoco linguístico serve para ilustrar outros tantos equívocos. Carl Schramm dá-nos a este propósito um grupo de excelentes conselhos sobre como melhorar esta situação.

Outra frente de crítica é a que se prende com a falta de estímulo ao trabalho que resultaria quer das leis laborais restritivas quer da garantia de prestação pelo Estado em caso de desemprego. O aparente sucesso de experiências da flexi-segurança parece apontar uma via. Trata-se aqui claramente de uma das áreas em que mais se exige algum *fine tuning*, por forma a que as empresas assegurem uma parte dos custos e que o Estado forneça os instrumentos necessários àqueles que estão em condições de continuar uma vida activa.

Naturalmente que fora desse debate ficam os excluídos da prosperidade, a que uma concepção rawlsiana de justiça obriga a prestar uma especial atenção. Se alguns puderem ser chamados a uma vida activa excelente, senão o Estado deles não se poderá desinteressar, mas não será por causa desta franja que o Estado de Bem-estar será posto em causa.

Mas vai sendo tempo de ver como evoluíram as coisas em Portugal.

A primeira nota necessária é a que se reporta ao facto de Portugal não ter acompanhado o desenvolvimento do Estado de Bem-estar no período de fundação na Europa.

A ditadura instituída em 1928 e que iria durar até 1974 assentou numa forte intervenção pública, traduzida na minuciosa regulamentação de muitos sectores, que excluía o funcionamento do mercado através de uma organização económica baseada num corporativismo de Estado, no controlo sobre os novos projectos económicos e na criação de monopólios públicos.

O pensamento económico liberal teve, de resto, muito escassa expressão no Portugal do século XX quer no seio do regime, quer nos partidos clandestinos de oposição – PS e PCP, pensamento essencialmente dominado pelas ideias socialistas ainda que no caso do PS por outras influências como o personalismo e, em certa medida, a doutrina social da Igreja.

A Constituição de 1976, saída da revolução, viria a constituir um texto em que os direitos individuais de raiz política eram fortemente defendidos, o mesmo não sucedendo com os direitos de cariz social e económico, onde se podia notar algum enfraquecimento do direito de propriedade e iniciativa privada.

Encontramos uma Constituição que é particularmente rica na proclamação de direitos de natureza económica e social, como seria de esperar de um texto fundamental saído de uma revolução e elaborado num ambiente de radicalização política.

A proclamação desses direitos – mais ou menos aceitável por todo o arco político português – conjugava-se com a tentativa de afirmação de uma sociedade socialista, através de um processo de transformação progressiva que não era, contudo, objecto de quaisquer medidas ou calendários, o que veio a determinar que a constituição real, tal como interpretada e vivida, se orientasse num sentido profundamente diverso, posteriormente reforçado por várias revisões constitucionais que levaram a que bem pouco do texto original da constituição económica se mentivesse.

Ainda que as votações na Assembleia Constituinte pudessem conduzir noutro sentido, aquilo que parece hoje claro é que os partidos democráticos preferiram aceitar um *compromisso formal dilatório*, uma forma de devolver ao futuro a concretização do que viria a ser a «*constituição real*», podendo-se acompanhar Figueiredo Dias quando fala de obra aberta a propósito do texto constitucional.

Tratou-se, naturalmente, de um processo em que teve um papel preponderante a interpretação dos órgãos de fiscalização da constitucionalidade que tiveram que resolver a sempre delicada problemática entre o juízo político e o jurídico e fizeram-no sentido de um redimensionamento dos seus poderes, recusando a ideia sedutora do governo de juízes.

Na Constituição manteve-se um catálogo impressivo de direitos económicos e sociais. Em relação a alguns é claro o seu carácter programático. Outros como os relacionados com o ensino, a saúde e a segurança social são objecto de normas mais concretas. Quando a Assembleia e o Governo quiseram mexer nuns e noutros não tiveram especiais dificuldades em consegui-lo, ou fizeram-no com o apoio do Tribunal Constitucional que se orientou no sentido de que as normas consagradoras destes direitos não são de aplicação directa, antes exigem uma intervenção mediador do legislador ordinário, que sempre que existam directivas constitucionais mais ou menos claras e precisas se encontra por elas limitado ou com recurso a uma revisão constitucional.

Tudo isto não impede o reconhecimento de que a Constituição consagra os fundamentos de um Estado de Bem-estar social. Tal consagração não é suficiente. O Estado social, como as revoluções, não se constrói na base de proclamações escritas, mas antes da concretização das ideias e, aí, ainda que esta seja matéria que nos levaria muito longe, há que verificar que o Estado de Bem-estar começa a afirmar-se em Portugal tarde e a contra corrente. Apenas afirmado, o Estado social começa a ser fortemente posto em causa. A contenção orçamental associada à entrada no euro joga aí um papel fundamental.

Intitulei esta minha interpretação «o modelo económico europeu. *E pur si muove*» crendo sublinhar que, apesar de todos os esforços das modernas inquisições, ele continua a existir. Espero que essa afirmação não me valha como a Galileu o fim da vida na prisão apesar de se ter retratado. A minha convicção de que assim não sucederá vem do estado de direito, parceiro indispensável do modelo económico europeu.

*NEW DEAL: NOTHING WILL BRING BACK THE HOUR OF THE SPLENDOR IN THE GRASS**

Começo por expressar a minha honra em participar neste painel em que estão presentes pessoas que admiro profundamente e são autoras de reflexões especialmente interessantes sobre as questões que aqui são abordadas. O seu admirável trabalho permite-me enveredar por um outro tom a que o tema, o local onde se realiza e o tempo em que tem lugar este excelente forum convidam: isto é a uma jornada sentimental, que passeia pelos lugares da memória e da educação cívica e cultural de uma geração que conheceu a esperança e, também, muitas vezes, a decepção.

À medida que avançamos na idade, a nossa percepção da vida vai-se alterando profundamente: as fúrias e mágoas que tantas vezes sentimos, os desgostos e as decepções perdem-se numa névoa difusa e as bênçãos que recebemos tornam-se mais vivas e ganham novos contornos. Apercebemo-nos que quanto somos e fazemos resulta da dádiva que nos fizeram os nossos pais – ao transmitirem-nos aquilo que de melhor souberam e puderam – e da sorte dos encontros e também dos desencontros que a vida nos foi oferecendo.

---

* Intervenção no Fórum Açoriano Franklin D. Roosevelt «À procura da grande estratégia. De Roosevelt a Obama», Ponta Delgada, 18 de Julho de 2008.

Dos meus encontros açorianos tenho falado várias vezes, mas hoje queria recordar especialmente o que tive com o Mário Mesquita, na JEC de Ponta Delgada, da qual viríamos a ficar tão longe, e que deu início a um percurso intenso de amizade e camaradagem que os anos mais não fizeram que reforçar. A minha admiração pelo Mário Mesquita, homem de cultura, jornalista e cidadão exemplar, foi sempre crescendo e quando ele me convida para qualquer iniciativa *I allways come running*, para evocar o título do belo filme de Vincent Minelli.

Quando o Mário me pediu um título para a minha intervenção, respondi-lhe, quase de imediato, com um que não o deixou especialmente feliz e que foi o de «*New Deal: Nothing will bring back the hour of the splendor in the grass*»?, em homenagem ao belo texto que ele escreveu na morte de Natalie Wood, única de sensibilidade ferida no filme de Elia Kazan de tantos tão amado e tão especialmente tocante para quem nasceu e viveu numa cidade pequena num período de forte repressão sexual.

Reparo que é este o segundo filme que aqui evoco, o que não é seguramente, por acaso para quem nas *soirées* e matinés deste mesmo teatro micaelense (e nos seus intervalos também, claro está), nas sessões de três filmes ao domingo à tarde no Marítimo, nas sessões duplas do coliseu, no cine vitória e, no verão, na inesquecível esplanada do cine-solar, aprendeu a amar o cinema e levou este amor pela vida fora, mesmo quando mais inconstante noutros amores. Aos filmes voltarei, ainda, de resto.

Falar em *Esplendor na Relva* a propósito da grande depressão e das medidas adoptadas para o seu combate pode – é certo – espantar, mas quis, sobretudo, com recurso a esta imagem sublinhar o profundo cometimento cívico de Roosevelt e da geração que o acompanhou, a sua compaixão e determinação em construir um novo pacto social assente na garantia de protecção contra a miséria, a doença, a insegurança e o desemprego. Esses foram, de facto, tempos de esplendor e glória para quantos acreditam no interesse público.

A geração do New Deal é uma geração de coragem e de corte – na acepção de Ortega y Gasset – a ela se seguiriam outras de acomodação, até que John Kennedy veio apelar de novo ao empenhamento em torno do interesse público, com a sua célebre frase: «não perguntes o que o teu país pode fazer por ti mas antes o que tu podes fazer pelo teu país».

John Kennedy lança, então, a *new frontier*: «estamos à beira de uma nova fronteira. Para lá dela estão áreas de ciência e do espaço ainda não definidas, problemas da guerra e da paz por resolver, problemas de ignorância e preconceito não ultrapassados e questões de pobreza e supérfluo não respondidas».

Floresce de novo a esperança que os apagados tempos de Johnson – esmagado pelo envolvimento militar no Vietname –, o conturbado mandato de Nixon e o pouco inspiracional mandato de Carter apagariam progressivamente. Como não sentir-se envolvido? Como não sentir o esplendor na relva? Sentiram-no muitos que tinham estado com Roosevelt e de pronto responderam.

O novo grande impulso na política norte-americana virá a ter um sinal totalmente contrário, com a afirmação do individualismo extremado de Ronald Reagan, a desviar as atenções do interesse público, estribado numa literatura económica conservadora e revisionista que veio questionar o sucesso do New Deal na ultrapassagem da depressão, ao mesmo tempo que proclamava a inexistência de um interesse público, substituído pela soma dos interesses egoístas dos políticos identificados nas suas motivações com qualquer agente económico privado.

Dando-se conta dessa inflexão, os organizadores do fórum denominaram este painel do New Deal ao neoliberalismo, porque se é verdade que ainda existem algumas das instituições e programas, tais como o *Federal Deposit Insurance Company* (FDIC), o *Federal Housing Administration* (FHA), e o *Tennesee* Valley Authority (TVA), não se pode ignorar o desmantelamento e a crise em que entraram outras instituições e programas. A persistência de alguns é, no entanto, um factor especialmente de assinalar.

Nem os anos de presidência de Bill Cliton – caracterizados, no entanto, por prosperidade económica – foram capazes de remotivar os cidadãos para o serviço cívico ou sequer de conseguir uma melhor cobertura de saúde para a população, como menos ainda os de George W. Bush, assentes numa feroz visão individualista da sociedade.

No ano em que se celebram os 75 anos do início do New Deal é, então, a candidatura Barack Obama que vai tentar retomar o sonho americano e o apelo à acção colectiva e ao empenho cívico. Ao seu lado não vão estar fisicamente os que estiveram com Roosevelt e que estão já mortos, mas Edward Kennedy, Caroline Kennedy, Ted Sorensen, o mítico autor dos seus discursos, sentiram de novo o esplendor da relva.

Sentem-no, também, todos os que integraram, com orgulho, no seu património intelectual a experiência do New Deal e choraram lágrimas amargas e cada vez mais impotentes nos assassinatos de John e Robert Kennedy e de Martin Luther King.

Num momento em que as televisões nos trazem imagens de filas de pessoas tentando levantar os depósitos de bancos a braços com falta de liquidez é o sucesso ou insucesso de Barack Obama que vai responder, em larga medida, a resposta à questão de saber se voltarão ou não os tempos do esplendor na relva

As imagens que chegam dos tempos do New Deal são essencialmente retratos de coragem – para evocar o magnífico conjunto de textos de John Kennedy, reunidos, sob aquele título e também de dor e determinação. O talento de Roosevelt e a sua administração a lidar com a comunicação social e particularmente a rádio, nesses «dias da rádio», deixaram um legado importante até aos nossos dias, tema que seguramente já mereceu a atenção deste forum e do Mário Mesquita, cultor por excelência dos telecerimoniais dos nossos dias, tanto mais quanto os da nossa geração não podem deixar de ver nas conversas em família de Marcelo Caetano a inspiração dos «*fireside chats*» do presidente norte-americano. Só que a inspiração por aí se ficava.

A fotografia e o grafismo associados, por vezes próximos do realismo soviético, impressionam, ainda hoje e mesmo reconhecendo o seu carácter propagandístico há que agradecer o excelente trabalho da Fundação Roosevelt na sua perpetuação, uma vez que torna mais visível o que foi o New Deal. É, de resto, de sublinhar a preocupação em mobilizar artistas plásticos, escritores, fotógrafos e outros criadores para apoiarem a divulgação dos programas e a mobilização popular em seu redor.

E, todavia, a imagem mais forte e que nos vem imediatamente à mente é a do inesquecível Henry Fonda, no sublime filme do republicano John Ford, *As Vinhas da Ira*, no discurso final de Tom Joad:

«I'll be all around in the dark. I'll be everywhere. Wherever you can look, wherever there's a fight, so hungry people can eat, I'll be there. Wherever there's a cop beatin' up a guy, I'll be there. I'll be in the way guys yell when they're mad. I'll be in the way kids laugh when they're hungry and they know supper's ready, and when people are eatin' the stuff they raise and livin' in the houses they build, I'll be there, too».

Se muitos foram os que choraram ao ver *As Vinhas da Ira* – um dos filmes mais inspiracionais de sempre na análise do American Film Institute – foram-no cada vez menos nos últimos anos. Apesar de algumas tentativas inseridas na tradição liberal de Hollyood (personificada em actores com Paul Newman, Seann Penn, Robert Redford, Susan Sarandon, Tim Roberts ou George Clooney), eleito presidente dos Estados Unidos um autor – Ronald Reagan – o espaço abriu-se para Stallone, Schwarzenegger ou Van Damme. O esforço individual e os valores conservadores tenderam a dominar os ecrãs nos últimos anos. Até um cineasta liberal como Steven Spielberg que antes pusera Indiana Jones a lutar contra os nazis, recupera em 2008 os anos da Guerra Fria, com o destemido herói perseguido por uma terrível tropa estalinista. E para que não fiquem mal-entendidos, faço questão de sublinhar que achei bastante graça ao filme.

Paralelamente – na vida real – foram sendo destruídos os vários alicerces do New Deal, abandonando-se um modelo de sociedade relativamente igualitária, a benefício de outra assente no aprofundamento das desigualdades sociais e na exclusão social, criando uma situação conflitual, explorada pelos políticos conservadores que exacerbaram os receios securitários e as tensões raciais e lograram destruir a coligação, que se formara em torno do Partido Democrata, entre judeus, afro-americanos, pequenos proprietários rurais e operários.

Se os últimos anos foram marcados por uma afirmação quase asfixiante do liberalismo económico, exponenciada pelo colapso do sistema comunista e pela dificuldade da esquerda em encontrar o ponto de equilíbrio entre o espaço de liberdade e propriedade individual e a afirmação dos direitos sociais e económicos, nem por isso o apelo a um novo New Deal se deixou de fazer sentir dos dois lados do Atlântico. Veja-se, por exemplo, nos Estados Unidos, o recente livro de Paul Krugman – *The Conscience of a Liberal* ou, na Europa, o programa Labours New Deal lançado por Tony Blair em 1997. Tudo isto sem esquecer as tentativas da esquerda trabalhista de promover «a new New Deal for Europe».

O New Deal, pesem embora as críticas que, à esquerda e à direita o acompanharam, manteve-se desde sempre como um ponto de referência essencial de quantos acreditam na justiça social e na acção colectiva.

Alguns, como o Padre Charles Coughlin, que começou por rebaptizar o New Deal como o «Christ's deal», e – dizem os mal-intencionados pecadores por não ter logrado participar na Administração Roosevelt –, rapidamente encontraram nele todos os demónios do comunismo, enquanto que outros nele viram uma réplica dos regimes ditatoriais de direita.

Já foi aqui recordado que se tratou de um conjunto de medidas legislativas e programas económicos, visando o combate activo a uma situação de depressão económica, marcada pela quebra da confiança nos mecanismos de mercado para darem respostas eficientes a estas situações.

Os Estados Unidos, largamente criados e cimentados na afirmação das liberdades económicas, designadamente, de iniciativa empresarial e circulação, entendidas como forma de preservar a autonomia individual face aos grandes poderes, vão aceitar pôr um interregno nessa ordem liberal como forma de combater a grande depressão. Daqui resulta uma situação em que os empresários deixam de ser os únicos actores na cena económica, onde entram também o Estado e os trabalhadores.

A viragem aqui consubstanciada não foi, naturalmente, feita com facilidade. Emblemático foi o braço de ferro entre Rooosevelt e a maioria conservadora do Supremo Tribunal de Justiça – onde se incluía mesmo um antigo candidato republicano à presidência da república conhecido pelo seu extremado liberalismo – que se opôs tenazmente ao activismo estatal, declarando a inconstitucionalidade de toda uma série de diplomas centrais do new deal, considerando-os violadoras das liberdades fundamentais.

O debate que se gerou em torno desta situação não deixa de levantar questões fascinantes para os juristas.

Por um lado, tornou-se claro que a justiça não é cega nem neutra, revestindo-se necessariamente de uma ideologia, bastando recordar a afirmação do então presidente do supremo tribunal Hugues de que «a constituição é o que os juízes dizem que ela é», o que coloca o problema de uma eventual supremacia do poder judicial sobre o poder constituinte, «de todo inadmissível num Estado Democrático» e, por arrastamento, a possibilidade de os juízes substituírem os programas políticos do governo pelos seus próprios programas ou ideais.

Por outro, a ameaça de Roosevelt de alterar a composição do Supremo mostra as dificuldades com a garantia da independência da justiça

Ironicamente, a proposta de Roosevelt acabou por sofrer uma pesada derrota no Senado mas, já antes, determinara a mudança de posição de um juiz por forma viabilizar a legislação de iniciativa presidencial e tornar o ajustamento desnecessário.

Dir-se-á, em síntese, porque o tempo urge e este não é o nosso tema que, por ínvios caminhos, se chegou a um resultado bem satisfatório em que as instituições judiciárias não foram afectadas, o New Deal pôde avançar e a constituição foi objecto de uma reavaliação e modernização da sua interpretação.

Recorde-se, ainda, que um eventual Presidente e uma maioria democrática no Congresso poderão ser confrontados com um Supremo igualmente dominado por uma maioria conservadora e não poderão sequer invocar, como fez Roosevelt, que os juízes são muito velhos. Recorde-se, a título de exemplo, que Clarence Thomas o rosto mais evidente do conservadorismo judicial tem sessenta anos.

Mas, se a grande depressão esteve na origem do New Deal não se pode ignorar que as respostas que ela teve na Europa foram bem menos felizes, sendo clara a sua importância decisiva na ascensão de Hitler ao poder, através de um programa de pesada intervenção estadual que permitiu mesmo o aparecimento de acusações de nazismo ao New Deal. Um tanto ironicamente viria a ser Roosevelt o responsável pela derrota de Hitler e a ganhar, assim, um lugar muito especial no coração de quantos amam a liberdade.

Mais do que com o nazismo foi com o fascismo italiano que se procuraram estabelecer semelhanças. Mussolini – ele próprio – não hesitou em declarar, em entrevista ao *New York Times*, «o vosso plano de coordenação da indústria segue precisamente as nossas linhas de Estado corporativo».

Nos anos trinta, o exemplo do New Deal não vai encontrar réplica digna na Europa. Na Inglaterra, o Partido Trabalhista não consegue um programa adequado a lidar com a depressão e perde as eleições para os conservadores. Na França a agitação política associada à Frente Popular não permitiu verificar o êxito dos programas sociais então encetados. Na Espanha, neste mesmo dia de Julho de 1936, começava a guerra civil.

Importa, no entanto, recordar que a ideia de Estado Social tem as suas origens na Europa, no final do século XIX/início do século XX, com a adopção de legislação sobre segurança social e concessão de direitos sindicais aos trabalhadores.

Mas é só nos anos que se seguiram à segunda guerra mundial que se afirmou um modelo económico e social europeu que reconhece um papel económico fundamental ao Estado, sobretudo em matéria de protecção e garantia dos direitos económicos e sociais, saúde, educação, segurança social, apoio no desemprego, absorvendo o sector público uma vasta fatia do Produto Interno Bruto através de impostos ou outras formas de contribuição, com a consequente redução das desigualdades sociais.

Ainda que se possa admitir que o modelo Europeu foi mais longe em determinados aspectos não pode deixar de se pensar que ele correspondeu, em larga medida, às mesmas preocupações do new deal designadamente nas áreas da segurança social e do emprego. A sua influência em alguns documentos fundadores como o Relatório Beveridge é patente.

Este eco europeu do New Deal é um eco tardio e que se vai dar também em ligação com o prestígio ganho pelos estados Unidos durante a guerra.

O New Deal primeiro, o Estado de Bem-estar europeu depois, virão a conhecer o mesmo tipo de dificuldades, sobretudo a partir da década de oitenta quando conservadores na Inglaterra e republicanos nos Estados Unidos rompem com o equilíbrio social e político que se mantivera mesmo nos tempos de rotativismo partidário.

As consequências das políticas de Tatcher na Grã-Bretanha e de Reagan nos Estados Unidos, fortemente apoiadas nas trincheiras universitárias, são objecto de diferentes avaliações, sendo sobretudo de assinalar a abdicação da esquerda incapaz de apresentar uma alternativa real de política económica e de lidar com o colapso das experiências comunistas, das quais sempre marcara, no entanto, distâncias.

O que é certo é que, num e noutro caso, se assistiu a uma ruptura dos consensos e alianças que estiveram na base das políticas económicas e sociais e a um período de prosperidade económica em que a riqueza atingiu níveis nunca antes conhecidos e a exclusão social cresceu em paralelo.

A reacção norte-americana passa para muitos pelo apelo a um novo New Deal assente na Segurança Social e nos cuidados de saúde e pela valorização do modelo social europeu. Paul Krugman, por exemplo, fala na Europa como o *comeback continent* e responsabiliza a melhor prestação económica aos serviços nacionais de saúde, à segurança social e a uma regulação forte.

Um tanto paradoxalmente, tudo isto sucede no momento em que a Europa, ou pelo menos uma larga camada de europeus, descrê do Estado de Bem-estar e vê os caminhos do futuro no modelo económico americano, vendo mesmo nessa aproximação a única possibilidade de futuro da Europa, como sucede com Alesina e Giavazzi.

A Europa, que sempre tendeu a minimizar culturalmente os Estados Unidos, encarados de forma algo arrogante pelas elites europeias, passou a admirar progressivamente a capacidade dos Estados Unidos para liderarem a revolução tecnológica, cativando os melhores quadros de uma Europa órfã, e assegurando uma produção muito rica nos domínios da ciência política, da filosofia e da economia, em contraste com a decadência da produção europeia.

A América que emergira da Guerra Fria como grande triunfadora vai juntar ao prestígio militar e económico o prestígio intelectual, de que nem sempre gozou na Europa. A imagem da terra prometida em que o sucesso pessoal depende apenas do engenho e da capacidade de assumir risco começa a minar os fundamentos do Estado de Bem-Estar.

Um claro exemplo da adesão europeia a um modelo económico mais liberal é dado pelos avanços impressivos da integração económica, assente em larga medida na redução do instrumentário político-económico dos estados membros, obrigando, pela disciplina da concorrência a desmantelar os monopólios do

Estado, e de utilizar o sector empresarial público para fins de política económica e social.

É, no entanto, com o Tratado de Maastricht e a prioridade dada à convergência nominal sobre a convergência real, bem como o confisco da política monetária e a forte limitação da política orçamental, que se abrem bases decisivas para a destruição do modelo social europeu, com o claro preço do não no referendo do Tratado da Constituição francesa nos referendos francês e dinamarquês e com a consequência de eliminar um instrumento fundamental para os ajustamentos a efectuar nas economias europeias.

Na Europa procura-se, pois, em larga medida o desmantelamento ou a reformulação do modelo do Estado de Bem-estar social, enquanto que em certos sectores políticos e intelectuais norte-americanos se procura inspiração europeia para fazer face às dificuldades. De tudo isto, provavelmente, resultará uma síntese.

Como creio que ficou bem claro, acompanho os americanos que durante longo tempo recordaram Roosevelt com o homem que salvou os seus empregos, as suas casas, as suas terras e o seu tipo de vida quando a América esteve à beira do precipício.

E, como comecei com o cinema, com ele quero acabar, recordando que o belo poema de Wordsworth, que dá o mote ao título é, apesar de tudo, uma mensagem de força e de esperança? «A luz que brilhava tão intensamente foi agora arrancada dos meus olhos, e embora nada possa devolver os momentos de esplendor na relva e de glória nas flores, Não sofreremos, melhor, encontraremos força no que ficou para trás». Natalie Wood, interpretando a frágil Wilma Dean 'Deanie' Loomis não conseguiu encontrar a força. A actriz mais tarde viria a não a encontrar também. E nós, conseguiremos?

LUTAR POR UMA SOCIEDADE JUSTA E BOA*

Quando nos encontrámos da última vez, em Washington, era bastante difícil prever, de um ponto de vista económico, onde estaríamos em Março de 2010. Nessa altura, não era de todo evidente se a crise económica estava a chegar ao fim, ou se pelo menos estaria a abrandar, ou se iríamos ter pela frente uma recessão profunda.

Em certo sentido, diria que as coisas correram da forma mais provável que então se podia imaginar. A crise abrandou, embora a retoma económica seja muito lenta, em especial na Europa, e muitos dos problemas económicos ainda permaneçam. Nesta altura, parece evidente que, embora a crise tenha atingido da mesma forma quase todos os países e regiões, a forma de sair dela não será idêntica em todo o mundo. Tornou-se também cada vez mais evidente que ela irá afectar, de forma grave, a União Europeia e criar dificuldades aos actuais fundamentos da ordem económica internacional.

Como é óbvio, não irei abordar questões americanas, pelo contrário, tentarei concentrar-me na situação europeia. Deve dizer-se que, entre todos os países desenvolvidos, a Europa é

---

* Intervenção na Conferência sobre Direito Português e Americano - Faculdade de Direito da Universidade de Lisboa e Universssidade Católica da América – «A 'Crise' Financeira: Causas e Soluções», 8 de Março de 2010.

uma das regiões em que os indicadores económicos aparentam ser mais desconfortáveis.

É deveras surpreendente que quase dois anos depois dos primeiros sinais nos mercados americanos, o debate sobre a melhor forma de corrigir a economia ainda esteja a decorrer e que, apesar de o desemprego ainda registar valores muito elevados, a questão da estratégia de saída ainda predomine.

É consensual a noção de que os economistas pouco fizeram para impedir a crise ou até prevê-la – com poucas excepções, como Krugman, Schiller ou Roubini. E, numa visita à London School of Economics, até a rainha de Inglaterra, geralmente tão discreta, perguntou porque é que os economistas não perceberam o que se avizinhava. Receio bem que em anos vindouros a Rainha – esperemos que ainda viva e de boa saúde, ainda que provavelmente menos rica do que actualmente – pergunte porque é que os economistas não descobriram uma forma mais eficiente de lidar com a crise.

Evidentemente, a questão central prende-se com a decisão política, ainda que em anos recentes tenhamos assistido a uma tendência crescente para concentrar o poder de decisão em organismos técnicos, como bancos centrais independentes ou agências de regulação, num movimento a que Jacques Sapir, distinto economista marxista francês, chamou os economistas contra a democracia.

Este movimento surgiu com a grande desregulação e com a forte convicção de que os mercados não regulados iriam gerar equilíbrios óptimos, que limitavam a possibilidade de uma intervenção pública.

Julgar-se-ia que chegara a hora de repensar o paradigma económico das últimas décadas, mas muito poucos tiveram a honestidade intelectual de Richard Posner – um dos principais actores da desregulação – de repensar o seu próprio trabalho e regressar, até, a Keynes, que ele admitiu, candidamente, não ter lido.

Pelo menos, esperar-se-ia que concordassem com a afirmação de Olivier Blanchard, o economista-chefe do FMI, de que «é evidente que não foram os macroeconomistas a causar esta crise. Mas agora percebemos que tanto os economistas como os decisores políticos foram iludidos por uma falsa sensação de segurança devido ao sucesso aparente da política económica antes da crise – um período conhecido como a «Grande Moderação», quando as flutuações tanto na produção como na inflação nas principais economias mais avançadas foram reduzidas e aumentou o nível de vida. Esta crise ensinou-nos muita coisa e nós, proactivamente, queremos tirar ilações da «Grande Recessão».

É certo que Keynes foi recuperado do baú e que houve uma vaga assinalável de reimpressões da sua obra, tal como a de John Kenneth Galbraith. Minsky, incrivelmente tão ignorado, teve o seu momento de glória, mas isto não levou a uma reavaliação consistente da profissão e do ensino da economia.

Ainda assim, a crise exigia mais – muito mais. Trouxe a oportunidade para repensar e reconstruir o sistema económico, de modo a criar uma sociedade mais justa e com menos risco, como salientaram muitos economistas. Ao mesmo tempo, gerou-se um amplo consenso sobre a existência de uma crise de valores, oculta por trás da crise económica.

O papa Bento VXVI recordou-nos: «A crise tornou-se, pois, uma oportunidade para o discernimento, no qual moldar uma nova visão para o futuro. Neste espírito, com confiança em vez de resignação, é apropriado abordar as dificuldades dos nossos tempos.»

Estaremos nós a responder coerentemente a este apelo? Receio bem que não.

O longo período de prosperidade que os países ricos do Ocidente viveram nas últimas décadas deveu-se em grande parte à inovação financeira, que gerou um enriquecimento em ampla escala e fez com que as pessoas se esquecessem da distribuição injusta da riqueza, graças ao crédito, levando-as a pensarem que eram mais ricas do que na realidade eram e a mudar os seus padrões de consumo e poupança.

Esta mudança de padrão foi particularmente evidente em Portugal, onde durante décadas haviam sido cultivadas as virtudes da sobriedade e da frugalidade. Foi preciso muito fado para louvar os valores sagrados da casa portuguesa humilde mas feliz, um lugar onde o amor se sobrepunha à necessidade e à tentação. E também os ricos eram discretos. Hoje em dia, os ricos ostentam a sua riqueza de forma obscena e os pobres tentam imitá-los, recorrendo a todo o tipo de mecanismos de crédito.

Integridade, dedicação à causa pública, capacidade intelectual, tudo isto foi negligenciado e o sucesso público e a fama tornaram-se os únicos valores garantidos, sendo a importância de cada um de nós aferida exclusivamente pela capacidade de ser rico.

Neste caldo de cultura, é interessante recordar a expressão criativa de John Kenneth Galbraith: *a fraude inocente*, título do seu último ensaio, publicado aos 94 anos, dois anos antes de falecer e numa altura em que, embora a crise económica ainda não fosse tão evidente, os escândalos empresariais como o da Enron começavam a mostrar o lado negro da economia.

Na verdade, a vida económica seguiu um rumo que legitimou práticas que durante décadas haviam sido consideradas ilegais ou, quando muito, moralmente condenáveis. Muitas destas práticas estiveram na origem da crise, como hoje quase toda a gente reconhece. Por isso, chegou a altura de lhes pôr fim. É necessário coragem moral e vontade política.

Só nos podemos interrogar porque é que este consenso não criou a capacidade de mudar as coisas. Podemos explorar muitas respostas.

Em primeiro lugar, teremos de lidar aqui com a terrível interrogação moral de como fazer com que as pessoas vivam segundo valores que, para nós, parecem inquestionáveis, mas que outros podem não partilhar. Não podemos tornar as pessoas virtuosas – tal como não podemos fazer democratas – por decisão ou imposição pública.

Temos, então, de contar com a capacidade dos nossos professores, os nossos políticos, os nossos comentadores, os nossos *media* e as nossas famílias de dar o exemplo e criar a base para uma nova abordagem moral. Como é óbvio, não é fácil.

O fardo desta tarefa carregam-no, antes de mais, os nossos políticos. É evidente que estamos perante uma crise de liderança. As esperanças criadas após a queda do sistema comunista logo foram destruídas. O fracasso dos modelos alternativos, o descrédito da economia pública originaram uma geração de políticos acomodados que não estão à altura quando se trata de lidar com problemas mais substanciais.

A incapacidade da União Europeia para criar uma liderança forte é o exemplo mais flagrante. A questão clássica de saber a quem telefonaria o presidente americano em caso de emergência permanece em aberto. Como é óbvio, ele vai ligar ao primeiro-ministro britânico, ao presidente francês e ao chanceler alemão. Tem muitos telefonemas para fazer! Teria alguma utilidade desperdiçar mais tempo com o presidente europeu ou o presidente da Comissão?

Temos de ter a noção de que a situação actual é em grande parte o resultado da acção de lóbis económicos poderosos – houve muitos economistas a chamar a atenção para isto. Um trabalho publicado, do FMI, *A fistful of dollars: lobbing and the financial crisis*, escrito por Deniz Igan, Prachi Mishra e Thierry Tressel também chama a atenção para isso. Em muitos países – e Portugal é um exemplo claro – o debate económico não é nada plural. É preciso ouvir *vozes discordantes, sabedoria económica pouco convencional* – para usar a expressão de Stieglitz.

Espero que os meus colegas americanos me permitam a minha imensa perplexidade relativamente à decisão recente tomada pelo Supremo tribunal sobre o financiamento de campanhas políticas.

Seja como for, temos de admitir que nos últimos meses ocorreu uma evolução drástica e que os agentes económicos e os políticos, que estavam dispostos a cooperar numa alteração profunda das regras, já não estão determinados a fazê-lo. Isto parece-me particularmente evidente no caso dos bancos, que acabaram o ano de 2009 com lucros enormes e logo regressaram à prática de atribuir bónus, que apenas um ano antes parecera ter sido banida. Contudo, não nos esqueçamos que a actividade de alguns desses bancos resultou em externalidades imensas para a sociedade.

A ideia de que os negócios não continuariam a ser como habitualmente começou a perder força e voltou a instalar-se a confiança feroz no mercado livre. Não houve muita gente que estivesse com disposição para dar ouvidos ao aviso de Bento XVI: «Devemos recordar-nos que o mercado não existe em estado puro. É moldado pelas configurações culturais que o definem e lhe dão direcção. A economia e a finança, enquanto instrumentos, podem ser mal usados quando quem está ao leme tem como motivação fins puramente egoístas. Dessa forma, instrumentos que são bons em si mesmos podem ser transformados em algo prejudicial.»

Por isso, será sempre necessário definir um conjunto de regras de modo a impedir a possibilidade de usos prejudiciais do mercado, tendo em conta que a auto-regulação ou a regulação débil já se revelaram más e demonstraram a necessidade de uma regulação forte e independente.

Como explicar esta alteração? Julgo que o ponto decisivo foi a aparente recuperação rápida da crise, em especial nos mercados financeiros; mas será que podemos realmente acreditar que ela acabou mesmo, quando temos, em alguns países da UE, uma taxa de desemprego elevada, que assume proporções drásticas, ao mesmo tempo que aumentam as falências?

Se regressarmos ao clássico de Kindleberger, *Manias, Panics and Crashes*, bem como ao recente *This Time is Different. Eight Centuries of Financial Folly*, de Carmen Reihart e Kenneth Rogoff, só podemos ficar ainda mais apreensivos depois de vermos a demonstração brilhante da natureza recorrente das crises financeiras.

Provavelmente será ainda mais impressionante ter presente o trabalho de Gerard Caprio e Daniela Klingebiel, do Banco Mundial, *Episodes of Systemic and Borderline Financial Crisis*, que afirma que no período de 1970 a 2000 ocorreram 117 crises sistémicas em 93 países.

Por isso, qual a razão para este regresso, estranho, ao mercado e a rejeição de nova regulação?

Em parte, Reinhart e Rogoff respondem à pergunta:

> «No início da recente crise financeira, havia a noção generalizada de que credores e devedores tinham aprendido com os seus erros e que as crises financeiras não iriam regressar por muito tempo, pelo menos em mercados emergentes e em economias desenvolvidas. Graças a políticas macroeconómicas mais bem informadas e a práticas mais discriminatórias nos empréstimos, dizia-se, o mundo dificilmente assistiria novamente a uma grande vaga de incumprimento».

Mas, tal como os mesmos economistas afirmam no final do livro, «desta vez pode parecer diferente, mas muitas vezes um olhar mais atento mostra que não é. Como incentivo, a história indica sinais de aviso que os decisores políticos podem ver para avaliar o risco – isto se não estiverem demasiado inebriados com o seu próprio sucesso, alimentado por uma bolha de crédito, e afirmarem, como os seus antecessores, 'Desta vez é diferente'».

Bem, infelizmente, o «síndroma Desta Vez É Diferente» parece estar outra vez activo e a resistir a qualquer tentativa de mudar as regras que nos levaram à segunda pior crise financeira e económica mundial da história.

É certo que a gigantesca intervenção do Estado, para ajudar o sistema financeiro, e a coordenação internacional de injecção de liquidez, bem como a acção dos bancos centrais, se revelou eficaz nesta crise, impedindo os piores cenários económicos e, por outro lado, contribuindo para uma solução mais equitativa ao dar a primazia ao G-20.

Isto não significa que tenham sido criadas soluções permanentes e sustentáveis. Também temos de levar em conta o custo tremendo para as finanças públicas que estiveram envolvidas no resgate, pelo Estado, de sistemas financeiros e os limites que isso criou à acção em outras áreas económicas, bem como o fardo para as gerações futuras.

Como é óbvio, não creio que se pudesse ter feito de outra forma. Um sistema financeiro que funciona bem e consegue orientar a poupança para o investimento é essencial para o desenvolvimento e a estabilidade económicas. A questão é que embora o risco seja uma componente dos sistemas financeiros, a forma como ele foi gerido é inaceitável e revelou que a ganância e a ambição podem prejudicar gravemente os consumidores. Além disso, já se salientou que os produtos de empréstimo mais arriscados foram vendidos a clientes menos sofisticados.

Há que pôr fim a esta situação.

A dificuldade que a administração Obama enfrenta para fazer aprovar a sua reforma financeira parece, infelizmente, deveras significativa, mas gostaria de ouvir a opinião mais informada dos meus colegas americanos. Contudo, fiquei impressionado com a opinião de Paul Krugman, de que seria melhor não ter qualquer reforma do que uma reforma fraca, pois iria criar uma falsa sensação de segurança e um argumento para políticos que se oponham a qualquer medida a sério.

Se nos concentrarmos na Europa, destacam-se algumas medidas que foram tomadas após o Relatório Larosière.

O relatório reconhece que embora a forma como o sector financeiro fora supervisionado na UE não fosse a principal causa na origem da crise, tinha havido falhas de supervisão reais e importantes, tanto de uma perspectiva macro como microprudencial; por isso, fazia sugestões a incorporar no direito europeu.

Em suma, as principais propostas em discussão ou já aprovadas são as seguintes.

• A criação de um conselho europeu de risco sistémico, composto pelo presidente do BCE, os governadores dos bancos

centrais e os representantes das autoridades de supervisão e da comissão, que iria monitorar e avaliar as ameaças potenciais à estabilidade financeira resultantes de desenvolvimentos macroeconómicos;
- A criação de um Sistema Europeu de Supervisores Financeiros, uma rede de autoridades nacionais de supervisão que trabalhasse em articulação com as novas autoridades de supervisão europeias, que iria adoptar padrões técnicos e garantir a aplicação coerente da legislação europeia por parte das autoridades nacionais;
- A revisão dos requisitos de capital bancário e dos procedimentos contabilísticos;
- A revisão do papel do crédito e das agências de rating;
- A supervisão dos *hedge funds*, *commodity funds* e de *private equity*;
- A regulação do mercado de derivados;
- Um limite aos bónus dos executivos, que teriam de estar alinhados com a duração num ciclo.

Por outro lado, a União Europeia preparou um tímido programa de estímulo à economia que foi especialmente importante, pois tinha implícita uma opinião pouco favorável da ajuda estatal e a atenuação das regras da concorrência. Não se decidiu qualquer medida centralizada.

Enquanto membro da União Europeia, Portugal participou nestes esforços. A nível nacional, o governo lançou um programa importante de apoio financeiro, que tanto envolvia o sistema financeiro e o estímulo económico como reforçava a assistência social.

Os bancos portugueses não foram particularmente afectados pela crise, mas uma gestão deficiente e pouco escrupulosa revelou as falhas da regulação e obrigou o Estado a intervencionar dois bancos – e até a nacionalizar um deles, por forma a impedir o risco sistémico. Ao mesmo tempo, foram acordadas garantias e tomaram-se medidas para se conseguir reforçar o capital. Isto teve um custo financeiro enorme e, juntamente com a quebra da receita fiscal e o aumento da despesa pública social, deteve o esforço para se implementar rigor orçamental, levando o défice até quase aos 10%.

Da parte da regulação, o governo apresentou uma reforma que em breve iria ser implementada e que mudava o modelo existente de divisão em três organismos de regulação – bancos, mercados e seguros – num modelo dual.

Este conjunto de medidas tem pontos fortes e fracos.

Entre os pontos fortes, gostaria de destacar a criação de um conselho do sistema financeiro e um conselho de coordenação das instituições regulatórias europeias, bem como um esforço para trazer os fundos para as estruturas regulatórias financeiras.

O mais notável foi a incapacidade para se centralizar a supervisão a nível europeu, o que revela os limites e as perspectivas da união económica. Assinale-se também alguma falta de preocupação com os consumidores, assim como a ineficácia da proposta relativa às agências de rating.

Embora a crise parecesse apontar claramente para soluções globais e para a criação de agências internacionais com poderes de supervisão, foi impossível prevalecer sobre sentimentos nacionalistas. E se a União Europeia não o consegue, como será isto possível numa base mais generalizada?

E contudo este é um dos pontos cruciais para se perceber a crise actual. Se os agentes económicos, e em especial os menos escrupulosos, conseguiram lucrar com a liberdade de capitais, os Estados não. O velho sonho marxista de um mundo sem fronteiras, de uma *Internacional dos trabalhadores*, foi substituído pela *Internacional dos capitalistas* – sem fronteiras, isso é certo!

A situação cria o cenário ideal para o crime económico, a especulação egoísta e até *a fraude inocente* (na acepção de Galbraith). Os Estados nacionais não têm recursos para lutar contra isto e quando os conseguem reunir logo são superados.

É certo que há hoje mais hipóteses de cooperação entre Estados e organismos de supervisão, mas só isso. O G-20, e bem, salientou que cabia às organizações internacionais supervisionar as reformas. O conselho de estabilidade financeira foi criado e reforçou-se o papel da Comissão de Basileia de Supervisores Bancários e de outras organizações internacionais de contabilidade; mas tudo isto parece demasiado escasso para os desafios que enfrentamos.

Seria útil recordar que, embora os poderes de supervisão tenham falhado, mais impressionante ainda é que as instituições económicas internacionais não tenham conseguido prever a crise.

Esta é provavelmente uma das razões por que as coisas continuarão como estão. Outras há e não menos importantes. Mencionemos, por isso, os problemas intrínsecos à desregulação dos *hedge funds*, das agências de *rating*, da governança e do controlo pelos accionistas e do debate em curso sobre a dimensão ideal das instituições bancárias: demasiado grandes para falir ou demasiado grandes para viver, apesar da tentativa de Obama para criar a regra Volcker.

Seja como for, está na altura de se analisar a mudança drástica que houve recentemente, com todas as atenções concentradas nas finanças públicas e na dívida pública, ao mesmo tempo que as finanças do sector privado afastaram as atenções e, provavelmente, o ímpeto reformador.

Julgo – mas também aqui, uma vez mais, deixo a palavra aos meus colegas americanos sobre esta discussão – que foi nos Estados Unidos que a discussão sobre o défice começou a concentrar a atenção e as energias. Isto percebe-se facilmente se pensarmos nos resultados da política orçamental de Bush e no custo da guerra do Iraque – a guerra de três biliões de dólares de Stieglitz. Contudo, na Europa o debate foi – e ainda é – mais profundo e preocupante.

Há boas razões para explicar a preocupação com o défice e a dívida pública, agora que chegaram a níveis nunca vistos, como nos mostrou um estudo recente do FMI e o meu querido amigo Vito Tanzi me está sempre a lembrar – já para não falar em alguns comentadores portugueses.

De qualquer forma, podemos interrogar-nos por que razão, quando estamos perante desemprego altíssimo – permitam-me recordar-vos que a Espanha está perto dos 20% – tensões sociais que se vão agravando e uma trapalhada irresolúvel nos sistemas financeiros, temos de pôr a tónica nas finanças públicas e na ideia de que a estratégia de recuo do Estado deve ser implementada já.

O argumento, segundo Tanzi, reza assim:

> «Quanto mais tempo se adiar as políticas de saída, maiores serão as dívidas públicas e esse aumento dará sinais negativos aos operadores económicos em geral. Por isso, aguardar não é uma política neutra. Segundo, se o crescimento económico se mantém fraco, pode nunca haver uma altura ideal, ou até boa, para sair. O momento para sair torna-se objecto de discussão política, como aconteceu no Japão.»

Ironicamente, para ilustrar a sua opinião Tanzi recorre a Santo Agostinho, que pediu a Deus que lhe desse a castidade, mas não para já – o que parece fazer sentido...

Com todo o respeito por Vito, julgo que o actual director do FMI, Strauss-Kahn tem razão quando afirma: «É demasiado cedo para uma saída generalizada. Sair demasiado cedo tem mais custos do que sair demasiado tarde.»

Os riscos de entregar a economia apenas às forças de mercado num momento em que se mantêm todos os problemas estruturais são claros. A crise iria quase certamente intensificar-se cada vez mais, mesmo do ponto de vista orçamental, o que impossibilitaria que se conseguisse um equilíbrio.

Por outro lado, creio que não podemos ver da mesma maneira os défices resultantes de se travar uma guerra ou mesmo de um resgate financeiro e os défices que servem para financiar investimento público que irá funcionar como estímulo económico e ser proveitoso para gerações futuras quando chegar a altura de pagar a dívida.

E, obviamente, há outras questões a tratar, como por exemplo as que o *Financial Times*, num editorial recente, designava, significativamente, *Athen's lessons in political economy* – e economia política é um termo que há uns anos que foi banido do vocabulário dos economistas, e cito:

«Encurralada pelo mercado de capitais, por um lado, e os vizinhos europeus, por outro, a Grécia só pode cerrar os dentes e aguentar a dor. Mas quanta dor? As novas medidas duras de Atenas para cortar o défice – incluindo congelamento de salários e pensões da função pública e um aumento drástico do IVA – só irão aliviar os problemas financeiros da Grécia se também resolverem o seu desafio político.»

E continua:

«O mais recente aumento de impostos aborda essas preocupações, como mostra a reacção positiva dos mercados. Mas, perversamente, também pode fazer com que a meta do défice seja difícil de alcançar. À falta de um aumento milagroso das exportações, a eliminação de tanta procura pública fará forçosamente com que a economia grega se contraia, prejudicando a receita fiscal.»

A obsessão com o défice público, que teve a sua expressão extrema no Tratado de Maastricht e no Pacto de Estabilidade, é a consequência de um pensamento rígido, que considera que a inflação é o verdeiro demónio e minimiza os outros problemas. Muitos de nós pensamos que as regras e práticas financeiras foram em grande parte responsáveis por retardar o crescimento económico na Europa e por criar uma sociedade assaz desigual.

Mas isto leva-nos ao inevitável caso grego. Permitam-me alguns comentários à guisa de introdução, antes de me concentrar na actual situação.

Os países da zona euro tinham *ab initio* diferentes graus de desenvolvimento e diferentes situações financeiras. Os países no Norte e do centro da Europa pareciam preferir que os do Sul não se juntassem ao clube. Começaram por lhes chamar o *Clube Mediterrané*, depois mudaram para o acrónimo PIGS (Portugal,

Italy, Greece, Spain) e, agora com uma origem geográfica mais diversificada, STUPID (Spain, Turkey, United Kingdom, Portugal, Italy, Dubai). Contudo, estes países conseguiram cumprir os critérios rígidos do tratado, ainda que recorrendo a alguma engenharia financeira, em especial no caso grego.

A pensar, em especial, nos países europeus menos desenvolvidos, o tratado incluía uma regra que impedia resgates e que deixava clara a não responsabilidade de cada país relativamente aos outros. Criou-se uma zona monetária e económica com várias debilidades: sem solidariedade entre países, com um orçamento central baixo e sem recursos para combater as dificuldades assimétricas, sem poder orçamental central, sem governo económico e com um banco central cujo único propósito é combater a inflação.

A muitos observadores, isto parecia impedir que resultasse. Paul Krugman escreveu:

> «A inflexibilidade do euro, e não a despesa pública, está no cerne da crise (...). Muitos antes de o euro ser criado os economistas avisaram que a Europa não estava preparada para uma moeda única. Mas tais avisos foram ignorados e deu-se a crise.»

A crise grega – que se deve, em grande parte, a irresponsabilidade orçamental, ajudada por bancos internacionais, ao contrário de outros casos –, e já se chamou a atenção para o facto de a Grécia ter uma longa história de problemas financeiros, teve pelo menos dois méritos.

O primeiro foi revelar o papel prejudicial dos especuladores financeiros, que acompanharam os problemas da economia grega de modo a poderem lucrar com eles, e a forma como usaram os *credit default swaps* para obrigar a Grécia a pagar um preço extremamente alto pela sua dívida.

Não é por acaso que veio a público que os mesmos fundos que lucraram com o *subprime* e com a crise que se seguiu – como Paulson – estavam entre os primeiros a ter grandes lucros com a dívida grega.

Como pode ser possível que a ausência de qualquer medida eficaz permita aos mesmos agentes prejudicarem alguém economicamente, sendo que a única diferença é que agora o alvo são as finanças públicas? Como podemos viver numa sociedade sem regras que permite a banqueiros e *hedge funds* que sentem para jantar em Atenas e coordenem os seus esforços para lucrar com a crise do país, isto é, mandar gente para o desemprego, empresas na falência e, em geral, condenar a sociedade e viver muito pior do que o poderia fazer?

Talvez, apenas talvez, desta vez tenham exagerado e suscitado uma reacção política séria. O primeiro a reagir, irritado, foi Jean-Claude Juncker, avisando que se poderia usar «equipamento de tortura» contra tais especuladores. O governo grego – e tiro o chapéu a George Papandreou – que está a lutar energicamente contra todos os erros do governo anterior e está determinado a resolver os problemas do seu país – deu instruções aos seus banqueiros que banissem os hedge funds dos leilões de dívida.

Na passada sexta-feira, em Berlim, Angela Merkel e o primeiro-ministro Papandreou prometeram um esforço conjunto, da União Europeia e do G-20, para combater especuladores que visam explorar a incerteza na dívida soberana.

O segundo mérito foi mostrar a impossibilidade de se ter um país do euro em dificuldades sem criar um problema geral para os outros países e até para a moeda europeia, de imediato atacada pelos especuladores. Por isso, nesse sentido, esta pode ser a altura para repensar os mecanismos da união monetária e económica.

George Soros disse claramente: «Uma moeda plena requer um banco central e um tesouro. O tesouro pode não ser para taxar os cidadãos todos os dias, mas tem de estar disponível em época de crise. Quando o sistema financeiro está em risco de ruir, o banco central pode facultar liquidez, mas só o tesouro pode lidar com os problemas de solvabilidade. Isto é um facto bem conhecido que devia ter sido evidente para toda a gente envolvida na criação do euro.»

A verdade é que não foi evidente e que mesmo quando os governos europeus aprovaram o novo Tratado de Lisboa nem sequer tiveram em conta a mudança das regras económicas. À falta disto, a situação tornou-se muito arriscada para um grupo de países. O problema da Grécia é que desde logo se tornou evidente que a crise iria causar problemas externos, além-fronteiras, como veio a acontecer. Portugal e a Espanha, em especial, estavam na berlinda, pois generalizara-se a ideia de que seriam os próximos países a ter problemas de sustentabilidade. Uma entrevista desastrosa do comissário europeu Joaquim Almunia – um economista espanhol – não ajudou a corrigir essa percepção, de todo.

O resultado foi um aumento enorme no preço dos títulos da dívida portuguesa, que foi corrigido alguns dias mais tarde, quando os mesmos analistas e agências de *rating* que estavam a emitir fortes sinais negativos ao mercado relativamente à dívida portuguesa mudaram a sua opinião.

Isto leva-nos ao papel fundamental das agências de *rating* sem regulação, que em grande parte são culpadas pela crise, tendo em conta o risco muito baixo que atribuíram a operações e instituições de alto risco e que continuaram a funcionar num oligopólio e a dar sinais errados ou, pelo menos, controversos sobre os mecanismos económicos.

Mas agora que a crise grega parece ter abrandado, pelo menos por um momento, a imprensa internacional revela que os especuladores estão a estudar que país atacar de seguida. Como é óbvio, Portugal, tal como a Espanha, a Itália e a Irlanda estão debaixo e olho.

Entretanto, a resposta europeia tem sido débil. Alguns políticos alemães até aconselharam a Grécia a vender algumas das suas ilhas para solucionar os seus problemas financeiros. Numa visita recente a Atenas, Angela Merkel comprometeu--se a fazer os possíveis para estabilizar o euro, mas coibiu-se de referir medidas concretas para ajudar a Grécia nesta crise económica.

Bastante mais incisivo foi Nicolas Sarkozy, que afirmou claramente que «se criámos o euro, não podemos deixar cair um país da zona euro. De outro modo, não valia a pena ter criado o euro.» Não por acaso, estas declarações foram feitas durante uma reunião com agricultores, onde lhe foi recordado que a Grécia era o maior importador de carne de vaca francesa.

De facto, a zona euro criou ou consolidou mercados importantes para os produtos franceses e alemães e isso é algo que esses países devem ter presente. Mas também nós, portugueses, sabemos, tal como outros países do Sul, como uma divisa forte como o euro tem efeitos perversos nas exportações. Isto para dizer que há um *trade-off* evidente a ser feito, para todos os parceiros, entre os benefícios e custos da união económica.

O editorial do *Financial Times* de sábado passado salientava, com razão: «Jean-Claude Trichet, o presidente do Banco Central Europeu, sugeriu que a Grécia deve fidelidade à Europa porque a pertença ao euro ajudou-a *ex ante*, permitindo-lhe ter um défice na balança comercial que de outro modo a desvalorização teria desfeito. Mas isto vale para os dois lados: o mesmo mecanismo permite à Alemanha ter maiores excedentes.»

Não há dúvida de que a União Europeia tem de entender a necessidade de estar ao lado dos países em dificuldades, caso contrário outros países enfrentarão, mais tarde ou mais cedo, os mesmos problemas. Também devem ter em conta que esses países podem considerar recorrer ao FMI, que está desejoso de ajudar, solução que a União Europeia considera inaceitável, ou até sair da união económica.

Isto seria uma derrota irreversível para o euro e para a ideia de integração, bem como um tremendo revés político para o desejo europeu de ser um parceiro importante na cena internacional. Por outro lado, não há dúvida de que em alguns países com memória recente de ditadura, a saída teria custos.

Se a crise desafia a União Económica e Monetária Europeia, não podemos ignorar que também pode ter efeitos mais latos.

O primeiro, e já mencionado, é a alteração na posição de países emergentes que são hoje considerados parceiros importantes em quaisquer decisões a tomar no futuro.

O segundo é que estes países podem em breve tornar-se mais atractivos para os investidores do que os países mais desenvolvidos.

Mas o efeito mais importante, de longe, é a possibilidade de abrandamento da globalização económica. A crise económica traz sempre a tentação de medidas proteccionistas. Até à data não houve movimentações nesse sentido, mas podem vir aí e, provavelmente, a notícia mais impressionante é uma nota do FMI, de 19 de Fevereiro, sobre «fluxos de capital: o papel dos controlos», que, embora não represente a posição oficial da instituição, parece indicar uma mudança na posição do FMI, no sentido de admitir a possibilidade de controlos em determinadas circunstâncias.

Um artigo científico recente e algumas declarações de Strauss-Kahn e Olivier Blanchard parecem indicar que o FMI se está a tornar uma instituição menos ortodoxa, mais capaz de lidar com a mudança do que outras que deviam estar mais bem preparadas. A proposta para que os bancos centrais considerem 4%, em vez de 2%, como referencial para a inflação é um sinal claro. A rápida resposta negativa de Trichet também foi um sinal claro.

Nesta altura, temos de aceitar que as coisas mudam e que há pessoas empenhadas nessa mudança. Não há razões para se estar demasiado optimista, mas pessimismo e rancor não levam a nada. Há que assumir, na nossa dimensão, a responsabilidade de trabalhar em prol da mudança.

Eu diria que o sentido essencial da mudança deve ser regressar ao fundamental das nossas sociedades, perceber plenamente a noção de responsabilidade social e solidariedade, estabelecer leis e práticas que reduzam de forma drástica os riscos para consumidores e cidadãos em geral.

Provavelmente, isto levará a que vivamos numa sociedade menos próspera, em que a inovação tenha menos margem de manobra, mas levará, sem dúvida, a sociedades mais justas, decentes e seguras. Do meu ponto de vista, é um preço que vale a pena pagar.

PARTE IV
CONVERSANDO SOBRE A UNIÃO EUROPEIA, A FISCALIDADE E OS ENCONTROS E DESENCONTROS DA VIDA

PARTE II

A recordação dos tempos de chumbo conclui-se com três entrevistas: numa fala-se basicamente de União Europeia, noutra de fiscalidade e numa última de um trajecto político pessoal, ainda que, como é sabido, tudo isso anda ligado.

Em declarações profundamente marcadas pela evolução veloz dos acontecimentos, as incursões no passado, especialmente relevantes na entrevista a Anabela Mota Ribeiro, talvez ajudem a compreender a situação actual.

Expresso a minha profunda gratidão a quantos comigo quiseram conversar e entenderam que seria útil dar a conhecer o meu pensamento. Muito aprendi com eles e muito me ajudaram a organizar as minhas ideias.

«CORREMOS O RISCO DE QUE ACABE A UNIÃO EUROPEIA», CONVERSANDO COM NUNO TITO MORAIS*

Passaram 25 anos da adesão de Portugal à União Europeia. No momento em que estamos verdadeiramente à beira do abismo, nada melhor do que fazer um balanço. É esta reflexão que pretende fazer o Congresso Internacional sobre os 25 anos na União Europeia, uma data redonda que coincide com o mesmo número de anos do Instituto Europeu da Faculdade de Direito de Lisboa que o promove. As nossas perguntas ao professor Eduardo Paz Ferreira são as mesmas do congresso: onde estamos e para onde vamos?

Este congresso é simultaneamente uma reflexão sobre a Europa, uma comemoração dos 25 anos do trabalho do Instituto Europeu, mas também é uma autópsia da União Europeia?

Essa é a grande questão. Esta conferência e um livro que vai sair na mesma altura, que se chama *25 anos na União Europeia, 125 reflexões*. É um livro que junta pessoas tão variadas como o cardeal patriarca, o Camané, a Cristina Branco, junto com outros suspeitos do costume: os europeístas, os economistas, mas portanto com uma grande variedade de gente e de perspectivas.

---

* Publicado no Jornal *i* no dia 28 de novembro de 2011.

Quando convidei as pessoas, algumas diziam: é impossível aceitar porque nós não sabemos o que vai acontecer à Europa nesta altura. As pessoas sentiam-se desconfortáveis tal a velocidade de evolução dos acontecimentos. De facto, não se pode garantir neste momento que se vai manter a união económica e monetária e, se esta ceder, corremos o risco que acabe a própria UE.

O facto da Europa se ter estabelecido como um mercado, mas nunca se ter suficientemente democratizado, não é também um problema que ajudou ao desenvolvimento desta crise?

Absolutamente. A grande concentração foi, de facto, nas liberdades de circulação, não só a de capitais, embora seja óbvio que esta foi a que avançou mais depressa, por razões e interesses que conhecemos. A essa seguiu-se a estratégia funcionalista de pensar que com os pequenos passos se ia avançar para uma integração mais funda. Mas, sempre que houve avanços suspeitos de federalismo, a reacção foi má na generalidade dos países. Quando daqui a uns anos se olhar à distância para o processo da união económica e monetária vai-se achar completamente caricata esta experiência. Como é que se pensou que podia funcionar uma coisa destas? Uma moeda única sem um mínimo de federalismo e sem um mínimo de solidariedade entre as regiões. Sem um orçamento central que pudesse exercer as funções normais de um orçamento e com um Banco Central Europeu paralisado. É qualquer coisa que as pessoas vão ter dificuldade em perceber. Parece tão ilógico que não se percebe como é que foi feito.

Citando o professor João Ferreira do Amaral a nossa adesão custou-nos 20% de competitividade, como é que aparecemos a aderir a uma moeda que serve visivelmente os países do centro da Europa em prejuízo dos da periferia?

Provavelmente ele tem razão. Na altura, o governo português estava muito empenhado e havia a célebre frase dos bons alunos, e queria mostrar que era um país em progresso e que conseguia juntar-se ao grupo dos ricos. Creio que acreditaram genuinamente que a entrada de Portugal para o euro permitiria ajudar ao desenvolvimento do país. Possivelmente até podia permitir, mas houve uma visível má utilização dessa entrada. Na altura houve estudos económicos, um grupo de trabalho nomeado pelo professor Sousa Franco e dirigido pelo professor Manuel Pinto Barbosa concluiu que haveria só vantagens na adesão à moeda única. O professor João Ferreira do Amaral e Paulo Pitta e Cunha ficaram como vozes muito isoladas a clamar no deserto contra o euro. É muito mais fácil julgar as decisões à *posteriori*. Havia, na altura, muitas coisas apetecíveis, nomeadamente aquilo que contribuiu para a nossa desgraça, que eram os juros bancários baixos.

Há uma certa tendência para achar que o falhanço dos países da periferia não é uma questão estrutural, mas é devido a supostas características endémicas dos povos do Sul que os levariam a práticas económicas despesistas e ao mau comportamento das pessoas...

Essa é obviamente a tese da Alemanha, e de alguns outros países nórdicos, que têm esta ideia de que nós somos uns gastadores terríveis. Esquecem-se, aliás, de dizer que o nosso gasto foi o ganho deles. A Alemanha é caso típico disso, é o país a quem compramos carros, televisores e, não nos podemos esquecer, até submarinos. E não só nós, a Grécia também teve de comprar várias corvetas e, salvo erro, submarinos à Alemanha. Foi este país que mais lucrou com o euro, na medida em que conseguiu, financiando muitas vezes os seus próprios bancos, colocar grande parte da sua produção e assegurar o seu crescimento. Agora, como lhe dizia há pouco, é evidente que o projecto do euro só fazia sentido com um projecto de solidariedade e que apoiasse, em alguma medida, os países do Sul da Europa. Agora, é certo que a Grécia fez trapalhada e falsificou alguns critérios, mas na época todos os países fizeram cosmética financeira para atingir os critérios de Maastricht e portanto nós estamos a expiar pecados que são bastante generalizados.

Não foram apenas a Grécia e Portugal que suborçamentaram e colocaram e usaram as empresas públicas e outros expedientes para alterar a contabilidade?

Fizeram todos. E há uma coisa interessante, é que o fizeram com grande tolerância do Eurostat que devia fiscalizar isso. Hoje em dia sangra sem parar para exigir rigor e faz permanentes revisões para incluir cada vez mais verbas no perímetro da consolidação orçamental. O Eurostat funcionou um pouco como o Banco de Portugal: deixou passar tudo e agora tem um enorme rigor evidente.

Mas isso não parece muito grave, até porque o novo primeiro-ministro da Grécia, o novo primeiro-ministro da Itália e o novo presidente do Banco Central Europeu todos passaram por instituições reputadas como o Goldman Sachs, o mesmo banco que ajudou a maquilhar as contas da Grécia.

O sector financeiro passou na crise com uma desresponsabilização verdadeiramente impressionante, quer na Europa quer nos Estados Unidos da América. O filme *Inside Job* é uma boa ilustração do que sucedeu. Como enfim, para meu grande desgosto, que era um Obamista bastante convicto, vi passar directamente para a administração Obama muitos dos responsáveis pela desregulação financeira que levou à crise de 2008. Até agora a única vítima, chamemos assim, foi o Madoff que era um actor marginal, uma espécie de Oliveira Costa local. Havia a ideia, muito difundida, que em termos de responsabilização económica a justiça americana era muito rigorosa. Foi a destruição desse mito. No outro dia creio que era o presidente Obama que dizia que tinha havido comportamentos pouco éticos mas não ilegais e isto remete-nos para uma reflexão complicada: como é que comportamentos pouco éticos, que ainda por cima têm uma enorme repercussão sobre as sociedades e sobre o quotidiano dos cidadãos, estão numa fachada de legalidade. Isto demonstra que a regulação financeira tal como está desenhada tem demasiadas brechas.

Não é contraditório que a crise tenha começado pela ausência de regulação no mercado de derivados, por excesso de liberalismo económico, e estejamos neste momento a assistir à destruição do modelo social europeu?

É, e já quase ninguém se lembra que a origem disto tudo foi o sistema financeiro. Hoje em dia são as finanças públicas que pagam todas as culpas quando o problema foi do sistema financeiro. Mesmo em Portugal, a dívida pública portuguesa e o próprio défice, em 2007, estavam razoavelmente controlados, estávamos longe de sermos um país muito problemático na Europa. Foi o nosso problema de dívida privada e de financiamento dos bancos portugueses no exterior que tornou o problema da dívida insustentável. Se voltarmos ao início desta segunda fase da crise, a crise das finanças públicas, ela começa claramente com um ataque especulativo contra a Grécia e em face disso a primeira reacção da Alemanha foi: «Nem pensar, nenhuma ajuda.» A partir daí desencadeou-se uma coisa que nunca viria a parar. E como as respostas da Alemanha e da Comissão Europeia foram respostas com atraso, sempre pequenas e atrasadas, foram permitindo aos mercados avançar. Agora repare, nos mercados há todo o tipo de agentes, alguns deles meramente especulativos, mas há agentes dotados de racionalidade que têm a percepção que têm de defender os interesses das pessoas, como os fundos de pensões. A partir do momento que é criada a desconfiança há um movimento lógico de desviar o investimento desses países. Estamos a chegar à fase em que a lógica é desviar completamente da Europa. O que é tanto mais curioso já que em 2008 o movimento lógico foi desviar dos Estados Unidos e ir para a Europa.

Há um outro caso curioso. Quando a Islândia caiu dizia--se que se ela estivesse no euro não teria caído. Hoje, usando receitas completamente contrárias às nossas, o país está em plena recuperação da crise.

Como se lembra a Islândia surgia em todas as classificações do PNUD e dos índices de desenvolvimento humano nos primeiros lugares e, de repente, tudo isso é posto em causa por diversas manobras do sistema financeiro. O que é notável é que a Islândia consegue recuperar com medidas menos ortodoxas e brevemente voltará a ser o primeiro país destas listagens.

É também curioso verificar que a maioria dos países da UE que não está na zona euro tem tido melhores comportamentos económicos em relação àqueles que estão na zona euro.

Vê alguma viabilidade do plano da *Troika*, com a direcção da Alemanha, recuperar a economia do continente e as economias da periferia através da desvalorização bruta dos rendimentos do trabalho e de uma austeridade dramática, em que a chave é o aumento sustentado das exportações? Há economistas que dizem que essa receita é impossível: se todos estão a cortar nas importações ninguém vai aumentar as exportações.

Francamente, não vejo viabilidade nenhuma de recuperação, neste plano. Esta simultaneidade da política de austeridade em todos os países vai pôr totalmente em causa este pressuposto da *Troika*, que já era optimista, do aumento brutal das exportações portuguesas. Com a recessão dos nossos mercados tradicionais, em que se inclui a própria Alemanha, isso vai-se reflectir nas exportações portuguesas. Depois, deixe-me que lhe diga, esta tentativa de substituir a desvalorização cambial pela desvalorização fiscal e depois pela limitação do poder de compra interno, parte do princípio que Portugal vai competir com países como a China. Ora, nós nunca seremos a pequena China da Europa. Por muito que se destrua o Estado social, há mínimos que se vão manter. E nunca teremos condições de fazer um *dumping* social como fazem países da Ásia.

Qual é a razão dessa insistência?

Creio que foi o *i* que prestou uma especial atenção a uma declaração do general Loureiro dos Santos, que foi uma intervenção muito original, quando toda a gente criticava a chanceler Angela Merkel por ser hesitante e estar a reboque do eleitorado, o general Loureiro dos Santos disse: «Ninguém está a perceber nada, ela vai fazer à Europa o que nem o Kaiser nem Hitler conseguiram, ou seja, vai conduzir uma política de nos deixar de rastos para depois nos poder dominar.» Não sei se ele tem razão, mas não deixa de ser interessante. Pessoalmente acho que a senhora Merkel não é capaz de fazer este tipo de exercícios, mas pode ter quem o faça e pense por ela. Mas aquilo a que temos assistido é a Alemanha a dizer o que quer e o resto a obedecer. A própria reforma dos tratados é como a Alemanha quer fazer. Não podemos excluir totalmente que nesta crise haja subjacente um projecto político, mas há também uma dimensão religiosa. Nós chegámos aqui em consequência de um pensamento económico, que se tornou praticamente único, de fé total nos mercados e de quanto menos regulação melhor. Hoje em dia já ninguém se atreve a defender isto. Já não são os ditos clássicos esquerdistas que criticam estas políticas, como Stieglitz ou Krugman, são todos os economistas. Gente insuspeita, como o jornalista do *Financial Times* Martin Wolf, que acha este plano completamente irrealista. Quem parece não se aperceber disso é a Comissão Europeia, aliás, a dita cuja parece estar finalmente a aperceber-se de alguma coisa, recentemente apresentaram o projecto de criação de eurobonds. Se isso fosse feito uns meses atrás, imagine o que se poderia ter poupado. Mesmo assim a senhora Merkel insiste em seguir este rumo. Claro que provavelmente haverá eurobonds e provavelmente o Banco Central Europeu será forçado a intervir, porque todas as imposições de Merkel foram caindo ao longo da crise.

Mas não se arrisca a ser tarde? As *eurobonds*, com a Alemanha sobre o fogo dos mercados, com obrigações do tesouro que começam a não se vender, não correm o risco de não funcionar sequer?

Sim, podem ter custos financeiros acrescidos, e serem um instrumento menos compensador do que se tivessem sido utilizadas no início.

Diz-se que uma das razões porque a Alemanha não quer o Banco Central Europeu com capacidade de emitir moeda como prestamista de última instância, é o medo visceral do crescimento da taxa de inflação que está associada à crise da República de Weimar e ao ascenso do nazismo. Há razões para isso?

É óbvio que há esse trauma. A Alemanha defende a independência do Banco Central, curiosamente por influência dos EUA, porque os estatutos do Bundesbank são feitos ainda durante a ocupação aliada e à imagem e semelhança da Reserva Federal. Há de facto este caldo histórico. Mas provavelmente um pouco de inflação não era a pior coisa que a Europa podia ter neste momento, era a forma de limpar um pouco da dívida pública. E penso que, hoje em dia, há instrumentos mais do que suficientes para controlar a inflação. E, mais à frente, então, tomar algumas medidas de austeridade. Ora num momento de recessão profunda, responder à recessão com austeridade é um erro tal que até serve à Fitch de argumento para fazer o downgrading de Portugal para lixo. O grande argumento é que Portugal não vai ter condições de honrar os seus compromissos. O governo até está a cumprir muito bem, mas a receita só pode levar a este desfecho.

Como é possível nós recebermos uma «ajuda» da *Troika* com juros próximos dos 6%, termos de fazer uma política de austeridade que nos vais levar a uma recessão bastante superior aos 3% do PIB, conseguirmos pagar as nossas dívidas e sair da crise?

Pessoalmente não creio que seja possível. Mas estou convencido que ainda algum dia imperará o bom senso e os termos da ajuda terão de ser renegociados. São de facto condições inacreditáveis. Até parece que alguém está a fazer um exercício académico, só que esse exercício tem o problema de não ser feito em abstracto mas em cima dos cidadãos.

Mas a democracia não é também uma questão de formalidades? O facto de, nesta crise, a Alemanha e a França ultrapassarem as instituições comunitárias, reunirem e anunciarem decisões fora do seu sítio não põe em causa a própria União Europeia?

Sim, certamente que sim. Antes de chegarmos a esta fase extrema em que eles mudam os primeiros-ministros para pessoas ligadas a instituições financeiras, já Merkel declarava com grande desfaçatez que «o governo espanhol está a portar-se bem, mas é preciso fazer mais»; que «o governo português está no rumo certo, mas que tem de fazer mais». Ela já se tinha colocado num estatuto de mandar nos outros. Repare que mesmo que fosse a Comissão a decidir estávamos perante um órgão não legitimado politicamente. Aqueles que lutaram muito ferozmente contra o federalismo político não perceberam que se estava a criar um federalismo tecnocrático muito pior do que o político, porque totalmente fora do controlo democrático.

Este processo europeu não nos conduziu a uma perda total de soberania e, simultaneamente, a uma situação económica sem saída em que trocámos a pouca indústria que tínhamos por subsídios que acabaram e empréstimos que já não conseguimos pagar?

Há por aí um delírio revanchista que pretende condenar os dirigentes políticos por más decisões económicas, eu não entro nisso. Os promotores desta campanha arriscam-se, por maioria de razão, a ver-se condenados nessa espiral. Agora houve de facto más escolhas. Do ponto de vista económico, a entrada dos fundos europeus foi boa, particularmente a do FEDER, dos fundos de coesão que nos permitem ter, por exemplo, estas auto-estradas de que nos maravilhamos, que naturalmente podem ser contestadas na quantidade, na opção e até num certo desprezo da componente ferroviária, mas não deixam de ser infra-estruturas modernas. Pago impostos com prazer se isso for feito para construir lares de terceira idade, e pago com menos prazer se isso for feito para aumentar impostos e comprar e assegurar programas de austeridade. Mas há fundos que foram mais mal utilizados, como o Fundo Social Europeu que é um verdadeiro escândalo. Ele podia ter contribuído para renovar o tecido empresarial, mas não foi devidamente utilizado. É óbvio que falhamos em algumas áreas, particularmente na agricultura e na área marítima, aceitando imposições que se tornaram desastrosas. A destruição da frota pesqueira portuguesa é totalmente impensável. Houve a destruição de sectores produtivos em Portugal. O que eu acho que foi mais positivo neste processo de adesão foi a grande transformação da sociedade portuguesa. Passámos pela ditadura e tínhamos uma sociedade fechada e muito pouco permeável aos valores da modernidade. Creio que a nossa adesão, com a liberdade de circulação de pessoas e até de mercadorias, contribuiu para uma alteração importante de valores.

Um filósofo esloveno, Zizek, afirma que a ideia que à economia liberal corresponde a democracia é cada vez menos verdade como prova o exemplo da China, a Europa caminha para ser uma sociedade com mais capitalismo e menos democracia?

Estamos num momento de viragem. Aquilo que existia não vai poder continuar. Tenho um receio enorme destes momentos. Este momento é um lugar de todos os perigos, pode haver até perigos reais para a democracia. Há o risco do populismo. As pessoas têm a convicção que a democracia é um valor absoluto e eterno, mas a História mostra-nos que a democracia não é uma coisa nem outra. A desvalorização da política a que se está a assistir é um caminho que abre campo ao desinteresse e ao crescimento de possibilidades menos democráticas.

POR UM ESTADO FISCAL SUSTENTÁVEL, CONVERSANDO COM ROBERTO FERREIRA*

Na recente conferência, a terceira, organizada pela CTOC e o IDEFF, foi entregue o «Prémio Prof. Sousa Franco». Qual o simbolismo desta iniciativa?
Felicito vivamente a CTOC pela iniciativa. Prof. Sousa Franco, que considero uma referência moral e ética, representa muito para ambas as instituições, já que foi o primeiro presidente do IDEFF e do Gabinete de Estudos da Câmara. Foi, para mim, uma grande honra ter-lhe sucedido no IDEFF, uma vez que fui seu aluno, assistente e colaborador durante largos anos.

Com elevado grau de especialidade, desmistificar a complexidade associada às cada vez mais mediáticas questões fiscais?
Os assuntos fiscais estiveram muito afastados da actualidade e da agenda mediática, mas de há uns anos a esta parte o fisco e os agentes a ele associados, adquiriram uma visibilidade e uma importância nunca antes vista. Sobre as conferências conjuntas da CTOC e do IDEFF temos procurado convidar pessoas que reflectem com a qualidade que os respectivos *curricula* asseguram, mas que fazem um grande esforço de clareza e de síntese.

---

* Revista dos TOC, Dezembro de 2008.

Tem existido uma preocupação suplementar por parte dos agentes do sector no recurso a uma linguagem menos encriptada?

Essa é uma questão fundamental. A fiscalidade tem de ser compreensível pela generalidade dos cidadãos, não só pelos Técnicos Oficiais de Contas e pelos outros agentes tributários. Cada um dos cidadãos tem que saber em que medida é que paga impostos, porque é que os paga e através de que meios. Todos os meios de decifragem do sistema fiscal são extremamente bem-vindos.

Pensa que se estão a viver novos tempos no fisco?

Estamos a assistir, de um modo muito nítido, ao nascimento de uma nova cultura de cidadania fiscal. Há uns anos, a fraude e a evasão

fiscais eram encaradas com muita tolerância na sociedade portuguesa, aliás à semelhança de muitos países do sul da Europa, como a Itália e a Espanha. Mais recentemente, tem emergido uma maior consciência cívica por parte dos cidadãos. Aquilo a que os americanos chamam o *tax payer*, ou seja, o contribuinte, pretende saber, com exactidão, se está a ser tratado como os outros que fogem ao fisco. Essa fuga, por exemplo, em matéria empresarial, traduz-se na criação de condições especialmente favoráveis para certas empresas que escapam às obrigações tributárias relativamente às suas congéneres que cumprem com o estipulado fiscalmente.

«Os direitos e as garantias dos contribuintes» foi o tema de uma das conferências realizadas pela Câmara. Vislumbra progressos na aproximação entre o Estado e os contribuintes?

Têm que ser dados passos decisivos nessa matéria. Vejo uma preocupação muito apreciável do actual secretário de Estado dos Assuntos Fiscais nesse domínio. Creio que a necessidade de combater os níveis de fraude e de evasão, e o sentimento de intolerância associado, levou, porventura, a que se tivesse ido longe demais nos poderes da administração fiscal em relação aos contribuintes.

Perspectiva uma relação de forças menos desequilibrada?
Estamos numa fase em que se desenha um equilíbrio, protegendo mais os direitos e as garantias dos contribuintes.

Começa a enraizar-se a convicção de que compensa, cada vez menos, fugir ao fisco?
Penso que sim. Embora seja claro que ainda existem muitos sectores de economia paralela. No fundo, zonas nebulosas, sobretudo em relação ao IVA. Há toda uma série de prestadores de serviços que se mantêm longe do fisco. Há pessoas que ainda nem sequer têm uma relação com o fisco, vivendo numa economia completamente à margem.

É defensor de uma lógica preventiva ou sancionatória para os incumpridores?
Fundamentalmente creio que temos de trabalhar na óptica preventiva. E esse tem sido um aspecto importante no quadro das reformas dos últimos anos, com o reforço da colaboração entre a administração e o fisco.

Rejeita qualquer tipo de repressão para os infractores?
A repressão torna-se necessária nos casos em que se detectam crimes, porque o que está em causa é a própria justiça fiscal e o princípio da igualdade entre os contribuintes. Mas eu defendo que é do diálogo entre a administração e os contribuintes que nasce a redução significativa dos ilícitos fiscais.

A lista dos devedores ao fisco é uma boa prática?
Confesso que não sou um grande entusiasta desse sistema, embora reconheça que tem tido alguns resultados. Tem-se assistido, por boas e más razões, a uma grande devassa da vida dos cidadãos nos últimos anos. Com grande facilidade vão parar às primeiras páginas dos jornais os rendimentos das pessoas, etc. Se é bom que haja transparência e que os portugueses paguem impostos, mantenho reservas se esta exposição na praça pública é legítima.

Fala-se muito na simplificação do sistema fiscal. O que defende em termos de mudanças de fundo?
A simplificação tem sido um objectivo assumido internacionalmente, quer nos países avançados quer nos menos desenvol-

vidos. Mas a simplificação, normalmente, tem consequências, uma vez que um sistema muito simples é menos justo. Se um sistema tratar de forma rigorosamente igual os contribuintes, sem levar em conta os níveis de riqueza variados, está a ser injusto. A sobrevalorização da simplificação é algo com que se deve ter cautela. Sem dúvida que transparência e simplicidade são valores a cultivar, mas sem sacrificar a Justiça.

É defensor de uma simplificação o quanto baste?

Respondo à sua pergunta da seguinte forma: recordo-me que o anterior director-geral dos Impostos, Paulo Macedo, disse uma vez numa conferência que todos lhe pediam simplificação, mas quando perguntava que medidas eram adequadas para simplificar ninguém lhe apontava nenhuma.

Que medidas de simplificação elencaria?

O desenvolvimento da administração pública *online* foi uma medida positiva, uma vez que, desmaterializando, reduziu-se diversos custos. Outro aspecto que defenderia, no futuro, era que os governos não procurassem introduzir no Orçamento do Estado tantas alterações fiscais e ainda por cima avulsas, respondendo a problemas pontuais e sem qualquer lógica.

Como comenta o processo de harmonização fiscal nos países da Europa de Leste?

Creio que a Comissão Europeia negociou mal o dossiê, permitindo a estes países entrarem com sistemas fiscais que, em casos extremos, não implicam a tributação do rendimento das empresas, o que constitui uma concorrência fiscal desleal em relação a outros.

O fenómeno da deslocalização é uma consequência...

Muitas empresas estão a fixar-se nesses países, não só por razões fiscais, mas também por motivos fiscais. Deveria ter havido maior cuidado no acautelar dessas situações.

Países como Portugal, por exemplo, estão em desvantagem?

Sem dúvida. Repare que Portugal, e mesmo a própria Sociedade de Desenvolvimento da Madeira, têm tido dificuldades, embora recentemente tenha sido renovado o período de manutenção da Zona Franca por decisão da Comissão, enquanto muitos dos países no Leste europeu são autênticas «zonas francas». Há aqui um aspecto derivado da actual crise: nos últimos anos a tendência era para baixar os impostos, mas no actual contexto os impostos vão voltar a subir e, porventura, mais progressivos do que nos últimos anos.

O que muda com a crise, nomeadamente a que teve origem no sistema bancário?

Esta crise muda tudo. Chegámos onde chegámos, e não falo só do caso português, devido a falhas (graves) de regulação. Os últimos anos foram de grande dinamismo e optimismo no sector financeiro o que levou os bancos a fazerem investimentos muito pouco prudentes – verdadeiras operações de engenharia financeira que não foram devidamente controladas pelos reguladores. Agora, procura seguir-se um pouco o lema, «casa assaltada, trancas à porta»...

Daqui para a frente teremos um Estado necessariamente mais regulador?

Um Estado a regular mais e nas situações de crise especialmente graves a intervir directamente. O maior intervencionismo será uma realidade muito em breve, e também caminharemos para um crescente proteccionismo internacional.

Portugal, por ser uma economia pequena, ficará à margem dos efeitos colaterais da crise?

Quer enquanto cidadão quer enquanto depositante, espero que sim. Gostaria de partilhar desse optimismo, mas depende do grau de exposição que cada banco tinha em relação ao exterior. Há outro factor a ter em consideração: hoje em dia, os bancos têm muita dificuldade em obter dinheiro. O dinheiro é muito caro e escasso. Por isso, dificilmente ficaremos imunes a uma crise internacional. Temos o caso extremo da Islândia, um país com 300 mil habitantes, que esteve à beira da bancarrota.

Com os Estados a precisarem de receitas não resta alternativa senão aumentar impostos?

Num primeiro momento, a economia ensina-nos que se deve descer os impostos para conseguir aumentar o poder de compra e combater o desemprego. Mas o desagravamento fiscal, tal como foi entendido nos últimos anos, aliado a um processo de afastamento do Estado da actividade económica, vai acabar, seguramente. O Estado está urgentemente a precisar de receitas.

Que influência pode ter a nova administração Obama na economia mundial?

Barack Obama voltará a penalizar os contribuintes com rendimentos mais elevados. Penso que este modelo é o melhor para o Mundo, visto que apresenta condições para ter um grande respaldo internacional e, ao mesmo, terminar com um certo isolamento americano cultivado na administração Bush.

Para quando é de prever a estabilização do ambiente económico em termos mundiais?

Não vale a pena fazer futurologia, mas não estou optimista relativamente aos tempos mais próximos. Mesmo algumas das medidas mais recentes, os analistas americanos estimam que os efeitos surjam apenas dentro de largos meses ou mesmo um ano.

«A MINHA GERAÇÃO TRAIU TODOS OS IDEAIS PORQUE SE BATEU», CONVERSANDO COM ANABELA MOTA RIBEIRO*

Ainda se lembra do tempo em que foi chefe de gabinete de Medeiros Ferreira, 1976/ 77? Ou isso parece outra encarnação?
Não, lembro-me muito bem. Foi uma grande aceleração de ritmo de vida. Aos 23 anos não se era chefe de gabinete, muito menos no ministério dos Negócios Estrangeiros. Havia situações embaraçosas. Ter de chamar um embaixador de 60 anos e dar-lhe uma descompostura porque ele tinha feito qualquer coisa de errado. O tempo passa tanto que a maior parte deles estão reformados, e já não conheço a nova geração. Mas passei a interessar-me muito mais pelas questões de política externa e ainda tenho muitos amigos nesse meio.

O que é que aprendeu? Queria que trouxesse o oceano que viveu naquela experiência tão colada ao 25 de Abril.
Passei no jornalismo pela República. Não foram anos fáceis. Foi a transição para um mundo mais real e sujeito a regras.

---

* Publicada no *Jornal de Negócios* no dia 29 de abril de 2011.

Presumo que a relação com Medeiros Ferreira venha dos Açores. E não sei se a relação com a comunicação social não se faz via outro açoriano, Mário Mesquita.

Essa fileira açoriana. Hoje em dia, apesar de termos um Presidente da Assembleia da República que é açoriano, já desapareceu o mito do terrível *lobby* açoriano, uma espécie de máfia.

Desapareceu?

Continua a existir? Durante muitos anos havia a ideia, no próprio PS, de que havia um grupo açoriano que tinha uma agenda própria. Hoje em dia isso está bastante desfeito.

Ou o isolamento já não é o mesmo, e a necessidade de as pessoas se protegerem não é a mesma.

Também isso. Essa fidelidade, essa entreajuda açoriana já está muito longe. O Medeiros Ferreira tem mais 10, 12 anos que eu, mas conheço-o dos Açores. Era um jovem aluno, devia estar no 3º ano, quando o Medeiros Ferreira foi expulso das universidades, e passou uns tempos nos Açores.

Antes de se exilar na Suíça.

O Medeiros Ferreira causava na sociedade açoriana um de dois sentimentos: ou enorme admiração, ou a mais profunda desconfiança e pavor por aquele potencial subvertor dos filhos. Começou a falar comigo numa circunstância extraordinária: por ser uma das poucas pessoas que compravam e liam *A Bola*. A nossa amizade começou por aí.

Benfica, portanto.

Embora nesses tempos o meu coração fosse bastante Académica. Sempre pensei que ia para Coimbra onde os meus pais e as minhas irmãs se tinham formado. Nessa idade já tinha uma grande presunção de ser um intelectual, e aquilo de ler *A Bola* envergonhava-me um bocado. Foi uma grande coincidência que o Medeiros Ferreira também gostasse de discutir futebol. Ele tinha uma atitude impressionante, era a negação de tudo o que eu pensava que era um intelectual.

Como é que pensava que era?
Achava que ser um intelectual era ser muito sisudo, muito chato, não ir a festas, não dançar, não namorar. Imagens de épocas já remotas. O Medeiros Ferreira só queria festas, namorar meninas bonitas, divertir-se. Ele é que tinha razão. Acabou por me passar algum desse espírito lúdico. Nos Açores havia uma passagem de facho, de mão em mão, entre as gerações. Os mais velhos, antes de virem para a universidade, deixavam lá uma espécie de filhos espirituais. O Medeiros Ferreira teria um filho espiritual, que era o Jaime Gama, que, no entanto, pelo menos na idade adulta, nunca se quis reconhecer como tal.

A incompatibilidade começou logo aí?
Nesse tempo a relação era boa. Mas creio que todos temos a noção de quanto ele foi importante. Depois dessa geração foi o Mário Mesquita, que está entre mim e o Medeiros Ferreira, que ficou como líder intelectual e político da geração juvenil açoriana. Lembro-me de uma pessoa que hoje em dia não tem qualquer actividade política, professor de Filosofia da Universidade Nova, Paulo Jorge Melo. Uma vez, tinha eu uns 13 anos, sabia que era muito bom aluno, veio falar comigo: «Tu é que ganhaste os jogos florais? Convém que nós, os 'génios', nos conheçamos uns aos outros». [riso]. Aqui «génios» sempre entre aspas.

Num ambiente fechado como eram os Açores, era normal e expectável que os génios se dessem e se conhecessem entre si. Que se considerassem especiais.
Especiais, seguramente. Olhados pelas restantes pessoas com alguma desconfiança, alguma estranheza.

Com expectativa, também? Eram aqueles que podiam levar a alma açoriana a bom porto.
Ponta Delgada era uma cidade opressiva. Lembro-me de ter 14, 15 anos, de ler a *Aparição*, do Vergílio Ferreira, e ficar surpreendido com a ideia de que Évora podia ser tão parecida com Ponta Delgada. Havia o problema comum das pequenas cidades, em que se conhecem os movimentos de toda a gente.

O Melo Antunes viveu uns anos nos Açores (era casado com uma açoriana), e mantinha uma tertúlia. Um dia por semana íamos a casa dele, e no dia a seguir passavam vários senhores no escritório do meu pai a dizer: «Lá está o seu filho a ir a casa do Melo Antunes». Havia uma censura social e tentativa de abafamento.

O Melo Antunes era outro subvertor.

Começa por ir para os Açores um pouco como castigo, para estar fora de áreas mais perigosas. O isolamento de Ponta Delgada era enorme. Os jornais de Lisboa chegavam com dois dias de atraso, os jornais locais faziam-se com base na Emissora Nacional. Não havia sequer telex, o que era o mais moderno em termos de comunicação. O próprio consumo era feito essencialmente de produtos regionais. Vinha a Lisboa com frequência porque a minha mãe era continental, e por exemplo, Larangina, era uma surpresa fantástica para nós! Hoje em dia, para meu desgosto, as bananas açorianas, que são excelentes mas não têm muito bom aspecto, são substituídas por bananas *Chiquita*, os ananases pelos abacaxis. Os Açores passaram de uma situação de isolamento para uma de banalização excessiva.

Fale-me da estratificação social que observava à sua volta.

Em São Miguel havia os terratenentes que dominavam toda a ilha. Tinham dois símbolos, o Clube Micaelense e o Café Central. O Clube Micaelense era extremamente exclusivo e elitista. O Café Central, que ficava mesmo ao pé, era um café de pessoas ricas, profissionais liberais, onde não passaria pela cabeça a um trabalhador de uma loja ir tomar café. Mais tarde, o dono, um personagem fabuloso de muito mau feitio, que tinha o segredo de uns gelados aprendido na América, que não passou nem à filha, aborreceu-se por a democracia ter chegado ao Café Central e fechou-o. Era uma sociedade muito fechada e estratificada. As pessoas casavam-se entre si. O meu pai casou com uma continental e isso foi um grande choque para a minha avó.

Mas era uma continental Hintze Ribeiro.

Não. Chamo-me Hintze porque a minha avó, mãe do meu pai, exigiu que ficasse o apelido dela no meu nome. Não tenho nenhum nome de família da minha mãe, tenho três do meu pai. Ironias da vida, o meu pai morreu muito cedo e foi a minha mãe, a quem a minha avó tinha feito a vida muito difícil, a tratar dela.

Quando é que teve a noção de que era um menino bem-nascido cujo destino social dificilmente seria ficar nos Açores? É também uma maneira de perguntar pelos destinos que lhe foram traçando, e que foi traçando para si, além dos Açores.

Conheci o Mário Mesquita na JEC, ele achou que eu era recrutável para o campo dos intelectuais contestatários. Os Açores eram marcados por uma grande pobreza. A imagem mais chocante que tenho é a dos trabalhadores rurais que ficavam parados ao pé das igrejas; as pessoas que precisavam de um trabalhador iam lá recrutá-los, ao dia. A comida deles era um pão de milho com pimenta da terra em cima, no máximo com uma sardinha ou um carapau. Ou batatas cozidas com pimenta. Estou a falar de um período nos anos 60 em que as coisas tinham melhorado, já tinha havido muita emigração.

O meu pai e o meu avô eram advogados. Toda a lógica me levaria a vir fazer um curso. Não havia sequer universidade nos Açores. Nesse tempo os cursos respeitáveis eram poucos: Direito, Medicina, Engenharia.

Letras para as meninas.

Como, aliás, o Prof. Marcelo Caetano declarava solenemente nas aulas de Direito. A expressão que ele usava era Escola Superior de Dactilografia. É verdade que durante décadas só houve uma mulher doutorada em Direito, a Prof. Isabel Magalhães Colaço, que tinha a seu favor ser filha de um professor de Direito. Mesmo assim, muitos dos professores tratavam-na por Sr. D. Isabel, o que a indignava. Nas profissões jurídicas as pessoas tendem a esquecer que antes do 25 de Abril as mulheres não podiam ser juízas, não podiam ser do Ministério Público. Podiam ser conservadoras e notárias. Não podiam ser diplomatas. No meu tempo os rapazes de Direito iam em procissão à faculdade de Letras para ver as meninas. Hoje em dia suponho que é o contrário.

Era previsível que cursasse Direito, mercê da sua história familiar.
Fui para Direito por inércia. Não queria ser médico. A tradição familiar acabou por pesar. Ajudava muito o meu pai quando era jovem. E Direito era uma coisa que dava a sensação de nos dar armas boas para intervir socialmente.
Queria mais intervir socialmente, mudar o mundo, do que ser advogado?
Costumo perguntar aos meus alunos por que é que escolheram Direito. O ano passado fiquei em estado de choque, todos responderam: «Para ganhar dinheiro». Talvez esta geração seja mais franca, assume que quer ganhar dinheiro. Mas ninguém vai para Direito pela ideia de que pode lutar por um mundo melhor, pode ajudar a criar regras melhores. O último que me lembro de ter dado uma resposta engraçada tinha ido para Direito por causa do *Hill Street Blues* [riso].
(Tenho um filho de 13 anos que durante muitos anos resistiu ferozmente à ideia de ir para Direito. Identificava Direito com o facto de a mãe e o pai trabalharem muito. «Doutores, já chega nesta casa». A partir do *Boston Legal*, que viu comigo, a ideia dele mudou completamente. Passou a dizer: «Quero ir para advogado, mas não é para fazer as coisas que o pai faz, é para ir para o tribunal».)
Queria então mudar o mundo? Temos estado a ver o contexto e o seu percurso, mas ainda não sei quem era este jovem aos 17 anos.
Interrogo-me muito sobre o percurso que fiz, porque é que o fiz. Podia ter-me mantido no jornalismo, o que aliás me agradava bastante. Podia ter feito política, a partir da experiência do ministério dos Negócios Estrangeiros. Podia ter feito uma carreira na área da gestão. Acabei por fazer uma carreira universitária. Entro para a faculdade no concurso de 1977, o primeiro depois da confusão. Em geral toda a gente dizia: «Formidável, ainda bem que foi capaz de abandonar outros mundos de mais glória pelo universitário». A única pessoa que me passou uma

descompostura foi o General Eanes [riso], que me disse: «Estou muito triste com esta notícia. Advogados é o que mais há para aí, agora, pessoas com as suas qualidades...». Na altura, tinha sido convidado para director de informação da RTP.

Foi uma carreira jornalística tão séria assim?

Talvez porque houvesse muito menos concorrência, fui bastante procurado.

Naquela época, o jornalismo seria uma forma, como a política, de intervir no mundo.

Seria. O jornalismo nesse tempo era mais heróico e de grandes causas. Vivo o período de 1974/75 a trabalhar na República, de onde saio com a tomada de poder dos trabalhadores. Ao mesmo tempo trabalhava na Emissora Nacional, onde tive o privilégio de trabalhar com o Herberto Hélder. O Herberto tinha trabalhado na Emissora Nacional uns 20 anos antes, e tinha sido expulso por razões políticas e outras morais; foi reintegrado naquela altura. Fazia um trabalho discretíssimo de redactor de notícias internacionais. Foi um deslumbramento para mim.

Já era o Herberto Hélder?

Sim. Um livro de que gostava imenso: *Os Passos em Volta*.

Já o tinha lido quando o encontrou na redacção?

Seguramente. Nessa redacção estava um dos meus maiores amigos, o Alface. Era uma das pessoas mais impressionantes que encontrei, de generosidade, amizade, disponibilidade. Tinha uma grande dificuldade em lidar com o quotidiano. A criatividade e qualidade de escrita dele eram ímpares. Mas acabou por optar por um *low profile* e uma discrição muito grandes.

Isto permite-me voltar ao meu caso. Quando faço a opção universitária, faço uma opção de recuo em relação a essa intervenção. Durante uns anos, depois de sair do jornalismo, tive uma coluna no *Expresso*, e a certa altura não me apeteceu mais.

Consegue dissecar melhor as razões pelas quais não interveio, ou deixou de intervir da mesma maneira?

Costumava citar a Catherine Deneuve, por estranho que pareça. Um jornalista dizia-lhe: «Você diz que é uma mulher de esquerda mas anda aí com o Saint Laurent. Em que é que se traduz ser de esquerda?». Ela respondeu: «Faço bem as minhas coisas, porto-me bem, faço o que tenho que fazer». Talvez eu tenha feito uma interpretação redutora da minha vida: se fizer bem aquilo que tenho de fazer, estou a contribuir para um mundo melhor. Se der bem aulas, se ajudar à formação das pessoas, isso é uma contribuição porventura mais válida do que ser mais um deputado no grupo parlamentar com disciplina de voto.

Hoje em dia não estou convencido de que isto seja suficiente. Portarmo-nos bem é um pressuposto, mas temos mais obrigações com a sociedade. Como qualquer português, tendo a ser muito crítico de certas pessoas que actuam na esfera política, ou mesmo profissional, e uso palavras duras. A [minha mulher] Francisca diz-me: «Não tens legitimidade para criticar porque não fizeste este percurso, não tentaste isto. Só podias criticar se tivesses tido a coragem que ele teve». É um raciocínio muito bom e muito certo. Vem de uma pessoa – mas sou suspeito a falar dela – cuja percepção da vida e do mundo é extraordinária e iluminante.

A sua intervenção tem-se circunscrito à universidade?

O que tenho feito muito nos últimos tempos é lutar na universidade, pela intervenção da universidade. Organizo imensas conferências, debato todos os temas de actualidade, e acho que estou a conseguir fazer a síntese entre estes dois mundos. Não faço uma intervenção no sentido político-partidária, mas não entro nada na linha de os partidos serem a desgraça. Têm perversões, mas são necessários.

Ainda não consegui perceber porque é que numa determinada fase desviou a rota. Até ao doutoramento não foi propriamente o aluno brilhante em relação ao qual se depositam grandes expectativas de uma carreira académica. É como se se tivesse demitido da possibilidade de ser um líder, de ser aquele que está na boca de cena.

Eu próprio me interrogo sobre isso. Temos percursos interiores que não conseguimos explicar. Há um tema que me fascina, o do acaso. Porque é que por um determinado dia termos dito sim ou não a nossa vida se vai transformar completamente? Não sei qual foi o sim ou não que disse, mas sei que em determinada altura fiz essa opção. Talvez o General Eanes tivesse alguma razão. Talvez fosse mais corajoso ter aceite ser director de informação na RTP, numa altura de consolidação do que poderia ser uma informação pluralista e democrática, do que refugiar-me na universidade. Talvez tivesse medo.

Medo de quê? Insegurança?

Não no sentido da precariedade das novas gerações, mas de perceber que o director de informação da RTP era um lugar mais do que exposto, um lugar cuja velocidade de rotação era muito grande.

Digo insegurança pessoal. Houve falta desse tipo de ambição?

Pertenço a uma geração que lidou muito mal com o sucesso. Os meus heróis favoritos, seja no cinema, seja na literatura, são mais os *losers* do que os *winners*. Há uns tempos, uma pessoa procurou-me para intervir junto de outra pessoa mais jovem: «O Sr. Dr., que é um homem de sucesso...», e eu disse: «Isso é a pior coisa que me podem dizer».

Estava a fazer género.

Não estou. Quando quero fazer auto-ironia digo que sou um homem de sucesso.

O que é que há de insultuoso nessa ideia de ser um homem de sucesso?

A interpretação social do que é um homem de sucesso. Aquele senhor teve um gesto que me sensibilizou ao vir pedir ajuda, mas a ideia de que me considerasse um homem de sucesso não me era agradável, porque os padrões dele não eram os mesmos que os meus. O que é um homem de sucesso na sociedade portuguesa? É alguém que tem muito dinheiro, que tem carros, poder.

Não só poder económico.

Não, mediático. Uma coisa que me faz impressão nos estudantes é que para eles o sucesso é entrar numa grande sociedade de advogados. Fazem toda a carreira, todo o curso, nessa busca. Alguns até são estudantes rebeldes, criativos, acessoriamente usam cabelos compridos, vestem-se mal. À medida que vão chegando ao fim do curso começam a usar gravata, formatam-se. Nas raparigas é especialmente assustador. No meu escritório recebo muitos pedidos de estágios, e quase invariavelmente a conversa é: «Sou uma pessoa ambiciosa, estou determinada a subir na vida, farei tudo o que é preciso para ter sucesso». Nunca seleccionarei uma pessoa que me escreve isto. Mas escrevem isto porque foram formatados neste modelo. Há aqui uma linha muito fina entre o que é a ambição legítima e o que é a ambição medíocre.

Onde põe a sua linha?

Toda a gente deve ter ambição, mas quando a ambição se mede por subir rapidamente numa sociedade de advogados ou numa consultora, torna-se pouco interessante para mim. Quero no meu escritório alguém que saiba trabalhar, que saiba de Direito, mas com quem possa falar de cinema, trocar impressões sobre livros.

Quais são os *losers* pelos quais tem carinho?

O que me tocava especialmente eram personagens como, no *Esplendor na Relva*, a Natalie Wood e o Warren Beatty, que sobrevivem, retomam a vida normal, mas tudo o que havia de esplendor na relva, desapareceu. Personagens que são perseguidas por uma espécie de maldição de destino, que inevitavelmente os apanhará, mais cedo ou mais tarde. Hoje sou mais seduzido por personagens positivos. Se pegarmos no cinema, não tanto nas personagens mas nos actores, uma pessoa como o George Clooney é um exmplo extraordinário. Para o imaginário feminino, ainda por cima, é muito bonito; até para mim o é. Percebo que quando faço tantos elogios ao George Clooney as pessoas ficam a olhar para mim.

Na verdade está a seduzir as mulheres quando faz elogios ao George Clooney.

A sério? Nunca pensei nesse ângulo da questão [riso]. O George Clooney percebe o que é alcançar sucesso para ter uma boa intervenção cívica.

A propósito da intervenção na universidade, e do investimento na carreira académica, basta pensar nas referências que trouxe para esta conversa, ou até na sua vida, para dizer que não é o protótipo do académico como ele é conhecido em Portugal.

A minha aspiração máxima é não ser. Há uma pessoa que furou a barreira do académico tradicional, o Marcelo Rebelo de Sousa. Mesmo assim as pessoas falam dele como «o professor». Os alunos também vêem nele um modelo de sucesso. O modelo de sucesso dele é preferível a outros modelos de sucesso. Mas há muito a ideia do universitário cinzento, sem preocupações culturais.

Fechado na universidade.

Sim, e conservador, não só no sentido político mas no sentido de vida. A faculdade é um microcosmos em que se geram várias lutas. Há lutas dos mais novos contra os mais velhos, lutas de grupos científicos. E umas lutas de classe: profissionais que vivem só na faculdade, que passam o dia na faculdade, e que acham que pessoas como eu são uns diletantes, que vão lá dar umas aulas e que andam a ganhar fortunas. Infelizmente não são, mas gostaria que fossem.

Toda a utilidade que a universidade pode ter é justamente o diálogo com a sociedade. A grande dificuldade é explicar aos meus alunos como é que é possível que a cadeira que dou, Finanças Públicas, seja uma cadeira de cidadania. Quero que percebam os mecanismos, porque é que pagamos impostos, que direitos temos enquanto pagadores de impostos. É uma luta um pouco perdida. Mas não pode ser, vou continuar.

O que é que aconteceu na sua vida, a título pessoal, que foi marcante e que o fez também mudar a rota?

A auto-contemplação não é uma boa coisa, mas tenho às vezes uma tendência excessiva para andar às voltas comigo próprio. Além de mais está feito, não vale a pena. Tive o problema de chegarmos a esta idade, de termos atravessado gerações com valores diferentes; isso torna muito difícil situar-nos.

Mas rio-me de me encontrar a dizê-lo. Sobrevalorizei o lado afectivo da minha vida, o lado sentimental. Durante muitos anos pensei que vivíamos para os nossos amores, para as nossas amizades, e, perdoe-se-me a confissão excessiva, só acessoriamente para o trabalho. Não é verdade.

Porque é que não é verdade?

Mesmo para os nossos amores, mesmo para as nossas amizades, é preciso que o trabalho tenha uma parte importante. O equilíbrio disto é terrível. Hoje o sucesso puxa sucesso, o número de solicitações acaba por nos retirar imenso tempo.

O que acaba de dizer é espantoso numa pessoa da sua geração, para quem «os nossos amores» era considerado um assunto secundário. Aquilo que era dominante era a intervenção cívica. As relações pessoais vinham a reboque disso, que era o grande motor. Ou isto era o discurso, mas não respondia à realidade?

Depende. Penso que tem alguma razão. Tenho um grande desgosto geracional. A minha geração traiu todos os valores por que se bateu, traiu tudo aquilo em que acreditou. A minha intervenção cívica fez-se sempre na área daquilo que é hoje o Partido Socialista, de que não sou militante. Não tenho relação com eles mas curiosamente fui um dos fundadores do partido. Fazia parte da base interna que mandatou as pessoas para irem à Alemanha votar na formação do partido. Nunca tive a experiência radical de ser do MRPP ou do PC. Em termos da faculdade de Direito as coisas eram muito extremadas. Para simplificar, havia o PC, o MRPP e um ou outro MDP, e havia os fascistas (na primeira fila, filhos de embaixadores, ministros, as meninas que os namoravam, que furavam as greves). Vagamente no meio havia um pequeníssimo número de pessoas que se movia na ala social-democrata.

Talvez por nunca ter sido militante de nenhum desses partidos, tive muito espaço para o sentimento, e sempre achei que ele era o motor da vida. E continuo a achar. Mas não podemos destruir o amor, as amizades, pela infelicidade no trabalho.

O trabalho, em certa altura, talvez me tenha aparecido como um preço que pagava pelo resto.
Voltando a esse tema quente, o desgosto geracional.
Tem a ver com o facto de em 1974 ser a grande alegria do 25 de Abril, mas depois, no chamado PREC, ser feroz e militantemente contra a ameaça...
Comunista?
Custa-me usar esta expressão, que é sempre muito pesada. Digamos contra as forças dominantes da época.
Ainda é muito pesada? Passaram 37 anos.
Sou completamente insuspeito, nunca fui do Partido Comunista, nunca tive nenhuma simpatia pela ideologia. Prefiro um comunista a um ex-comunista. Os que de repente descobriram aos aos 40 anos que tinham andado enganados, que não sabiam o que se passava atrás do muro de Berlim, causam-me o mais profundo desgosto.

Talvez esteja hoje um pouco mais à esquerda do que estava. É legítimo uma pessoa mudar, mas que seja sempre no sentido dos vencedores... Seria mais interessante ver alguém passar do PSD para o PC, do que do PC para o PSD.

Sabe aquele verso do Ruy Belo?, «é triste no Outono concluir que era o Verão a única estação».
É fantástico. Embora hoje já não o subscreva. Voltando ao poema do filme (*Esplendor na Relva*), «nunca mais teremos o esplendor na relva, mas não nos queixaremos, antes ganharemos forças lutando pelo que tivemos». Tenho uma melancolia doentia por tudo o que desapareceu. Na Avenida da Liberdade, no Paladium, lembro-me das salas de bilhar. O meu café era o Granfina, que ainda existe, mas não entro lá há 20 anos (está descaracterizado). Quando penso nessas pessoas que iam à Granfina, penso: «O que é que fizeram com aquilo em que acreditavam?». Porque é que não houve a capacidade de ter outras referências e outros valores? Portugal antes do 25 de Abril era medíocre, era uma coisa de pequenos valores, pequenos gestos, pequena coragem, pequenas energias. Detestava. E tudo muito assente naqueles

valores cantados na «Casa Portuguesa»: não é preciso ser rico, basta «pão e vinho sobre a mesa» e somos felizes.

«Dois braços à minha espera.»

Ficou com a parte mais sentimental. Hoje sabemos que «dois braços à minha espera» não chegam. Era uma sociedade de austeridade, restrição. Havia todo o elogio da formiga e todo o anátema sobre as cigarras. Aquilo a que se assistiu, tirando o período do PREC, e de alguma normalização democrática, foi à passagem desvairada para o consumo. As pessoas passaram a medir-se pelos carros que têm, pelas casas.

E por isso passou a ser insultuoso ser considerado um homem de sucesso? Era uma forma estereotipada de se ler o que se tinha conquistado.

Um pouco. Estas coisas nunca são tão racionais como podem parecer. O que me incomoda é que a minha geração, que tinha 20 anos no 25 de Abril, não tenha conseguido construir uma alternativa a isto. Passar das «quatro paredes caiadas» e dos «braços à minha espera» para esta situação a que chegámos, pelo fascínio louco por quem aparece na televisão, o despudor completo... Na canção dos Deolinda, «Parva que sou», há uma coisa curiosa: «há sempre alguém pior do que eu na TV». É verdade.

Desvio da rota na entrevista. O que é que mudou na sua vida pelo facto de ter perdido o pai cedo?

Foi extremamente doloroso. Perdi o meu pai quando ele tinha 57 anos e a minha mãe quando ela tinha 60 anos. Ainda hoje sou completamente orfão. Tenho sempre a sensação, que racionalmente posso dizer que é falsa, que não fui capaz de os salvar. Morreram com doenças, mas tenho sempre essa sensação. Quando o meu pai morre já vivia em Lisboa há uns tempos, e eu passava muitas horas com ele. Íamos ao Rossio, ao Nicola, os tais sítios da nostalgia. (Tenho uma saudade quase absurda da Lisboa boémia que Fernando Lopes retrata no *Belarmino*, que já não conheci bem. Mas conheci bem o Bolero, ao pé do Martim Moniz, onde havia dois acordeonistas cegos a tocar tango. Era uma coisa felliniana. O velho Ritz. Essa noite estranha de Lisboa.

O fascínio por essa noite é uma forma de evocar o passado e o seu pai?
Não, o meu pai não tinha nada a ver com isso. Fui aí parar por causa do Nicola. Era um tempo em que as pessoas podiam ficar sentadas nos cafés. Tenho uma amiga que ia ao Monte Carlo só para ver o Herberto Hélder.
Que idade tinha quando o seu pai morreu? É tão doloroso falar do assunto que divaga imediatamente?
Tinha 21 anos. É um tema de que me é muito difícil falar. Era fundamental que trabalhasse, mas nem por isso deixo de ter a impressão de que o deixei mais sozinho. Veio dos Açores, a vida dele não correu muito bem, não tinha muitos amigos, estava muito dependente da minha companhia.
Não o viu formado?
Curiosamente é uma das razões porque me formei. Há uns tempos encontrei o livro de curso dele, de Coimbra, 1947, com caricaturas e poemas feitos pelos colegas. Lendo o poema que faziam sobre o meu pai, podiam tê-lo feito sobre mim.
O que é que dizia?
Tem a ver com o que lhe dizia, dos meus amores, das minhas amizades. Foi estranho para mim, que conhecia já uma versão austera do meu pai, perceber que tinha tido uma juventude como eu.
Sabe daquele verso do Sérgio Godinho, «pode alguém ser quem não é»? E nesse caso, é esse, foi sendo esse.
O que somos é muito o resultado das pessoas com quem nos cruzamos. O Dr. Salgado Zenha, que era uma grande referência para mim. O José António Pinto Ribeiro, com quem tenho uma longa amizade. O David Mourão-Ferreira, que tem uma frase espantosa: «A felicidade não existe, há momentos de felicidade». (Isto ajuda-me a viver, durante muito tempo aspirei à felicidade absoluta. Agora sei que se tivermos momentos de felicidade já é muito bom.) «Pode alguém ser quem não é» tem todo o sentido. Há coisas estruturantes em nós, não sei se são genéticas, mas temos um fio condutor.

Ia dizer a razão por que se formou.
O meu pai adoece e morre num período muito curto. Sou apanhado no 4º ano pelo 25 de Abril e nunca mais liguei nada à faculdade. Em 1975 pensei que era uma coisa que podia fazer pelo meu pai. Ele teria tido prazer em que tivesse acabado o curso.

A minha avó açoriana morreu uns anos largos depois do meu pai, com 97 ou 98 anos. Quando fui arrumar a casa encontrei uma carta do meu pai para ela dizendo que estava muito preocupado comigo, porque andava muito envolvido politicamente, e no jornalismo. Que andava a ver se me conseguia fazer mudar de vida. Nunca fez essa diligência. Os meus pais tiveram sempre um pudor, que não posso senão admirar, de nunca me imporem coisas, de terem tolerância. Em jovem podia entrar em casa completamente bêbado e os meus pais faziam de conta que não percebiam.

Perguntando pela morte precoce do seu pai, e pela marca que isso deixa, além da marca emocional, há também uma certa desprotecção em que fica.
Por todas as razões foi preciso trabalhar. Meu Deus, porque é que ele já não está cá? Há uns anos fui ao casamento de uma prima, jovem, e a grande surpresa foi já não haver ninguém da geração do meu pai. É muito difícil fazer essa transição de ser filho para ser pai.

Que idade tem?
57.
Porque é que teve um filho tão tarde? É o único.
Há um filme do Ingmar Bergman, «Morangos Silvestres», no qual um velho professor faz o percurso de regresso...

Um percurso rumo à jubilação, na sua universidade. Detalhe importante porque há a nudez que o velho professor descobre ao longo da viagem a caminho da consagração.
Ele faz a viagem com a nora, que está separada do filho por causa de uma discussão sobre ter ou não um filho. O filho do velho professor tem esta posição: «Um filho, achas que vai viver

num mundo melhor que nós? Achas que vai ser mais feliz que nós?». Durante muito tempo eu tinha essa imprecisa impressão. Não era capaz de ter essa coragem moral. Depois talvez nunca me tenha apetecido muito. Com a Francisca, sim.

Conte-me a história da máquina de escrever, que ficou perdida no meio da nossa conversa.

Começou com o Medeiros Ferreira, quando fui para o ministério dos Negócios Estrangeiros. Trabalhava n'*A Luta* na altura, e tinha uma máquina de escrever, uma Smith Corona, que adorava. Ofereci-me para comprar a máquina. «Ó rapaz, vamos fazer um negócio, levas a máquina e quando voltares, voltas com a máquina». Depois de sair do ministério, *A Luta* tinha acabado. Muitos anos depois o Vítor Direito telefona-me: «Rapaz, está na altura de trazeres a máquina de volta». É quando funda o Correio da Manhã.

Esteve na fundação do Correio da Manhã?

Estive, embora indirectamente, não era redactor. Escrevia artigos de opinião, e coordenava e escolhia os grupos de pessoas que escreviam os artigos de opinião. Ao fim de uns quatro meses os accionistas do Correio da Manhã disseram que não era nada daquilo [que pretendiam do jornal]. E o Vítor Direito disse-me que podia levar a máquina embora outra vez.

AGRADECIMENTOS

O arco temporal coberto por este livro não correspondeu a um período de felicidade para a generalidade dos portugueses, mas constituiu, ainda assim, uma fase em que se foram acumulando solidariedades e cumplicidades entre aqueles que aceitaram intervir no debate público. Com muitos deles criaram-se laços de gratidão que se não esquecem.

Mesmo sem ignorar que o amor se não agradece, permitam-me que recorde, de um modo especial, o ânimo e apoio constante dados pela Francisca e pelo José, assim como as suas sugestões e ideias.

Um agradecimento especial é devido aos meus colegas do IDEFF e do Instituto Europeu que partilharam muitas das iniciativas que deram origem a vários dos textos publicados, bem como aos muitos que aceitaram participar nessas iniciativas e, ainda, àqueles que me convidaram a intervir em conferências e debates.

Aos meios de comunicação que veicularam as minhas opiniões e, muito particularmente, ao *Jornal de Negócios*, nas pessoas do Pedro Santos Guerreiro e da Helena Garrido, expresso a minha gratidão e admiração.

Agradeço, ainda, a Carlos Pinto, cúmplice em tantas iniciativas, a imediata disponibilidade para publicar o livro, bem como ao Pedro Bernardo, ao Nuno Pinho e a toda a restante equipa o excelente trabalho de edição. E, naturalmente, que não esqueço quantos me animaram e ajudaram a reunir ou reconstituir estes textos.